2024
결국은
부동산

Real
Estate
Insights

**23인의 멘토가
알려주는
부동산 인사이트**

2024

결국은 부동산

**올라잇
칼럼니스트
23인 지음**

원앤원북스

소액으로 부자가 될 수 없습니다!
본질을 벗어나면 안 됩니다!

24년간 부동산 시장을 분석, 수요 조사를 해온 베테랑 부동산 전문가로서도 지난 3년간은 너무나 혼란스러웠다. 2021년 대폭등장, 2022년 대폭락장 직후 2023년에는 상반기는 하락, 하반기는 상승이라고 하는 드라마틱한 결과를 보여준 시장이었으니 말이다.

대한민국에는 96개 언론사가 있다. 이슈가 발생한 날에는 20개 이상의 인터뷰를, 이슈가 없는 날에도 5개 이상의 인터뷰를 한다. 2023년을 마무리하고 2024년을 앞둔 지금, 가장 많이 받는 질문은 내년도 전망이다.

솔직히 모르겠다. 연일 신고가를 경신하고 있는 미국 국고채 금리, 중국 부동산 위기, 연일 사상 최대치를 갈아치우고 있는 가계부채, 4월 총선 등 너무도 많은 변수가 있는 특별한 해이기 때문이다. 러시아-우크라이나 전쟁도 끝이 안 났는데, 이 와중에 이스라엘-하마스 전쟁까지 일어났으니 언제 마무리될지 모르겠다.

　최근 와서 상승론자든 하락론자든 동의하는 부분은 공급 물량 부족으로 한동안 전셋값이 오르고 있다는 것이다. 그 여파로 매매가가 상승하는지에 대한 전망이 엇갈리고 있을 뿐이다.

　사실 전체 평균으로 부동산 시장을 정확히 예측할 능력은 그 누구도 없다. 그럼에도 불구하고 여전히 상승 또는 하락만을 논하는 전문가나 언론이 있다면 그냥 무시하자. 우리 삶에 어떤 영향을 주지 않기 때문이다.

　하지만 개별 입지, 개별 상품으로 보면 부동산은 지속적으로 공부해야 한다. 아파트는 물론 다세대, 빌라, 오피스텔, 지식산업센터, 상가, 토지 등 우리가 투자해야 하는 대상으로서의 부동산은 요즘처럼 혼란성이 깊어질 때 오히려 기회가 찾아오는 경우가 더 많기 때문이다.

　금융 및 부동산 정보의 전파 속도가 매우 빨라졌다. 모든 정보가 실시간으로 전달된다. 통계 조작 문제가 금방 드러났던 이유가 바로 여기에 있다. 이미 실시간으로 시장의 현황을 일반인들도 다 알고 있었는데 정부에서만 뜬금없는 수치를 발표하고 있었으니 그 통계를 누가 신뢰할 수 있었으랴.

이러한 실시간 부동산 정보의 공유는 또 다른 문제를 야기시킨다. 어설픈 인사이트들의 팽배다.

2019~2021년은 말 그대로 부동산 광풍의 시기였다. 모든 지역의 부동산, 대부분 부동산 상품이 상승했다. 이 시기에 돈을 벌었다고 착각하는 몇몇 사람이 대단한 전문가라도 된 듯이 활동하고 있다. 하지만 이들의 의견은 오히려 시장의 혼란을 가중하고 있을 뿐이다. 왜냐하면 본질에서 벗어난 투자를 하면 궁극적으로는 필패할 수밖에 없기 때문이다. 주식은 물론이고 부동산도 마찬가지다.

싸고 좋은 부동산은 없다. 비쌀수록 좋은 부동산이다. 이 본질에서 벗어난 것은 대부분 사기다. 뭔가 해야 할 것 같은데 돈도 부족하고 방법도 모르겠고, 이런 답답한 마음에 생명수 같은 유혹의 말로 접근하는 콘텐츠가 있다면 무조건 배격해야 한다.

부동산으로 부자가 되는 공식은 없다. 공식이라고 이야기하는 순간부터 이미 문제가 발생한다. 소액으로 투자를 시작할 수 있으나 소액으로 부자가 되었다고 하는 것은 대부분 거짓말이다. 안전하고 확실한 자산을 소유하기 위해서는 소액이 아닌 고액이 필요하다. 고액의 종잣돈을 만들기 위해 우리는 돈을 계속 벌어야 한다. 그래야 더 안전하고 확실한 투자를 할 수 있기 때문이다.

여기 모인 23명의 부동산 전문가는 모두 시장에서 인정받는 각 분야 최고의 전문가다. "천만 원으로 저평가 아파트를 찾는 법을 알려주겠다."라며 유혹하는, 어설픈 사기를 치는 사람들은 아예 없다. 이 책에 모인 다른 전문가들이 코웃음 치며 함께 하는 것을 거부했을 것이다. 이 책의 전문가들은 모두 부동산을 대하는 정석을 알려줄 것이고, 정석대로 2024년 시장을 준비하도록 도와줄 것이다.

2024년 부동산 시장은 호락호락하지 않을 것이다. 어려울 것이다. 하지만 어려운 시장이기에 오히려 제대로 시작하거나 자산을 도약시킬 기회는 더 클 것이다. 부디 이 책이 여러분들의 자산 증식이 조금이라도 도움이 되길 진심으로 기원한다.

김학렬 소장

차례

PART 4

달라질 미래를 위한 부동산 핵심 공부법

PART 1

2024년에도

부동산밖에

없다

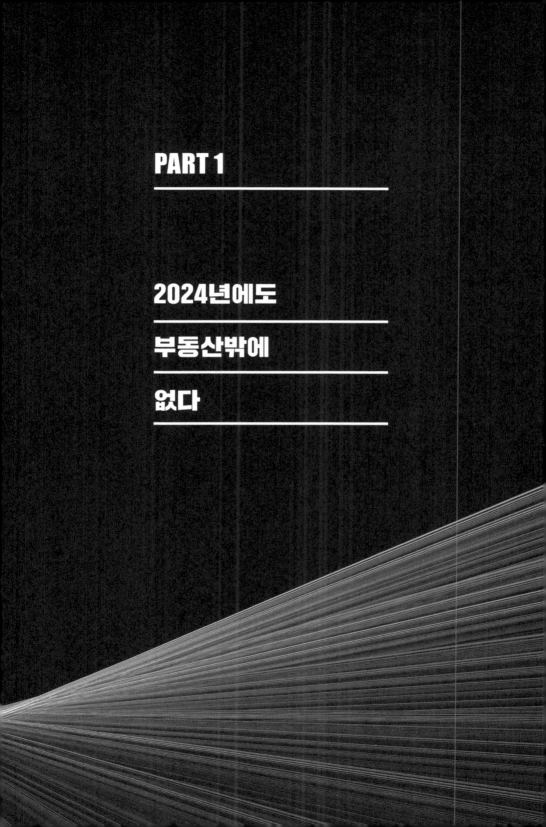

지방시대의 부활,
'최첨단' 일자리가 좌우한다!

빠숑 김학렬

- 스마트튜브 부동산조사연구소 및 스마트튜브 경제아카데미 대표
- 대한민국 대표 부동산 채널인 '빠숑의 세상 답사기' 운영자
- 저서 『서울 부동산 절대원칙』, 『인천 부동산의 미래』 등
- 블로그(blog.naver.com/ppassong)
- 유튜브 '스마트튜브(스튜TV)'

주목해야 할
지방시대 5대 전략

대통령 직속 지방시대위원회는 '제1차 지방시대 종합계획(2023-2027)'을 지방시대위원회 심의·의결과 국무회의 심의를 거쳐 확정했다. 지방시대 종합계획에는 시·도 지방시대 계획, 중앙행정기관의 부문별 계획, 초광역권을 설정한 지방자치단체의 초광역권발전계획을 반영하도록 했다. 이에 따라 제1차 종합계획은 지방시대위원회의 중점 추진과제와 함께 시·도 지방시대위원회의 심의·의결을 거쳐 17개 시·도가 제출한 시·도 지방시대 계획, 17개 부처·청이 제출한 중앙부처의 부문별 계획(22대 핵심과제 및 68대 실천과제 중심), 시·도 지방시대위원회의 심의·의결을 거쳐 4대 초광역권 및 3대 특별자치권이 제출한 초광역권발전계획을 반영한다.

2023년 9월 14일 '지방시대 선포식'을 계기로 지방시대위원회가 발표한 '지방시대 비전과 전략'상의 5대 전략에 기반해 시·도와 중앙부처의 계획이 정합성을 갖추도록 편제를 구성했다. 지방시대 5대 전략은 다음과 같다.

시도별 주요 지역정책과제

대통령직속 지방시대위원회

* 과제 내용 및 일정 등은 추진과정에서 변동될 수 있음

서울·인천·경기

지역산업
- 영종항공정비 단지 조성 및 공항경제권 구축(인천)

교통인프라
- 경인고속도로(남청라IC~신월IC) 지하화(인천)
- 공항철도·서울9호선 직결 추진(인천)
- 서울~동두천·연천 간 남북고속도로 건설(경기)
- 수도권 외곽순환고속도로 미연결구간 완성 추진(경기)

지역숙원사업 등
- 재건축, 재개발 제도개선 등을 통한 주택공급 확대(서울)
- 조기폐차 유도 등을 통한 미세먼지 저감(서울)
- 1기 신도시 종합 재정비 방안 마련(경기)

대전·세종·충북·충남

지역산업
- 경제자유구역 지정(대전, 세종)
- 제2 대덕연구단지 조성(대전)
- 탄소중립 거점도시 조성(충남)
- 글로벌 바이오밸리 조성(충북)

교통인프라
- 충청권 광역철도망 구축(세종, 충북)
- 서산 민간공항 건설(충남)
- 호남고속도로 지선(회덕IC~서대전IC) 확장(대전)
- 충북선 철도 고속화(충북)

지역숙원사업 등
- 대통령 세종집무실 설치(세종)
- 세종 국회의사당 건립(세종)
- 방위사업청 이전(대전)
- 금강하구, 가로림만 생태복원(충남)

광주·전북·전남

지역산업
- AI 대표도시 조성(광주)
- 국가식품클러스터 확대(전북)
- 탄소중립 클러스터 조성(전남)
- 우주발사체 클러스터 조성(전남)

교통인프라
- 달빛철도 건설(광주, 대구)
- 새만금 인프라 조성(전북)
- 전라선 철도 고속화(전남)

지역숙원사업 등
- 복합쇼핑몰 유치(광주)
- 금융중심지 지정 여건 마련(전북)
- 광주 군공항 이전(광주)
- 남부권 광역관광개발(전남, 경남)

강원

지역산업
- 데이터 및 디지털 헬스케어 신산업 육성

교통인프라
- 동서고속화철도(춘천~속초) 완공
- 동서고속도로(삼척~영월) 착공

지역숙원사업 등
- 강원특별자치도 설치

대구·경북

지역산업
- 데이터, 로봇 신산업 육성(대구)
- 원자력 연구개발 거점 조성(경북)

교통인프라
- 대구·경북 신공항 건설(대구, 경북)
- 달빛철도 건설(대구, 광주)
- 문경~김천 연결 철도 건설(경북)

지역숙원사업 등
- 대구 취수원 다변화(대구)
- 문화관광 산업벨트 조성(경북)

부산·울산·경남

지역산업
- 블록체인 클러스터 조성(부산)
- 수소모빌리티 클러스터 조성(울산)
- SMR 중심 원전기술 개발(경남)
- 우주산업 클러스터 조성(경남)

교통인프라
- 가덕도 신공항 건설(부산)
- 부산·양산·울산 광역철도 건설(울산, 경남)
- 남부내륙철도 개통(경남)

지역숙원사업 등
- 2030 엑스포 개최 기반 구축(부산)
- 산업은행 부산 이전(부산)
- 개발제한구역 제도 개선(울산)
- 남부권 광역관광개발(경남, 전남)

제주

지역산업
- 신항만 건설을 통한 해양경제 도시 조성

교통인프라
- 제주 제2공항 및 연계배후도시 조성

지역숙원사업 등
- 해녀의 전당 등 제주 문화가치 확산

출처: 대통령직속 지방시대위원회

- 자율성 키우는 과감한 지방분권
- 인재를 기르는 담대한 교육개혁
- 일자리 늘리는 창조적 혁신성장
- 개성을 살리는 주도적 특화발전
- 삶의 질 높이는 맞춤형 생활복지

이에 따라 중앙부처는 앞으로 5년간 22개의 핵심과제를 중심으로 지방시대 정책을 추진해나갈 예정이라고 한다.

첫 번째, '자율성 키우는 과감한 지방분권'을 위해 자율적 자치기반을 마련하고, 지방의 자치역량과 지방재정력을 강화하는 한편, 지역맞춤형 자치모델 구축과 지방의 책임성 확보를 추진한다.

두 번째, '인재를 기르는 담대한 교육개혁'을 위해 교육발전특구·글로컬대학* 등의 정책으로 교육 기회를 확대하고, 대학과 지역의 동반성장을 지원하는 한편, 지방자치-교육자치 간의 연계·협력을 강화한다.

세 번째, '일자리 늘리는 창조적 혁신성장'을 위해 기회발전특구 조성과 지방 과학기술 진흥 등으로 지역의 지속가능한 발전 기반을 구축하고, 디지털 혁신과 창업·혁신 생태계 조성 등으로 미래 성장동력 확충을 추진한다.

---

* 세계화를 뜻하는 글로벌(Global)과 지역화를 뜻하는 로컬(Local)의 합성어인 글로컬 사업은 교육부가 2026년까지 비수도권의 지방대 30곳을 지정해 1개교당 5년간 약 1천억 원을 지원하는 파격적 정책

네 번째, '개성을 살리는 주도적 특화발전'을 지원하기 위해 지역 산업, 과학기술의 자생적 창조역량 강화, 지역 고유의 문화·관광 육성과 농산어촌 조성 및 이를 촉진할 수 있는 핵심 인프라를 확충하기 위한 분야별 지역정책과제 지원체계를 구축한다.

다섯 번째, '삶의 질 높이는 맞춤형 생활복지'를 위해 지방소멸 위기 대응을 지원하고, 정주여건 등 지역의 생활여건을 개선하는 한편, 지역 의료·보건·복지 확충과 환경·생태자원 보전에 집중한다.

일자리가 기대되는 기회발전특구 조성

이 중에서 가장 기대하는 분야는 기회발전특구 조성이다. 현재 수도권 집중으로 인해 지방에 좋은 일자리가 부족하다. 지방투자 부족은 투자기업에 대한 실효성 있는 인센티브 부족, 불합리한 규제, 구인난 등이 복합적으로 작용하기 때문이다.

이러한 문제를 해소해 투자를 활성화하기 위해, 기업들의 지방 투자 의사결정에 영향을 줄 정도로 파격적·획기적인 인센티브를 제공하는 기회발전특구가 추진된다. 지방에 기업의 대규모 투자를 유치하기 위해 규제특례, 세제·재정 지원, 정주여건 개선 등을 패키지로 지원하게 되는 것이다.

먼저 지방정부 주도로 입지 선정을 한다. 지방주도 균형발전 목표에 따라 지방정부의 자율성을 최대한 확보해 추진한다. 지방정부는 기업 투자 수요를 바탕으로 신규입지, 산업단지, 경제자유구역, 기업도시 등 기존입지 중에서 자율적으로 입지를 선정하고 광역시 495만㎡(150만 평), 도 660만㎡(200만 평) 내에서 특구 개수와 형태도 자율적으로 정할 수 있다. 지방정부가 필요한 사업을 패키지로 구성할 수도 있다.

다음으로 특구 기본계획 수립이 있다. 지방시대위원회는 기회발전특구의 성공적 추진을 위해 산업부 등 관계부처와 함께 지방정부와 긴밀히 소통해왔다. 시·도의 기본계획 수립을 돕기 위해 입지·업종·지원내용 등의 방향성을 담은 가이드라인 마련을 함께 준비하고 있으며, 기회발전특구를 위한 입지·규제 등의 사전조사를 전국 광역시·도에 걸쳐 지원한다. 정부는 각 지방정부가 기업 유치, 기본계획 수립 등 특구 지정 준비를 체계적으로 할 수 있도록 2024년에 본격적으로 컨설팅 등을 지원할 예정이라고 한다.

그만큼 지방의 일자리 확보는 매우 중요하다. 그래서 지방 첨단산업을 육성해야 한다. 지역경제에 활력을 불어넣기 위해 정부가 첨단산업 육성에 적극 나서는 이유가 여기에 있다. 첨단산업은 지역에 고임금 일자리를 창출할 뿐만 아니라 전후방 연계 효과를 통해 기존 지역산업의 생산성도 높인다. 비수도권의 생산·인구 비중은 줄어드는 추세지만 반도체·이차전지·디스플레이 등 첨단산업 투자가 진행된 지방은 인구가 증가했다. LG에너지솔루션이 위치한 오창읍 인구는 2022년 기준 약 6만 9천 명으로 2010년 대비 약 2만

7천 명 증가했다. 삼성디스플레이 등이 자리한 탕정면의 인구도 2010~2022년 약 1만 3,500명 증가했다.

이를 위해 첨단산업이 국가 경쟁력 향상과 함께 지역경제 활성화의 구심점이 되도록 지역별 특화된 거점을 육성한다. 이미 2023년 3월 전국 15곳에 국가첨단산업단지 후보지를 선정했고, 7월에는 반도체·이차전지·디스플레이 분야 7개 첨단전략산업 특화단지와 반도체·자율주행차·바이오 분야 5개 소부장 특화단지가 지정됐다. 바이오 관련 첨단전략산업 특화단지는 2024년 상반기에 지정된다.

15곳 국가첨단산업단지로 지정된 곳은 경기 용인, 대전, 충북 청주(오송), 충남 천안, 충남 홍성, 광주, 전남 고흥, 전북 익산, 전북 완주, 대구, 경남 창원, 경북 안동, 경북 경주, 경북 울진, 강원 강릉 등 총 4,076만m²다. 또한 7개 뒤에서 말하겠지만 첨단전략산업 특화단지도 있다. 추가적으로 반도체 장비의 안성, 전력반도체로 부산, 자율차 부품으로 광주, 전기차 모터의 대구, 바이오 원부자재로 오송도 주목할 만하다.

서울, 경기, 인천으로 인구가 몰리는 가장 큰 이유는 현재 일자리가 가장 많고, 추가 일자리들이 계속 생겨나고 있는 곳이 수도권이기 때문이다. 이로 인해 지방 소멸 우려가 계속 발생하고 있다. 부디 지방시대 종합계획으로 지방의 핵심지역만이라도 경쟁력 있는 도시로 살아나기를 진심으로 기원한다.

7개 국가첨단전략산업 특화단지 지정
인구증가와 기반시설에 주목하라

산업통상자원부는 총 7개의 국가첨단전략산업 특화단지를 지정하고, 2042년까지 민간투자 총 614조 원 투자 계획을 발표했다. 특화단지의 경우 총 21개 지역이 신청했으며, 선도기업 유무, 신규투자 계획, 산업 생태계 발전 가능성, 지역균형 발전 등을 중점적으로 평가해 7곳을 지정했다.

지정된 특화단지에는 민간투자가 적기에 이루어질 수 있도록 인·허가 신속처리, 킬러규제 혁파, 세제·예산 지원, 용적률 완화, 전력·용수 등 기반시설을 포함한 맞춤형 패키지를 지원하기로 했다. 이에 특화단지별로 맞춤형 세부 육성계획을 마련하고, 산·학·연 협력과 기업 애로 해소 등을 원스톱으로 지원하는 '범부처 지원 협의체'도 구축할 예정이다.

또한 8곳의 '국가첨단전략산업 특성화대학'을 선정하고, 2023년에는 총 540억 원을 지원하기로 했다. 이번에 지정된 8곳의 국가첨단전략산업 특성화대학에는 융복합 교육과정 설계, 우수교원 확보, 실습 및 교육환경 구축 등을 위해 총 540억 원이 지원되는 것이다.

향후 정부는 다른 첨단전략산업으로도 특성화대학 지정을 확대하고, 지난 5월 선정한 '국가첨단전략산업 특성화대학원'과의 연계를 통해 산업현장의 수요에 맞는 실무·고급인력을 키워나갈 계획이다. 이번 3차 첨단전략산업위원회는 첨단전략산업 특화단지

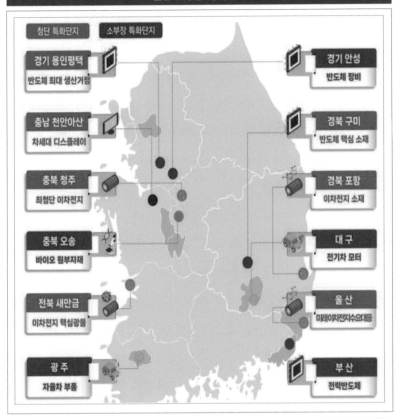

첨단·소부장 특화단지

첨단 특화단지 · 소부장 특화단지

경기 용인평택
반도체 최대 생산거점

충남 천안아산
차세대 디스플레이

충북 청주
최첨단 이차전지

충북 오송
바이오 원부자재

전북 새만금
이차전지 핵심광물

광주
자율차 부품

경기 안성
반도체 장비

경북 구미
반도체 핵심 소재

경북 포항
이차전지 소재

대구
전기차 모터

울산
미래야차전자수요대응

부산
전력반도체

출처: 산업통상자원부

와 특성화대학을 지정해 초격차 혁신 생태계를 조성하는 데 의미가
있다.

가장 주목해야 할 지역은 562조 원이 투자되는 첨단 반도체 벨
트 경기 용인시와 평택시다. 세계 최대 반도체 클러스터의 육성을

국가첨단전략산업 특화단지

분야	지역	주요 내용	민간투자(기간)
반도체	용인·평택	메모리 세계1위 수성, 시스템 점유율 10%로 확대	562.0조원(~'42)
	구미	12인치 웨이퍼 글로벌 리딩그룹 도약	4.7조원(~'26)
이차전지	청주	리튬황·4680 원통형 등 미래 이차전지 혁신거점	4.2조원(~'26)
	포항	국내 최대 양극재 생산거점(연 70만 톤 이상)	12.1조원(~'27)
	새만금	핵심광물가공(전구체 등) 및 리사이클링 전초기지	6.4조원(~'27)
	울산	이차전지 포트폴리오(LFP, 전고체 등) 다변화 거점	7.4조원(~'30)
디스플레이	천안·아산	OLED 초격차 확보, 무기발광 디스플레이 생태계 조성	17.2조원(~'26)
합계			614.0조원(~'42)

※ 세계 최대 반도체 클러스터의 육성을 위해 대규모 민간 투자가 예정된
용인·평택 지역을 특화단지로 지정, 현재 가동 중인 이천 화성 생산단지와 연계 육성

출처: 산업통상자원부

국가첨단전략산업 특성화대학-반도체 특성화대학

지역	유형	대학명	특성화 분야
수도권	단독	서울대	회로·시스템, 소자·공정
		성균관대	차세대 반도체
	동반성장	명지대-호서대	소재·부품·장비, 패키징
비수도권	단독	경북대	회로·시스템, 소자·공정, 소재·부품·장비
		고려대(세종)	첨단반도체 공정장비
		부산대	차량반도체(파워반도체)
	동반성장	전북대-전남대	차세대 모빌리티반도체
		충북대-충남대-한기대	시스템 반도체, 파운드리반도체

출처: 산업통상자원부

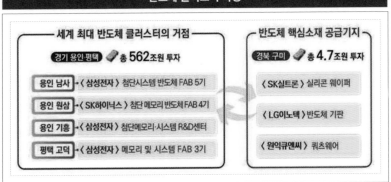

반도체 클러스터 육성

세계 최대 반도체 클러스터의 거점

경기 용인·평택 ✎ 총 562조원 투자

용인 남사	〈삼성전자〉 첨단시스템 반도체 FAB 5기
용인 원삼	〈SK하이닉스〉 첨단 메모리 반도체 FAB 4기
용인 기흥	〈삼성전자〉 첨단메모리·시스템 R&D센터
평택 고덕	〈삼성전자〉 메모리 및 시스템 FAB 3기

반도체 핵심소재 공급기지

경북 구미 ✎ 총 4.7조원 투자

〈SK실트론〉 실리콘 웨이퍼

〈LG이노텍〉 반도체 기판

〈원익큐엔씨〉 쿼츠웨어

자료: 산업통상자원부

위해 대규모 민간 투자가 예정된 용인·평택 지역을 특화단지로 지정, 현재 가동 중인 이천·화성 생산단지와 연계 육성할 계획이다.

이로 인해 메모리 반도체 세계 1위 견고화하고, 현재 3% 점유율을 보이는 시스템 반도체를 2030년 10%까지 끌어올린다는 목표다. 반도체 소재는 경북 구미시에 4조 2천억 원을 투자해 반도체 핵심 소재인 웨이퍼·기판 등의 대규모 생산라인 확대로 안정적인 반도체 공급망 및 경제안보 확보하기로 했다. 현재 월 140만 장 생산 수준에서 2026년까지 월 200만 장까지 확대해, 12인치 웨이퍼 글로벌 리딩 그룹으로 도약하는 것이 목표다.

차세대 디스플레이 혁신 거점으로 충남 천안시와 아산시에 생산 및 R&D 관련 17조 2천억 원을 투자하고, 투자를 바탕으로 차세대 디스플레이 초격차 달성을 위한 생산 및 혁신 거점으로 육성하기로

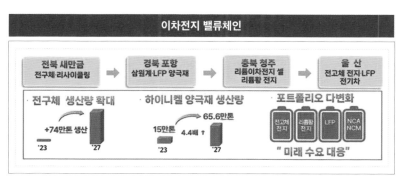

자료: 산업통상자원부

했다. 이렇게 OLED를 넘어선 퀀텀닷(QD) 등 차세대 무기발광 디스플레이의 시발점이 될 수 있도록 하기로 했다.

이차전지 분야에서는 전 밸류체인 완결 및 미래 이차전지 수요 대응하기 위해 광물가공(전북)-소재(포항)-셀(충북·울산)-재활용(전북)으로 국내 이차전지 밸류체인을 완결하고, 전고체·리튬황 등 차세대 이차전지를 개발하기로 했다.

셀은 충북 오창에 국내 최대 규모 배터리 생산을 기반으로 차세대 이차전지 선도를 위한 혁신 역량을 집적화한다. 2024년까지 연 9GWh 규모의 대형 원통형 배터리의 업계 최초 양산공장을 가동시키기로 했다.

소재 분야는 경북 포항에 집중 투자한다. 배터리의 핵심소재인 양극재에 대한 대규모 투자를 통해 국내 최대 규모의 이차전지 양극재 생산 거점으로 육성한다는 것이다. 주행거리, 안정성을 동시에 높이는 하이니켈 양극재를 2025년까지 양산하기로 한다.

핵심광물 분야로는 전북 새만금에 투자한다. 양극재 원가 중 70%를 차지하는 전구체·리사이클링 등 배터리 핵심광물 가공 및 국내 공급망 강화를 위한 집적단지 신규 조성한다는 것이다. 전기차 연 800만 대 분량의 전구체 양산을 통해 국내 공급망을 구축한다.

마지막으로 울산광역시에 LFP 전지 생산기반을 마련하고, 전고체 전지 개발 등 미래 배터리 수요에 대응한 포트폴리오를 다변화하기로 했다. 이를 위해 2030년까지 세계 최초의 차세대 전지 마더팩토리를 설립하기로 했다.

'소멸'할 지방 도시, '성장'할 지방 도시

이것이 미래 대한민국을 먹여 살릴 먹거리다. 당연히 일자리가 신규 창출될 것이고, 인구가 증가할 것이다. 인구가 증가하면 주거시설도 필요하고, 상업시설, 병원, 교육시설 등 기반시설도 필요하다. 우리가 부동산 측면으로 주목해야 할 도시들을 더 명확해지고 있다는 것이다.

지방소멸의 우려가 되는 지역이 있다. 하지만 그 반대로 지속적으로 성장할 도시도 있음을 잊지 말자. 이것이 우리가 부동산 공부를 해야 할 이유다.

갭투자,
본질을 알면 기회가 보인다

부룡 신현강

- 부와 지식의 배움터 대표
- 부룡의 부지런TV 운영
- 네이버 부지런 카페
  (cafe.naver.com /bujilearn)
- 블로그(blog.naver.com/shk7611)

갭투자의 시장,
앞으로 다시 올 수 있을까?

　우리에게 '갭투자'라는 용어가 익숙해진 지도 상당히 오랜 시간이 흘렀다. 돌아보면 갭투자가 크게 유행하던 2010년대 중반만 하더라도 몇천만 원만 있으면 충분히 괜찮은 지역의 아파트를 소액으로 구입할 수 있었다. 당시 침체장이던 분위기 때문에 아파트 구입보다 전세를 선호했고, 전세가가 하늘 높은 줄 모르고 오르던 시기였기 때문이다. 이렇게 매매가는 오르지 못하고 전세가가 오르는 상황은 자연스레 매매가 대비 전세가 비율을 높였고, 소액으로 투자가 가능하다는 갭투자의 매력에 빠져든 사람을 양산하면서 소위 '갭투자의 전성시대'가 형성되었다고 할 수가 있다.

　그러던 2010년대 중반, 정부는 침체된 부동산 시장을 살리기 위해 주택 매수를 권장하는 정책으로 돌아섰다. 이때부터 살아난 매수 심리는 이후 부동산 시장이 활황장으로 변모하는 데 큰 영향을 미쳤다. 특히 이 시기 투자금이 부족한 이들에게는 전세를 끼고 소액으로 주택을 구입할 수 있다는 점에서 갭투자 방식이 선호되며 시장에 상당한 영향을 줬다. 좋은 입지의 아파트를 전세를 끼고 소액으로 구입해놓으면 가격이 계속 올라가면서 수익이 극대화되는데 가만히 있는 건 분명 현명하지 못한 행동이었기 때문이었다.

하지만 이러한 분위기는 요즘 들어 크게 바뀌고 있는 듯하다. 오르기만 할 것 같던 아파트 가격은 2022년 중반을 기준으로 거의 1년간 하락하는 모습을 보였다. 최근 들어 다시 반등하고 있긴 하지만 최근 시장의 모습은 상승일지 하락일지 여전히 불확실성이 높아 보인다.

이뿐만이 아니다. 하늘 높이 오르는 매매가 대비 전세가는 상대적으로 별로 오르지 못한 상태다. 그러다 보니 갭투자자들에게 중요한 매매가 대비 전세가 비율은 상당히 떨어진 모습이다. 먼저 과거와 현재 서울 및 수도권의 매매가 대비 전세가 비율을 확인해보자.

갭투자 광풍이 불던 2017년 8월 기준 서울 및 수도권의 전세가 비율은 평균 75.5%다. 하지만 현재 서울 및 수도권의 전세가 비율은 59.2%다.

이 말은 무슨 의미일까? 예전에는 매매가의 25% 정도만 가지고 있다면 좋은 입지의 아파트 구입이 가능했지만 현재는 50% 정도의 보유자금이 있어야 매수가 가능하다는 말이다. 여기에 그동안 가격

서울 및 수도권의 매매가 대비 전세가 비율 변화(단위: %)							
서울	경기	인천		서울	경기	인천
71.4	78.4	76.8		51.0	62.6	64.0

※ KB전세가비율(2017년 8월 기준)   ※ KB전세가비율(2023년 8월 기준)

도 많이 올랐으니 실제로 투입되는 비용은 훨씬 더 많이 들어가는 상황이 되어버렸다.

다시 말해 지금은 예전보다 갭투자를 하기가 상당히 좋지 않은 시장이라는 의미가 된다. 그러다 보니 최근 필자는 이런 질문을 많이 듣곤 한다. "예전과 비교해 전세가 비율이 크게 벌어졌는데 과연 예전 같은 갭투자 시장이 또 올 수 있을까요?"라고 말이다. 여기에 추가로 이런 이야기를 덧붙인다. 서울과 수도권의 매매와 전세 갭이 너무 크게 벌어져 버린 데다가 지금 가진 자금이 부족하니 전세가 비율이 높은 지방에서 기회를 노리겠다고 말이다.

하지만 이런 이야기를 들을 때마다 필자는 안타까운 마음이 든다. 갭투자에 있어서 가장 기본적으로 배워야 할 부분을 제대로 알지 못한 채, 그저 현재의 전세가율만 보고 투자할 지역을 선택하려 하기 때문이다. 아직 제대로 걷지도 못하면서 달리기에서 세계신기록을 세우겠다는 것 같다고나 할까?

일단 걷는 것이 안정적이어야 제대로 달릴 수 있다. 그리고 안정적으로 달릴 수 있는 수준이 되어야 이후 빠르게 달릴 수 있는 기술을 배우며 본인의 실력을 늘려갈 수 있다. 다시 말해 갭투자에 유리한 시장 환경을 이해하는 것이 가장 기본이고 그 이후에 전세가율과 같이 빨리 달릴 수 있는 기술을 활용해야 한다. 그런데 막상 시장을 이해하려는 노력보다는 기술 그 자체에만 더 관심을 두고 있는 사람이 대부분이다. 필자는 여기에서 기본에 충실하지도 못하고 조급해만 하는 일부 잘못된 투자자의 모습이 만들어진다고 생각한다.

전세가율이 높다고
갭투자에 좋은 것은 아니다

그럼 실제로 전세가 비율이 높다고 관심을 많이 갖는 지방의 모습을 한번 살펴보자. 다음 페이지의 표는 2017년 8월 기준 지방 권역별 매매가 대비 전세가 비율이고, 그 아래 표는 6년이 지난 2023년 8월 기준 매매가 대비 전세가 비율이다.

6년 전이나 지금이나 지방의 매매가 대비 전세가 비율은 상당히 높은 편이다. 여기에 앞에서 봤던 2023년 8월 기준 서울 및 수도권의 매매가 대비 전세가 비율과 비교해보더라도 상당히 높다. 소액 투자자에게는 당연히 지방이 매력적으로 보일 수밖에 없다.

그러나 갭투자가 결국 매매가가 올라 수익을 극대화하는 투자인 만큼 당시 매매가 상승률을 한번 확인해보자. 먼저 2017년 8월 기준 지방의 평균 전세가율은 74.5% 정도였다. 매매가 대비 약 25%의 자금만 가지고 있어도 충분히 소액 투자가 가능했다. 하지만 당시 지방의 매매가 상승률은 -0.41%로 오히려 손해였다.

오히려 권역별 평균 상승률 그래프에서 보이는 것처럼 지방보다는 서울 및 수도권에 투자하는 것이 훨씬 높은 효율을 보였다. 다시 말해 전세가율이 높다고 모든 곳이 갭투자에 최적화된 시장은 아니라는 말이다.

그럼 더 예전으로 올라가서 2009년 8월의 지방 전세가 비율을 확인해보자. 그 당시 지방의 전세가 비율을 보면 2017년과 2023년

지방 권역별 매매가 대비 전세가 비율 변화(단위: %)												
부산	대구	광주	대전	울산	강원	충북	충남	전북	전남	경북	경남	제주
68.8	75.7	77.4	75.6	73.0	80.1	76.5	76.6	76.9	77.7	77.1	71.4	62.1

※ KB전세가비율(2017년 8월 기준)

부산	대구	광주	대전	울산	강원	충북	충남	전북	전남	경북	경남	제주
62.8	68.6	71.4	68.4	72.6	75.4	78.0	76.0	76.3	77.0	79.7	76.1	59.7

※ KB전세가비율(2023년 8월 기준)

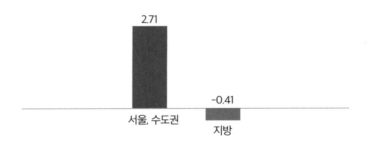

권역별 평균 상승률(2017년)

2.71 — 서울, 수도권

-0.41 — 지방

과 비교해 엄청난 차이를 보이지 않는다. 오히려 2017년이나 2023년보다도 2009년도의 전세가 비율이 더 낮다. 그럼에도 이 시기는 지방의 매매가가 크게 오르던 시기라 이때는 지방에 투자하는 것이 훨씬 더 높은 수익이 나던 때였다.

무언가 이상하지 않은가? 많은 사람이 갭투자로 높은 수익을 내기 위해서는 전세가 비율이 높은 곳을 찾아 소액으로 갭투자를 해야

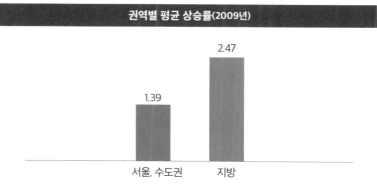

지방 권역별 매매가 대비 전세가 비율(2009년 8월)												
부산	대구	광주	대전	울산	강원	충북	충남	전북	전남	경북	경남	제주
66.4	64.9	74.3	61.2	67.9	61.4	65.5	58.5	71.5	65.4	68.7	64.2	68.8

한다고 하는데 막상 전세가율이 높다고 해서 상승세가 무조건 만들어지는 것은 아니니 말이다. 이는 갭투자가 단순히 매매가 대비 전세가 비율이 높다는 점만 활용해서는 절대 안 된다는 걸 의미한다. 그럼에도 투자 경험이 별로 없는 갭투자자들은 이를 정확히 이해하지 못한 채 전세가율이 높은 곳에 투자하라는 공식에만 의존한 채 막연히 접근한다는 점이 문제다.

전세 갭투자 제대로 이해하기: 서울 및 수도권

그렇다면 전세 갭투자 개념을 제대로 이해하기 위해 가장 먼저 알아야 하는 본질은 무엇일까? 필자가 보기에는 가장 먼저 공급변화 추이와 전세가의 상관관계부터 제대로 이해할 필요가 있다. 그중에서도 대중의 관심과 선호도가 높은 서울과 수도권을 먼저 확인해보겠다.

서울 및 수도권의 입주물량을 나타낸 그래프를 보자. 그래프의 추이를 보면 연도별로 입주물량이 크게 늘어나거나 또는 반대로 줄

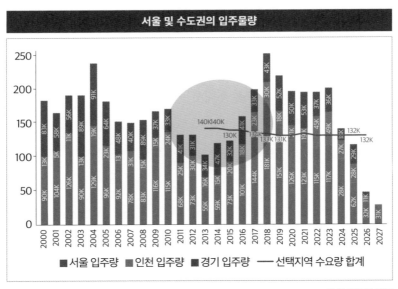

출처: 부동산 지인

어드는 시기를 확인할 수 있다. 약간의 편차는 있으나 2006년도 이후 2014년도까지가 물량이 가장 크게 줄어드는 시기로 보인다.

바로 이 시기의 서울 및 수도권의 평균 전세가 상승률 역시 확인해보자. 입주물량 부족이 몇 년간에 걸쳐 꾸준히 누적되자 전세가 또한 이전보다 크게 오르는 것을 확인할 수 있다. 더구나 이 시기는 2008년 금융위기 이후 부동산 시장이 침체에 빠져들었던 때다. 침체가 길어지면서 매매수요보다 전세수요가 더 많이 늘어났고 여기에 공급물량 부족까지 맞물리면서 당시 몇 년간 전세가가 크게 오른 것이다. 이렇게 매매가가 위축된 상태에서 전세가가 오르니 당연히 매매가 대비 전세가 비율은 계속 오를 수밖에 없었다.

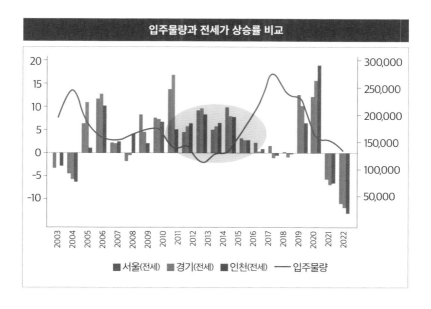

같은 시기의 전세가 비율의 변화 추이 역시 살펴보도록 하자.

실제로 서울과 수도권의 전세가 비율은 2009년 중반을 최저점으로 찍고 이후 꾸준하게 높아지고 있다. 2009년 평균 전세가율이 약 40%였던 반면 이후 2015년 하반기를 넘어서면서 평균 70%대의 전세가율로 올라선 것이다.

그렇다면 이 상황을 어떻게 해석하는 것이 좋을까? 어떤 이유로든 공급이 줄면서 공급부족 물량이 누적되면 점차 전세가가 오르고 전세가율이 높아지면서 갭투자하기에 좋은 시장이 만들어진다. 바로 이 시기가 서울과 수도권에서 갭투자하기 가장 좋은 때인 것이다.

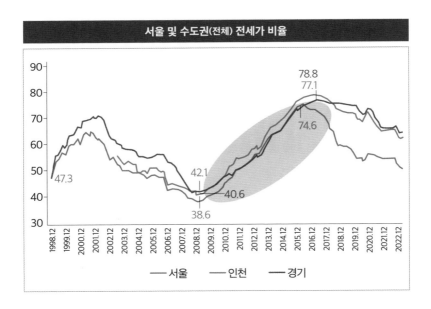

전세 갭투자 제대로 이해하기:
지방권

　그렇다면 지방도 서울 수도권과 똑같은 모습으로 흘러가는 것일까? 꼭 그렇지는 않다. 지방은 조금 다른 면이 존재하는 것으로 보인다. 먼저 이를 이해시키기 위해 독자들에게 질문을 한번 해보려 한다.

　"만약 당신이 서울 및 수도권과 지방에서 동일하게 1천만 원으로
　갭투자할 수 있다면 당신은 과연 어디를 선택하겠는가?"

　당연히 답은 서울 및 수도권이다. 왜냐하면 대다수 사람은 서울 및 수도권과 지방을 놓고 고민하는 경우 먼저 입지적 측면을 더 고려하기 때문이다. 따라서 지방에 투자하려는 경우 한 가지를 더 생각해야 한다. 동일한 상황과 환경에서 상당히 많은 사람이 입지를 먼저 고려하는 경우가 많으므로 전세가율 그 자체보다는 입지를 먼저 생각해야 한다고 말이다.

　물론 지방권 역시 공급 부족이 누적되니 자연스레 전세가가 오르고 갭투자하기 좋은 환경이 만들어진다. 이러한 현상이 만들어진 것이 바로 지난 2009년 이후의 시장이었다. 먼저 입주물량과 전세가 상승률 비교 그래프를 확인해보자.

　그래프에 보이듯이 2009년부터 입주물량 부족이 표면화되기 시작했고 2012년까지 공급부족 현상은 누적되고 있었다. 자연스레 전

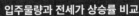

입주물량과 전세가 상승률 비교

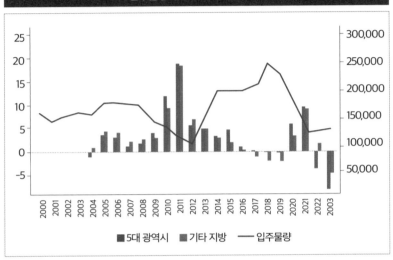

■5대 광역시　■기타 지방　—입주물량

입주물량과 매매가 상승률 비교

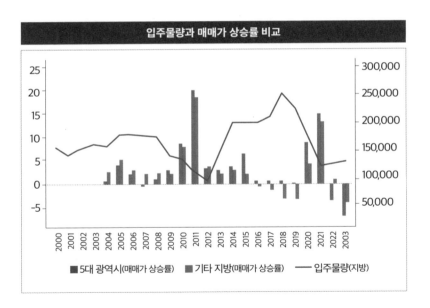

■5대 광역시(매매가 상승률)　■기타 지방(매매가 상승률)　—입주물량(지방)

세가가 상승하면서 갭투자하기 좋은 환경이 만들어졌고 이때 아래 그래프처럼 매매가 또한 상승하면서 큰 수익이 가능했던 시기였다.

더구나 바로 여기서 서울과 수도권과 다른 지방의 큰 장점이 나타난다. 서울 및 수도권과는 달리 지방의 전세가 비율이 평상시에도 상당히 높다는 점이다.

그럼 과거부터 현재까지 약 20여 년간의 지방권의 전세가율을 보여주는 그래프를 보자. 앞에서 봤던 서울 및 수도권의 전세가율은 저점과 고점의 등락폭이 상당히 큰 반면, 지방의 경우 전세가율의 등락폭은 거의 없이 대체적으로 높은 전세가율을 보이는 걸 확인할 수 있다. 소액으로 투자하고자 하는 갭투자자에게는 바로 이러한

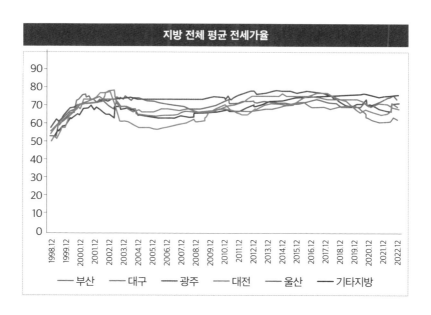

지방 전체 평균 전세가율

점이 상당한 매력으로 다가온다. 하지만 여기서 무작정 내가 가용할 수 있는 자금에 맞춰 입지를 선택하는 경우 상당한 리스크가 발생할 수 있다는 점을 기억하자.

아래 서울 수도권과 지방 중소도시의 매매가 상승률을 나타내는 그래프를 보자. 지방의 입장만 놓고 보면 2019년 이후 입주물량은 크게 줄어들고 있는 중이다. 여기에 지방의 전세가율이 전반적으로 높다 보니 자금이 부족한 사람들은 지방 중소도시에 소액으로 갭투자한 사람들이 상당히 많았다.

하지만 이 시기 전후를 보면 서울 및 수도권의 상승률이 훨씬 더 높았던 것을 확인할 수 있다. '같은 값이면 다홍치마'라고 입지가 좋

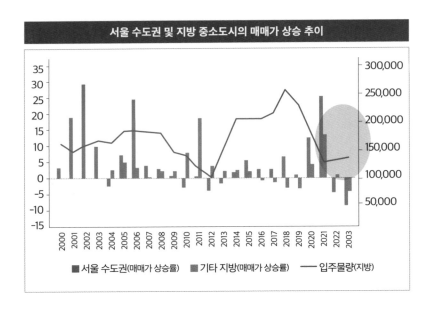

은 곳에 수요가 더 많이 몰렸기 때문이다. 갭투자를 배우는 많은 사람이 무조건 전세가율이 높은 곳에 소액으로 투자하면 될 것으로 생각하지만 사실 갭투자 역시 입지가 좋은 곳부터 수요가 진입하는 모습을 보인다. 이렇게 좋은 입지부터 움직인 다음에야 일종의 갭 메우기 현상이 발생하며 주변 지역으로 번져 나가게 되는데, 실제 그래프를 보더라도 서울 및 수도권의 상승이 나타난 다음 다른 지방으로 확산했음을 확인할 수 있다.

문제는 바로 그 이후 시장 분위기 변화에 따른 리스크다.

분위기가 나빠지면 좋은 입지보다는 상대적으로 나쁜 입지의 시장이 더욱 급격하게 위축되기 때문이다.

서울과 수도권의 경우 선호도도 높지만 일단 인구 자체가 많은 구조다. 따라서 투자자가 빠져나가더라도 여전히 많은 실수요자에 의해 움직인다. 하지만 일부 지방 중소도시의 경우는 그런 상황이 만들어지지 않는다. 투자자들이 빠져나가려 할 때 이를 대체할 실수요자의 숫자가 받쳐주지 않기 때문이다.

실제로 지난 몇 년 동안 정부의 규제 강화 및 금리 인상 등으로 인해 부동산 시장의 분위기는 급격히 나빠졌던 것을 기억할 것이다. 그러자 입지를 무시한 채 전세가율만 보고 지방 중소도시로 들어간 사람들은 상당한 어려움을 겪었다. 매도를 하려고 해도 선호도가 떨어지고 실수요자가 적은 곳이다 보니 매수를 할 사람도 찾기 어려웠기 때문이다.

결국 지난 2021년 광풍처럼 불었던 지방 중소도시나 공시지가

1억 원 미만 등과 같은 투자처들은 달라진 시장 분위기로 인해 가격 하락 및 매도에 상당한 어려움을 지금 겪고 있다. 바로 이러한 점이 낮은 입지에 대한 투자 리스크라고 말할 수 있다.

따라서 지방의 갭투자를 고려할 때는 다음 순서로 확인하고 접근할 필요가 있다. 물론 서울 수도권 투자 역시 마찬가지다.

① 공급물량 부족이 누적되고 있는 곳인가?
② 사람들에게 선호되는 입지인가?
③ 서울과 수도권의 분위기는 지금 어떠한가?
④ 혹시 분위기가 나빠졌을 때 충분히 매도가 가능한 지역인가?
⑤ 마지막으로 소액 투자가 가능한 곳인가?

앞으로 갭투자가 가능한 시장이 올까?

자, 그렇다면 이제 최근 시장 상황을 살펴보도록 하자.

앞에서 필자는 갭투자하기 가장 좋은 시장은 어떤 이유로든 공급이 줄면서 공급부족 물량이 누적되고 점차 전세가가 오르고 전세가율이 높아지면서 매매가가 오를 가능성이 있는 시장이라고 말했다. 그렇다면 지금 시장의 모습은 어떤 상황일까? 먼저 앞으로의 공급부족 및 갭투자 가능성을 검토해보자.

전국 기간별 수요 및 입주 그래프에서 보는 것처럼 2023년 이후 입주물량은 전국적으로 줄어드는 추세다. 물론 출처로 삼은 자료를 그대로 받아들이지는 말고 2025년 이후 물량은 유동적이라는 점을 먼저 기억하자. 아직 착공물량이 확정된 상황이 아니기에 앞으로도 충분히 늘어날 수도 줄어들 수도 있기 때문이다.

다만 현재 상황에서 유추해보건대 물량이 크게 늘어나기는 그리 쉽지 않아 보인다. 최근 시장의 침체와 건설경기 부진 등으로 인해 인허가 및 착공물량이 예상보다 크게 줄어들었다는 내용이 언론에서 계속 언급되고 있기 때문이다.

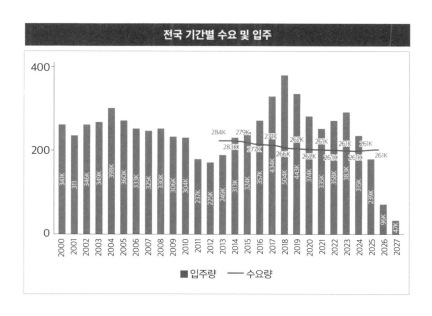

건설 및 부동산 경기 침체 영향으로 주택건설 인허가·착공·분양 물량이 지난해보다 크게 줄어든 것으로 나타났다. 미래 주택공급을 나타내는 지표가 동반 하락하며 2~3년 뒤 전국적인 주택 대란이 벌어질 수 있다는 우려가 나온다.

— "전국 착공 물량 '반토막'…2~3년 후 공급대란 오나",

한국경제, 2023년 8월 31일자

위 기사 내용을 살펴보면 역시 2~3년 후의 물량 부족을 언급하고 있다. 여기에 앞으로도 당분간 인허가와 착공 및 분양물량이 줄어들며 공급부족의 문제점이 해결되지 못한다면 이는 이후 공급부족 누적에 따른 전세가 상승으로 확대될 가능성이 충분히 존재한다.

공급부족 현상이 매매가에 먼저 영향을 끼칠 수도 있겠지만 지난 몇 년간 크게 오른 가격대에 대한 부담과 여전히 낮은 전세가율, 그리고 대외적 위험요인들을 감안해본다면 매매가 상승보다는 전세가 상승 가능성의 확률이 좀 더 높다는 것이 필자의 생각이다.

재미있는 것은 과거 입주물량이 줄어들던 2009년 기사에서도 지금과 상당히 유사한 내용이 보였다는 점이다.

다음은 2009년에 나온 신문기사다.

올들어 5월까지 주택 건설 인·허가 실적이 올해 주택공급목표의 15%에 불과한 것으로 나타나 주택 공급감소 비상령이 내려졌다. 이에 따라 2~3년 후 주택공급 부족으로 인해 주택가격이 급등할 가능성이 있다는 우려의 목소리가 나오고 있다.

— "주택공급 부족해 3년 뒤 집값대란 우려", 문화일보, 2009년 7월 9일자

　지금과 상당히 비슷한 모습이다. 갑자기 궁금해진다. 이 기사가 나왔던 2009년 7월 당시 서울 및 수도권의 전세가 비율은 과연 얼마나 되었을까? 실제 자료를 찾아보니 서울의 매매가 대비 전세가 비율은 38.9%로 당시 40%가 채 되지 않았다. 수도권까지 모두 포함해도 평균 41%밖에 되지 않은 수준이다. 이 정도의 전세가율이라면 아마 당시 서울 및 수도권에서 소액 갭투자가 가능할 것으로 생각한 사람은 거의 없었을 것이다. 하지만 이후 시장은 공급부족 현상이 심화되고 전세가율이 꾸준히 올라가는 과정을 거치면서 2010년대 중반 다시 갭투자 전성시대가 만들어졌다는 점을 우리는 분명히 기억해야 한다.

　그렇다면 공급부족을 우려한 기사가 나왔던 2009년 7월과 비교해 현재(2023년 8월) 서울 및 수도권의 전세가율은 얼마나 될까? 전세가율만 놓고 보면 지금보다 그때가 갭투자하기 훨씬 더 최악이었던 상황으로 보인다. 하지만 공급부족이 누적되면서 전세가율은 계

서울 및 수도권의 매매가 대비 전세가 비율 변화(단위: %)

서울	경기	인천		서울	경기	인천		서울	경기	인천
38.9	41.6	42.4	➡	71.4	78.4	76.8	➡	51.0	62.6	64.0

※ KB전세가비율(2009년 7월 기준)　※ KB전세가비율(2017년 8월 기준)　※ KB전세가비율(2023년 8월 기준)

속 올랐고 점차 시장은 갭투자하기 좋은 환경으로 변해갔다.

이런 이유로 현재 보이는 전세가율만 보고 먼저 섣불리 갭투자가 어렵다고 판단할 필요는 없다. 인허가 및 착공물량의 감소가 계속 이어지고 있는 데다가 이로 인해 정부는 2023년 9월 26일 새로운 공급대책을 발표하는 등 향후 공급감소를 어느 정도 인정하는 모습을 보이고 있기 때문이다.

실제 2022년 이후 인허가 및 착공물량은 줄어들고 있으며 이러한 분위기는 당분간 이어질 것으로 보인다. 지금 당장 착공하더라도 실제 입주는 3년 후이다 보니 입주 전 3년 동안의 공급부족은 한동안 그대로 이어질 것으로 예상되기 때문이다. 이로 인해 몇 년 후 전세대란 가능성 역시 배제할 수 없는 상황이다.

여기에 앞으로의 정부 공급대책이 얼마나 효과가 있을지 역시 꾸준히 모니터링할 필요가 있다. 이번 9.26 공급대책의 효과가 만족스럽지 못하다면 계속 공급 활성화 대책이 나오게 될 것이고, 이는 공급부족 현상이 당분간 계속 이어진다는 의미다. 앞으로 전세가 상승이 더욱 심화될 수도 있다는 의미이기 때문이다.

결과적으로 지금 당장 갭투자에 효과적인 시장은 분명 아니다. 하지만 현재 시장 환경은 주택공급 부족 누적에 따라 전세가 상승 가능성이 높아지는 중으로 점점 갭투자에 친화적 시장으로 변모하고 있다고 봐야 한다. 따라서 지금부터 정부정책과 시장 환경 변화를 꾸준히 확인하면서 여기에서 언급한 내용을 근거로 투자처를 찾을 준비를 차츰차츰 준비해야 할 때로 보인다.

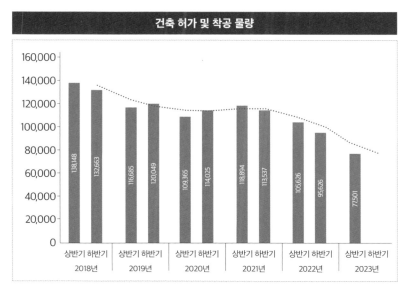

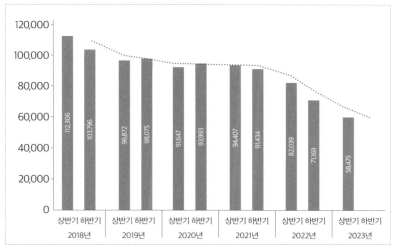

짜장면과 치킨 그리고 아파트

트루카피

- 전 외국계 광고회사 임원
- 현 도서출판 트루카피 에디터
- 동국대학교 겸임교수

짜장면 지수와
아파트 지수

　통계청에서는 물가측정 도구의 하나로 짜장면 지수를 발표하고 있습니다. 그런데 이 짜장면 지수와 아파트 매매지수를 비교해보면 아마도 이런 말이 입에서 튀어나올지도 모릅니다. "아, 아파트가 아니라 짜장면에 투자를 했어야 해!" 아파트 지수는 가끔 하락도 하지만, 짜장면 지수는 거의 상승만 이어왔기 때문이죠.

　1990년쯤 짜장면값이 1천 원을 넘었다고 크게 보도되던 게 기억납니다. 2023년 5월 짜장면 평균 가격이 6,915원이니 약 7배가 올랐네요. 짜장면 지수보다 아파트 매매지수가 낮다는 건 그사이에 짜장면보다 덜 오른 아파트도 많다는 것이겠죠. 짜장면이 1천 원이 넘던 1990년 초 아파트 시세는 어떨까요?

　어떤 아파트는 당시 가격보다 20배 가까이 오른 것도 있는 반면, 어떤 아파트는 짜장면보다도 덜 오른 게 눈에 들어오는군요. 1990년 2월 1억 원 정도 하던 도봉구 삼익세라믹 29평은 2023년 실거래가가 5억 7천만 원입니다.

　짜장면의 가치가 오른 것일까요, 돈의 가치가 떨어진 것일까요?

매매가격 지수와 짜장면 지수

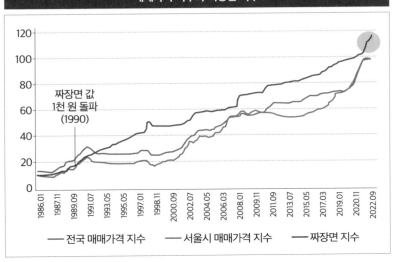

짜장면 값
1천 원 돌파
(1990)

— 전국 매매가격 지수   — 서울시 매매가격 지수   — 짜장면 지수

1990년 초 주요 아파트 시세

1990년 2월 16일 [금요일] [5]

〈서울 아파트 시세〉 〈단위:만원〉

지역	아파트	평형	매매값	전세값
개포동	주공고층	23	8700~9600	5500~5800
		31	13000~14500	6800~7300
		34	15000~16500	7500~7800
	주공저층	8	3000~3300	2000
		11	3400~3600	2000
		13	4300~4500	2300~2400
		15	5000~5600	2800~3100
		16	6200~6700	3600~3800
		17	6500~7300	4000~4300
		19	8300~8500	4500~5000
		22	9500~11000	5000~5500
		25	12000~13000	5500~6000
대치동	우 성	31	14500~16500	7000~7500
		41	26000~27000	11000~12000
	쌍 실	31	11000~11500	6500~7000
		35	14000~15000	8000~8500
		43	24000~25000	11000~12000
		49	29000~30000	14000~15000
압구정동	한양1차	20	7500~8500	5000~5500
		27	10000~12000	6500
		33	13000~16000	8000
		40	21000~28000	12000
		49	33000~40000	
명일동	삼익그린	18	4800~5600	3000~3300
		25	7000~8200	
		32	10500~12000	5500~6000
		45	20000~22000	7000~8000
상계동	주 공	13	3300~3400	2000~2100
		18	4400~4700	2500~2900
		25	6000~6700	3100~3400
		31	9100~9500	3500~4000

지역	아파트	평형	매매값	전세값
중계동	경 남	18	6000~6200	3500
		27	9000~9500	4500
		31	11000~12000	5500
		40	18000~20000	8000
명분동	삼익세라믹	16	4400~4600	2200~2500
		19	4800~5200	2600~3000
		24	6600~7000	3300~3600
		29	9500~10000	4000~4500
성산동	성산시영	22	7000~7300	3900~4000
		25	9000~9200	4400~4600
반포동	우 성	34	15000~17000	7000~7500
		38	18000~19000	9000
		48	23000~27000	12000~13000
	주 공	22	13000~16000	5500
		32	21000~24000	8000~9000
		42	30000~34000	12000
		62	40000~45000	16000
서초동	삼 이	20	7000~7500	4000~4500
		25	9000~10000	5000~5500
		34	13000~14000	6500~7000
문정동	해 밀 리	32	16000~17000	7000~8500
		43	24000~25000	10000~11000
		49	27000~30000	12000~13000
		56	40000~45000	15000~17000
		68		50000	20000
잠실	주 공	8	4700~4800	2000
		10	5600~6000	2000~2500
		13	6200~6600	2500~2600
		15	7200~8000	2800~3000
중계동	한신코아	10	2800~3000	2200~2300
		14	3600~4000	2500~2700
목 동	신시가지	20	6500~7000	4000~4500
		30	12000~13000	6000
		35	17000~18000	7500
		45	20000~24000	9000~9500
여의도	목 화	15	6500~6700	4000
		20	8300~9000	5000

도봉구 삼익세라믹 실거래가		
매매 실거래가		2023.06. 국토교통
계약월	매매가	
2023.04.	5억 7,000(27일,12층)	5억 6,000(26일,13층)
2023.01.	6억(5일,13층)	

평균 7천 원으로 오른 짜장면이지만 그렇다고 짜장면의 가치가 '배 밭에서 아파트가 된 압구정'처럼 바뀐 것은 아닙니다. 여전히 짜장면은 김밥과 함께 서민 음식의 대표주자죠. 그렇다면 답은 하나, 돈의 가치가 그만큼 낮아진 것이 되겠습니다.

무엇이든 가치가 낮아졌다는 것은 희소성의 상실을 의미하죠. 돈의 가치가 낮아졌다는 것은 그만큼 돈을 많이 찍어냈기 때문입니다.

다시 짜장면 지수 그래프를 봅시다. 완만하게 움직이던 짜장면 가격은 2020년 중반 이후부터 기울기가 급해지더니 2021~2022년에는 대단히 빠른 속도로 상승합니다. 도대체 2020~2022년 사이 무슨 일이 있었던 것일까요?

본원통화 전년 대비 증가액

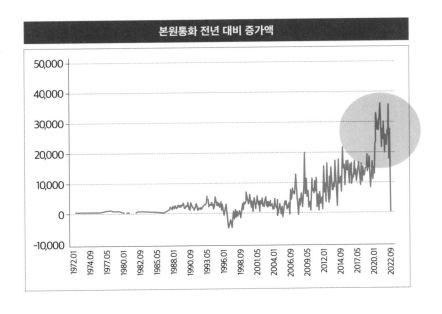

짜장면 지수와 본원통화 증가 추세 비교

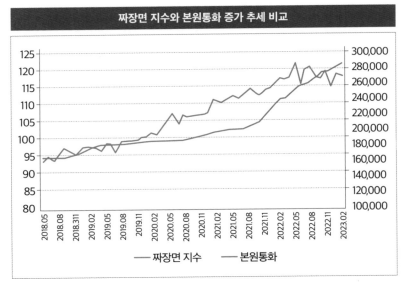

가격이 오른 이유는
늘어난 통화량 때문

한국은행 본원통화의 전년 대비 증가액을 보겠습니다. 본원통화란 중앙은행이 공급하는 현금 통화를 말하죠. 한눈에도 쉽게 보이듯이 본원통화량은 코로나19 사태 이후 전례 없는 급증세를 보여주었습니다. 가격이 오른 것에 대한 손가락질은 짜장면이 받고 있지만 따지고 보면 진짜 주범은 늘어난 화폐량에 있는 것이죠.

화폐량이 늘어난 시기와 출발점을 비슷하게 만들어 지표를 들여다보면 짜장면값은 늘어난 화폐량을 따라 올라가고 있다는 것을 알 수 있습니다. 아울러 최근 들어 본원통화가 증가세를 멈추고 정체하고 있어 물가상승세도 약해지리란 것을 예상할 수 있고요.

통화량으로
집값을 나누어보자

우리나라의 본원통화는 2015년부터 급속한 증가세를 보였습니다. 그렇다면 이런 의문도 들 수 있겠죠. 지난 몇 년간 우리가 겪었던 주택시장의 상승은 과연 통화량에 비추어봤을 때 얼마나 더 오른 것일까요?

개포주공5단지 34평 시세를 본원통화로 나누어봤습니다(본원통

화는 십억 단위 사용). 그래프를 보면 1990년대와 지난 하락장에서는
아파트 가격 상승 폭이 확실히 통화량 증가보다 컸다는 것을 확인할
수 있습니다. 그런데 최근 수치를 보면 아파트 가격 상승은 통화량
증가보다 그렇게 큰 편이 아닙니다. 이는 2015년부터 통화량 증가
폭이 전례 없이 커졌기 때문이죠.

물론 여기에는 이견이 있을 수 있습니다. 우선 통화량과 아파트
가격을 비교하는 것은 어떤 기준으로 하냐에 따라 다를 수 있죠. 많
이들 사용하는 광의의 통화량 M2를 기준으로 하면 아파트 가격은
지난 장 정점 수준에 가까워지고 있습니다. 그러나 현금성 통화량
(협의의 통화)인 M1과 본원통화로 하면 그 결과는 다소 달라집니다.

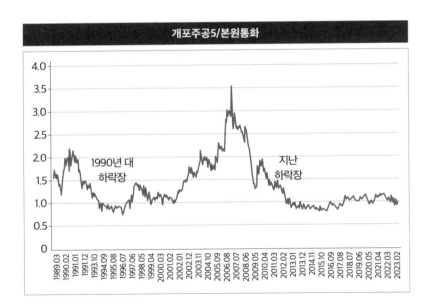

주택시가총액/통화량

주택시가 총액/M2

주택시가 총액/M1

주택시가 총액/본원통화

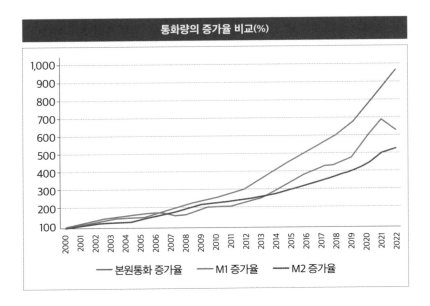

통화량의 증가율 비교(%)

앞의 그래프에 사용된 통계는 한국은행 자료로 주택시가 총액의 경우 2021년까지만 집계되어 있다는 점은 참고하시기 바랍니다.

확실한 것은 세 지표 모두 지난 장 2006~2008년은 주택시가 총 액이 정점으로 나온다는 것입니다. 그때는 주택가격이 통화량 대비 버블이었다는 것이죠. 그러나 현재는 결과가 M2와 다른 통화량이 서로 다릅니다. 이유는 각 통화량의 증가율도 다르기 때문이죠.

제가 보기엔 최근 자산시장에 더 영향을 미친 것은 M2보다는 M1과 본원통화로 생각됩니다. 특히 M1은 최근 자산시장의 움직임 과 흐름이 유사하죠.

아파트 상승장이냐, 아니냐를 따질 때 많이 보는 지표로 M1/

M2가 있습니다. M1/M2가 대략 29% 이상일 때는 상승장으로 분류하죠. 이 지표가 높아지거나 낮아지려면 분자인 M1의 증감 폭도 아주 중요합니다. 아파트 장세 판단에는 M1/M2 지표를 참고하면서 통화량은 M2만 본다면 그건 좀 아이러니하죠.

인천 구월동 롯데캐슬 33평 실거래가에 같은 시기 M1통화량의 전년동월비 증감률을 입혀본 그래프를 보겠습니다. 통화량과 집값에 대한 해석은 각각 다를 수 있지만 적어도 한 가지는 모두 동의하실 것입니다. 최근 있었던 자산시장의 급등에는 2020년 코로나19 사태 이후 급증한 각 정부의 화폐 발행량이 큰 영향을 미쳤다는 것이죠. 근래 물가가 이렇게나 높이 뛰어오른 것도 러시아-우크라이

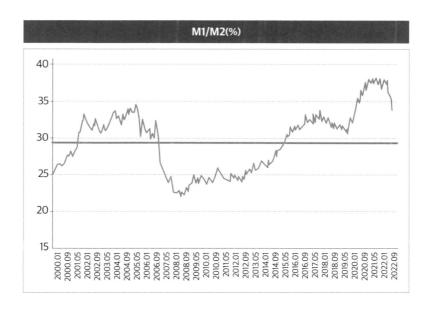

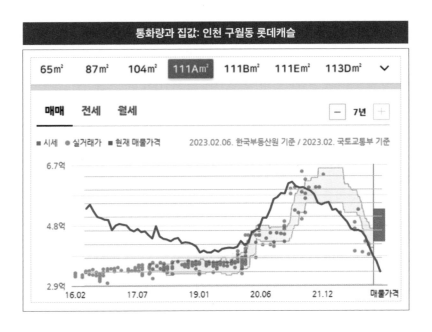

통화량과 집값: 인천 구월동 롯데캐슬

| 65m² | 87m² | 104m² | **111Am²** | 111Bm² | 111Em² | 113Dm² | ∨ |

매매　전세　월세　　　　　　　　　　　　　　　　　　− 7년 +

■ 시세　● 실거래가　■ 현재 매물가격　　2023.02.06. 한국부동산원 기준 / 2023.02. 국토교통부 기준

6.7억

4.8억

2.9억　16.02　　17.07　　19.01　　20.06　　21.12　　매물가격

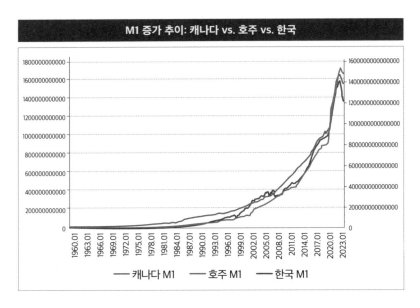

M1 증가 추이: 캐나다 vs. 호주 vs. 한국

―― 캐나다 M1　―― 호주 M1　―― 한국 M1

나 전쟁의 영향도 있지만, 기본적으로는 늘어난 화폐량이 근본원인이라 하겠습니다.

요즘 언론에서 캐나다와 호주 주택시장과 우리 주택시장을 비교하는 기사가 자주 보입니다.

캐나다와 호주는 우리와 여러모로 공통점이 있죠. 변동성 대출 비중이 높아 금리 인상에 취약한 것, 2022년 후반 급락했다가 2023년 초에 반등한 것도 우리와 비슷합니다.

세 나라의 M1 증가 추이도 유사한 편입니다. 특히 2020년 이후는 놀랄 만큼 같습니다. M1이 꺾이는 지점부터 부동산 시장이 하락한 것도 비슷하죠.

금값으로
아파트 가격을 나누어보자

금은 가장 우수한 인플레이션 방어자산으로 꼽힙니다. 이렇게 된 것에는 1970년 인플레이션 시기에 자산 중 가장 높은 상승률을 보인 것이 기반이 되었죠. 다른 말로 하면 황금이 물가와 화폐가치의 하락을 가장 반영한다고 말할 수도 있겠습니다.

미국이나 유럽, 호주에서는 자산가치를 측정하기 위해 부동산 가격을 금값으로 나누어보기도 합니다. 관련 자료를 보면 이번 장의 집값은 꽤 많이 오른 건 사실이지만 지난 장과 비교하면 비교적 금

미국 부동산 가격/금값 추이

한국 부동산 가격/금(달러): 올림픽선수촌 아파트

값 대비 상승폭이 낮은 편입니다. 그렇다면 한국 아파트 가격은 어떨까요?

자료는 2021년 말 기준이며 그 사이 금값은 상승하고 올림픽선수촌 실거래가는 당시 기준보다 약간 하락해 우측 그래프는 더욱 낮아졌을 것으로 보입니다. 지금은 물가 대비 그리고 늘어난 화폐량 대비해서 지난 장만큼의 버블은 아니라고 볼 수 있습니다.

트루카피, 생각의 정리

앞으로 일정 기간은 금리가 더 영향을 미칠 수도 있습니다. 경기침체나 돌발 리스크에 의해 시장이 휘청거릴 수도 있습니다. 그러나 장기적으로 본다면 자산의 가격은 늘어난 화폐량만큼 높아질 수밖에 없습니다. 짜장면 가격이 다시 1990년의 600원으로 돌아갈 수 없듯이 말입니다.

최근 주택시장에 대한 여러 말들이 있습니다. 아쉬운 점이 있다면, 하락을 이야기할 때 늘어난 화폐량에 대한 고려도 있었으면 하는 것입니다. 화폐량의 증가는 물가를 움직이고 그 물가엔 주거비도 포함됩니다.

1970년 물가상승기 동안의 물가와 미국 주택가격 흐름을 살펴보겠습니다. 중간중간 금리 변동 때문에 집값이 물가보다 더 변동

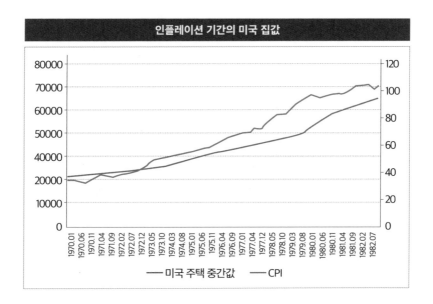

인플레이션 기간의 미국 집값

범례: 미국 주택 중간값 / CPI

폭이 커지기는 하지만, 전반적인 흐름은 물가가 오른 만큼 집값도 움직였죠.

앞으로의 시장에서도 유동성 긴축이나 금리 재인상, 그 외 돌발 리스크 발생으로 인해 주택시장이 중간중간 흔들릴 가능성은 있습니다. 그러나 늘어난 화폐량은 물가가 변한 것처럼 주택가격도 장기적으로는 상승시킬 것입니다.

2023년 9월 강남구 도곡렉슬 33평 14층이 27억 7천만 원에 거래되었습니다. 고점은 2021년 32억 원, 저점은 2023년 초 23억 5천만 원이죠. 그렇다면 물가에 비추어 본 도곡렉슬의 6월 가격은 어떨까요? 우리가 흔히 먹는 치킨으로 계산해보겠습니다.

도곡렉슬과 치킨 비교	
2019년 11월 도곡렉슬	2019년 9월 도곡렉슬
155,000마리	138,500마리

BBQ 황금올리브 치킨은 2019년 11월 한 마리 1만 6천 원이었는데, 현재 한 마리 2만 원으로 값이 상승했습니다. 2019년 11월 도곡렉슬 33평 중층이 25억 8천만 원에 거래되었고 이는 BBQ 황금올리브 15만 5천 마리에 해당합니다. 9월 27억 7천만 원에 거래된 도곡렉슬 33평은 2만 원으로 오른 BBQ 치킨으로 값을 나누면 약 13만 8,500마리에 해당합니다. 지난 3년 반 동안 도곡렉슬 33평 가격은 1억 9천만 원 올랐지만 BBQ 치킨으로는 오히려 1만 6,500마리의 손실이 발생한 셈입니다.

2019년은 화폐 발행이 폭증하기 이전의 시기입니다. 이때의 BBQ 치킨과 도곡렉슬 아파트 교환비가 적정했다면 앞으로 집값이 올라 다시 15만 5천 마리를 살 수 있게 균형을 맞추거나 치킨값이 다시 내려야 합니다. 그런데 사람들은 아파트 가격에 대해선 재하락을 말하고 데드 캣 바운스를 논하지만, 짜장면이나 치킨 가격에 대해서는 그런 요구를 하지 않죠.

현재 글로벌 경제를 들여다보면 쉽게 내려오지 않는 물가에 대한 우려가 큽니다. 만약 예전의 저물가로 돌아가지 않는다면 그리고 다시 자산이 물가만큼은 오르는 시대가 온다면 마냥 자산을 파는 것만이 능사는 아닙니다. 물론 무조건 팔지 말라는 이야기는 아닙니다. 다시 맨 처음으로 돌아가서 1990년과 현재의 집값을 보면 모든 주택이 짜장면, 즉 물가만큼 오른 것은 아니라는 것을 알 수 있습니다. 물가만큼 또는 그 이상 오를 것(지역)들은 홀딩하거나 매수하고, 물가보다 덜 오를 것(지역)들은 과감하게 정리하는 것이 필요할 수 있죠.

시장에 서면 하루하루의 움직임을 쫓아가기도 바쁜 우리이지만 오래 투자하기 위해서, 그리고 길게 살아남기 위해서 가끔은 긴 안목으로 시장을 보아야 합니다. 화폐량과 물가는 당장 오늘의 매수나 매도에 영향을 미치지는 않을 것입니다. 그러나 길게 보면 무엇을 지키고 무엇을 버려야 할지 우리에게 시사하는 점이 많습니다.

돈과 행복,
행복한 부자가 될 수 있을까?

작가 송희구

- 저서 『서울자가에 대기업 다니는 김 부장 이야기』, 『나의 돈 많은 고등학 교 친구』
- 유튜브 '작가 송희구'

돈이 많으면
더 행복할까?

돈과 행복, 이 주제는 아주 오래전부터 다루어져 왔던 내용입니다. 아마도 우리가 이 세상을 떠나는 날까지 이 주제는 계속 나올 겁니다. 이런 질문을 하고 싶습니다.

"돈이 많으면 행복할까요?" 저는 행복할 수도 있고, 돈 때문에 생기는 문제가 많다면 아닐 수도 있다고 봅니다. 그럼 질문을 바꿔보겠습니다. "돈이 많으면 불행한가요?" 그게 무슨 소리예요? 불행하지는 않을 것 같은데요.

다른 질문을 해보겠습니다. "가난하면 행복한가요?" 아니요. 가난이 왜 행복하죠? 가난은 말 그대로 궁핍, 결핍을 대신하는 뜻인데 행복할 리가 없습니다. 그럼 "가난하면 불행한가요?" 무조건은 아니지만 불행할 수 있을 것 같아요.

이 4가지 질문을 해석하면 가난보다는 돈이 있는 게 어느 정도는 더 긍정적이라는 뜻입니다. 미국의 노벨 경제학자 출신인 대니얼 카너먼 교수님이 "돈과 행복은 상관이 없다."라는 논문을 내서 화제가 된 적이 있습니다. 그런데 이 논문에 엄청난 많은 반박 글이 달렸어요.

교수라는 직업은 꽤 안정적이고 인정도 받는 직업입니다. 이렇게 경제적으로 안정적인 직업을 가지신 분이 돈과 행복은 상관없다고 하는 게 저는 좀 무책임하다고 느껴집니다. 마치 가난한 사람들보고 "너희들은 계속 그렇게 살아도 행복할 거야. 돈 벌어봤자 똑같아."라고 말하는 것 같아요. 자신은 경제적, 사회적 지위가 있으니까 이런 논문을 쓸 수 있었던 거라고 봅니다. 만약 교수님에게 빚이 100억 원이 있고, 교수직에서 물러나 하루에 12시간씩 택배 상하차를 하고 있습니다. 그런데 요즘 팔다리, 어깨, 허리에 통증이 있음에도 불구하고 빚을 갚아야 해서 병원도 못 가는 상태라고 했을 때 논문을 쓴다면 어떤 결과가 나올까요? 누구나 추측할 수 있을 겁니다.

돈이 없어도 행복하다고 하는 다른 많은 사람의 주장을 한번 제가 반박해볼게요. 이런 사람들은 대부분 이미 부자이거나, 그런 강연을 하고 다니면서 큰 수익을 올리고 있을 겁니다. 이 사람들이 빈민촌에서 밥도 세 끼 다 못 먹고, 하루 종일 노동만 하는 사람들에게 "돈이 많아도 행복하지 않아요. 계속 이렇게 사셔도 괜찮아요."라고 하면 뭐라고 생각할까요? 거기에 붙잡혀서 영원히 못 나올 수도 있습니다. 반대로 부자들에게 가서 "돈이 많아도 행복하지 않아요."라고 하면 부자들은 아마도 비웃을 겁니다.

돈을 모을수록
행복한 부자가 되는 법

제 생각은 "돈으로 모든 행복을 살 수는 없지만, 나를 행복하게 해줄 수 있는 것들을 살 수 있다."라는 겁니다. 물론 돈이 많은데 불행한 사람도 있습니다. 가난한 사람 중에도 불행한 사람도 있습니다. 그런데 그 비율이나 절대 숫자는 가난한 사람 쪽이 훨씬 더 많을 겁니다. 그런데 왜 사람들은, 대니얼 교수는, 심리학자들은 왜 자꾸 부자들은 불행하다고 하고 다닐까요?

첫 번째는 이런 말을 하고 다니는 게 직업이라서요. 이런 달콤한 말, 위안이 되는 말이 팔리니까 이런 말을 하고 다니면서 강연료를 받는 겁니다. 두 번째는 실제로 돈이 많은데 불행한 사람이 있기 때문입니다.

제가 진짜 드리고 싶은 말은 이겁니다. 돈이 많은데 불행한 사람은 몇 가지 공통점이 있는데요. 돈을 한 번 벌어본 사람은 돈의 힘, 돈의 맛을 알게 됩니다. 그래서 그 돈을 계속 좇아갑니다. 문제가 뭐냐면 아주 조그맣던 욕심이 돈의 맛을 보고 훨씬 커지게 된 경우입니다. 그 마음을 주체하지 못하는 거죠.

돈을 버는 데 어떤 단계가 있다면 1단계, 2단계까지 올라와 놓고서는 갑자기 7단계, 8단계로 점프를 하려고 합니다. 이건 아파트를 1, 2층까지 잘 지어놓고 빨리 더 높게 짓고 싶어서 3, 4, 5, 6층은 대충 지어놓고 7층을 막 짓는 것과 같습니다. 그렇게 되면 약한 지진에도 3층부터 6층이 흔들흔들하다가 푹 주저앉죠. 이렇게 자기 자신을 컨트롤하지 못하게 됩니다.

돈을 어느 정도 벌었다면 어떻게 어디에 쓸지 고민할 텐데요. 돈은 우리에게 많은 것을 사고, 보고, 느끼게 할 기회를 주지만 반대로 그 역치가 높아져서 돈이 없을 때 느꼈던 소소한 기쁨들이 돈을 벌고 난 후에는 별 느낌이 없어지기도 합니다.

제가 왜 돈과 행복에 대한 말씀을 드리냐면 여러분은 부자가 되고 싶고, 그리고 부자가 될 것입니다. 그런데 나는 어느 정도 목표를 달성했는데 왜 자꾸 상급지로 이사 가고 싶고, 돈을 더 벌고 싶고, 더 큰 뭔가를 이루고 싶은가 고민이 들 거예요. 어쩌면 그런 고민을 오래전부터 하고 계신 분들도 있을 거고요. 그게 정상입니다. 그것 때문에 더 열심히 일하고 새로운 것에 도전하고 싶으시다면 문제가 전혀 없는 겁니다. 원동력이 되니까요.

그런데 그게 스트레스가 되고, 불안함에 빠진다면 마음가짐을 바꿔야 합니다. 돈이 저 앞에 있어서 내가 그걸 따라간다고 생각하지 마시고, 옆에 있다고 생각하세요. 옆에서 같이 간다고 생각하세요. 비록 지금은 그 돈이 크지 않을지라도 앞에 두지 말고 옆에 둔다면 어떻게 벌지, 어떻게 쓸지에 대해서도 쉽게 알 수 있게 됩니다.

혹시 주변에 저 멀리 있는 돈이라는 목표에 눈이 멀어 있는 사람과는 멀리하셨으면 합니다. 그 돈만 바라보느라 진짜 중요한 것들을 잃을뿐더러 그 돈을 벌 수도 없습니다. 내가 가지고 있는 돈 만 원으로 무엇을 할 수 있을지, 십만 원으로 무엇을 할 수 있을지, 천만 원으로 무엇을 할 수 있을지 모르겠다면 그런 고민을 같이할 사람을 옆에 두세요. 그리고 배우세요. 그게 책 속의 인물이 될 수도 있고, 롤 모델로 삼는 유튜버가 될 수도 있습니다.

돈은 벌고 있는데 정신적으로 힘들어진다면 그거야말로 불행한 인생일 겁니다. 여러분들은 돈을 더 벌면 벌수록, 자산을 모으면 모을수록, 더 행복한 부자가 되시기를 바랍니다.

2024년에는 어디에 투자해야 할까?

자, 여기서 끝이 아닙니다. 어떻게 돈을 벌지, 어디에 내 종잣돈을 묻어두어야 할지 짧게 알아보았으면 합니다.

향후 서울과 경기도 핵심지의 공급은 매우 부족할 것이고, 앞으로도 쭉 그렇게 될 것입니다. 첫 번째 이유는 토지가 없고, 두 번째 이유는 공사비 증가로 사업성이 나오지 않는 재개발·재건축이 임시 휴업 상태가 될 것이니까요. 신축은 더욱 귀해질 것이고, 신축과 사업성 나오지 않는 구축과의 격차는 벌어질 수밖에 없습니다.

산성역 자이푸르지오가 준공되었습니다. 역과의 거리가 있지만 위례와 분당 사이에 있는 입지가치와 뛰어난 상품가치로 덕분에 웬만한 서울 아파트보다는 더 좋다고 보고 있습니다. 앞으로 8호선 산성역부터 모란역까지 이렇게 대단지에 1군 브랜드 아파트들이 들어설 예정입니다. 산성구역은 철거를 완료했고, 상대원2구역은 이주를 완료했습니다. 5~6년 안에 새 아파트로 지어진다는 의미겠죠. 주변 신축아파트들의 시세와 현재 2곳의 재개발 매물 시세를 비교해 보셨으면 합니다.

장기적으로 본다면(최소 10년) 수진1구역, 신흥1구역, 신흥3구역의 투자가치도 충분히 있다고 봅니다. 자금 여유가 있다면 이왕이면 1+1(84m²+59m²) 매물을 추천합니다. 산성역 포레스티아 59m² 금액으로 1+1을 살 수 있는 정도의 가격대가 형성되어 있습니다. 물론 6억~8억 원의 돈을 10년 넘게 묻어둔다는 것은 시간 대비 수익률이 좋지 않을 수 있으나, 일반 아파트 갭투자보다는 더 나을 것으로 보입니다. 이미 주택이 있으신 분들의 경우 공시가가 낮은 재개발 빌라는 종부세의 부담을 줄여줄 수 있습니다.

광명 재개발도 좋으나, 광명 재개발에 붙은 프리미엄이 성남보다 2억~3억 원씩 높은 편이라 지금 시점에서는 성남 쪽이 더 투자가치가 있어 보입니다. 몇 년 전만 해도 분양가상한제가 강하게 걸려 로또분양이 많았지만 앞으로는 로또분양이 없을 예정입니다. 오히려 상급지보다 더 비싼 분양가들이 등장하고 있습니다. 이런 곳들은 주의하셨으면 합니다. 하지만 있긴 있습니다. 바로 서초, 강남, 송파입니다. 분양가가 주변 시세 대비 10억 원씩은 저렴하기 때문에 청약점수가 낮더라도 무조건 도전하셔야 합니다.

2024년 투자를 준비하고 있다면 지금 당장 현장으로 달려가서 매물을 보세요. 여러분의 경제적 자유를 마음을 다해 응원합니다.

PART 2

격변의 시장에서 오는
투자 기회를
잡아라

2024년 시작된 청약 대반전,
바뀌는 청약제도 완벽 분석

아임해피 정지영

- (주)아이원대표
- 청약, 부동산 컨설팅 전문가, 강사
- 저서 『똑똑한 부동산 투자』, 『대한민국 청약지도』 등
- 블로그(blog.naver.com/iammentor)
- 유튜브 '아임해피부동산TV'

바뀌는 청약제도,
기회를 포착하자

　주택청약제도는 정부가 1977년 '국민주택 우선공급'에 관한 규칙을 발표하면서 도입되었다. 무주택 서민을 위해 아파트 공급은 늘려야 하는데 재원이 많이 부족했기 때문에, 이를 청약통장이라는 예금으로 기금을 조성하고자 시작한 제도다. 청약통장에 일정 금액 이상의 돈을 예치한 사람들만이 아파트 청약에 도전할 수 있다. 당첨자는 납입기간, 납입횟수, 부양가족수, 무주택기간 등 일정한 조건을 기준으로 심사해 선정된다.

　청약제도는 30년 넘게 유지되며 부동산 시장의 수요를 조절하는 목적으로도 활용되었다. 청약제도의 역사를 다 알 필요는 없으나 흐름을 파악해두는 일은 매우 중요하다. 2016년부터 전매 제한 강화, 1순위 자격 요건 강화, 무주택자 당첨 비중 확대 등 조건이 점점 더 까다로워지면서 실수요자에게 유리한 방향으로 변화되었으나, 2023년부터는 85m² 이하 추첨제 부활, 1주택자의 기존 주택 처분 의무 폐지, 무순위 청약 시 무주택·거주지 요건 폐지 등 조건 다시 완화되어 2016년 이전으로 돌아간 느낌이다.

매번 바뀌는 청약제도가 귀찮게 느껴질 수도 있지만, 청약을 꾸준히 공부하면 바뀌는 상황에서 자신에게 생기는 기회를 포착할 수 있다. 청약제도가 변경되어도 공급되는 양이 같은 상황에서 파이를 나누는 방법이 달라지는 것이기 때문에 누구에게는 유리하게 되고 누구에게는 불리하게 되는 것이다.

예를 들어 문재인 정부 시대의 최대 수혜자는 신혼부부였다. 신혼부부 특별공급에 할당된 양도 증가되었고 소득조건이 완화되었으며 특히 신혼희망타운이라는 새로운 제도가 생겼다. 최근 뉴스를 살펴보면 10만 가구 분양을 목표로 했지만 3만 가구만 공급했다고 한다. 신혼희망타운은 공급이 새롭게 증가하는 것이 아니라 기존의 공공분양 자리에 이름만 바꾸고 조건을 달리한 신혼희망타운이 생기는 것이다.

그럼 윤석열 정부 시대에는 누가 최대 수혜자일까? 바로 청년이다. 청년 특공이 생겼고 1인가구이면서 결혼을 하지 않으면 절대적으로 불리했던 청년을 위한 청약제도가 생겼다. 그리고 2024년에 특별히 관심을 가지고 봐야 할 대상 혹은 내용은 아기, 신생아, 출산이다. 지금부터 2023년 하반기에서 2024년 초까지 변경되는 청약제도를 완벽하게 분석해보고자 한다.

2024년 청약제도
완벽 분석

● 첫 번째, 청약통장은 언제 가입하는 것이 좋은가?

『대한민국 청약지도』를 출간했을 때는 만 17세 생일에 청약통장을 선물하라고 했다. 현재 19세 때 청약통장을 사용할 수 있고 매달 10만 원씩 납입한 경우 240만 원을 인정해준다. 공공분양 시 순차제로서 인정금액 순으로 당락이 정해지기 때문에 금액을 인정해준다는 점이 중요하다. 그래서 최대 17세부터 10만원씩 납입하면 좋다는 뜻이다.

그러나 앞으로는 14세 생일에 청약통장을 선물해주어야 한다. 새로운 제도가 시행된다면 14세에 청약통장을 만드는 경우 19세가 되었을 때 최대 600만 원까지 인정금액이 늘어나기 때문이다. 아직 시행되지는 않았지만 2024년에 시행될 것이며 14세(2014년생)부터 적용될 것으로 예상된다.

이번에 수능제도 변경으로 중학생 학부모가 분주하게 설명회를 다닌다고 한다. 바뀌는 대학입시에도 발 빠르게 준비하면 합격률이 높아지듯 청약도 중학생 자녀를 둔 부모라면 수능부터 청약통장까지 동시에 준비해주면 좋겠다.

● 두 번째, 배우자의 청약 가점 3점까지 가져올 수 있다

청약 가점은 무주택세대 구성원으로 무주택기간 최대 32점(15년),

부양가족 수 6명 이상 최대 35점, 청약저축 가입기간 15년 이상 최대 17점으로 84점이 만점이다. 이번 변경되는 내용은 배우자 통장 보유기간의 1/2을 합산해 최대 3점을 인정해준다는 것이다.

예를 들어 청약통장 보유기간이 본인 5년(7점), 배우자 4년(6점)이라면 본인 청약 시 5년(7점)과 배우자 2년(3점)으로 10점을 인정받게 된다. 배우자의 점수를 상호호환이 가능하다는 것이다. 단, 청약통장 최대가점 17점에 한에서다.

결론적으로 1인 1통장은 무조건 가입해야 하고 청약통장은 절대로 깨면 안 된다. 당첨되면 비로소 청약통장이 해야 할 일을 다 한 것이고 계약 후 청약통장을 깨고 그 즉시 다시 신규 가입해야 한다.

● 세 번째, 청약통장 가입이 길수록 당첨 가능성이 높다

청약 커트라인을 보면 69점, 64점이 많다. 4인가구 최대점수가 69점, 3인가구 최대점수가 64점이기 때문이다. 부양가족이 늘지 않으면 더 이상 가점이 올라갈 수 없다. 69점이 커트라인이라면 동점인 경우 어떻게 당락이 결정될까?

69점이라고 다 당첨되는 것이 아니다. 기존에는 추첨을 통해 진행되었기 때문에 69점이어도 떨어질 수도 있었다. 그런데 이번에 변경된 내용에서는 동점 상황에서의 추첨을 청약통장 가입이 길수록 당첨이 되게 했다. 다시 한번 조언하면 청약통장은 절대 깨는 것이 아니다.

민영주택 가점제 항목과 점수					
가점 항목	가점 상한	가점 구분	점수	가점 구분	점수
① 무주택 기간	32	만 30세 미만 미혼자	0	8년 이상~9년 미만	18
		1년 미만	2	9년 이상~10년 미만	20
		1년 이상~2년 미만	4	10년 이상~11년 미만	22
		2년 이상~3년 미만	6	11년 이상~12년 미만	24
		3년 이상~4년 미만	8	12년 이상~13년 미만	26
		4년 이상~5년 미만	10	13년 이상~14년 미만	28
		5년 이상~6년 미만	12	14년 이상~15년 미만	30
		6년 이상~7년 미만	14	15년 이상	32
		7년 이상~8년 미만	16		
② 부양 가족 수	35	0명	5	4명	25
		1명	10	5명	30
		2명	15	6명 이상	35
		3명	20		
③ 입주자 저축 가입 기간	17	6개월 미만	1	8년 이상~9년 미만	10
		6개월 이상~1년 미만	2	9년 이상~10년 미만	11
		1년 이상~2년 미만	3	10년 이상~11년 미만	12
		2년 이상~3년 미만	4	11년 이상~12년 미만	13
		3년 이상~4년 미만	5	12년 이상~13년 미만	14
		4년 이상~5년 미만	6	13년 이상~14년 미만	15
		5년 이상~6년 미만	7	14년 이상~15년 미만	16
		6년 이상~7년 미만	8	15년 이상	17
		7년 이상~8년 미만	9		
총점	84				

※ 본인 청약가점 점수=①+②+③

● 네 번째, 2자녀도 다자녀 특별공급에 해당된다

윤석열 정부는 출산장려정책으로 청약제도를 변경하고 있다. 2023년 8월부터 공공분양 다자녀는 2자녀부터 적용되고 있다. 다자녀는 100점 만점으로 2명 25점, 3명 35점, 4명 이상 40점으로 배점을 주었다.

다자녀가구 배점기준표			
평점 요소	총배점(100)	기준	점수
미성년 자녀수	40	5명 이상	40
		4명	35
		3명	30
영유아 자녀수	15	3명 이상	15
		2명	10
		1명	5
세대 구성	5	3세대 이상	5
		한부모 가족	5
무주택기간	20	10년 이상	20
		5년 이상~10년 미만	15
		1년 이상~5년 미만	10
당해시·도 거주기간	15	10년 이상	15
		5년 이상~10년 미만	10
		1년 이상~5년 미만	5
입주자저축 가입기간	5	10년 이상	5

그런데 민간분양에서도 2자녀도 다자녀특별공급에 적용해주기로 했다(2024년 3월부터 시행 예정). 다자녀에서 자녀는 태아도 자녀수에 포함되므로 만약 쌍둥이를 임신 중이라면 바로 다자녀특공이 가능하다.

● 다섯 번째, 신생아 특별공급 신설에 주목하라

최근 특별공급이 신설된 것이 1인가구 생애최초 특별공급과 청년특공이다. 기사를 보니 1인가구 생애최초 특별공급이 20대, 30대 당첨 확률을 높이는 일등공신이라고 한다. 결혼을 하지 않아 가점제에서 불리한 청년들에게 청년특공이라는 하나의 카드가 생긴 것이다.

또 주목해야 할 것이 있다. 바로 신생아 특별공급이다. 공공분양에 신생아 특별공급 항목이 새로 생기고 민간분양에서는 우선공

출산가구 주택공급 지원			
구분	공공분양 뉴홈	민간분양	공공임대
개요	혼연여부 무관, 자녀 출산 시 특별공급	생애최초, 신혼부부 특공 시 출산가구에 우선공급	신규 공공임대 우선공급, 기존 공공임대도 우선 지원
대상	입주자 모집공고일로부터 2년 이내 임신, 출산이 증명되는 경우		
소득	도시근로자 월평균소득 150%	160% 이하 (소득 낮은 순으로 우선공급)	(건설임대) 기준 중위소득 100% 이하 (매입·전세임대) 100% 이하
공급	연 3만 호	연 1만 호 (연간 생애최초·신혼부부 특공물량의 20% 선배정)	연 3만 호

급 0순위에 해당된다. 민간분양은 생애최초 및 신혼부부 특별공급에 소득 조건에 따라 우선공급과 일반공급이 있는데 아이를 낳거나 2년 내 임신 및 출산이 증명되면 결혼을 하지 않았더라도 먼저 기회를 주는 것이다.

40년 전 산아제한 정책이 적용되었던 시기에 반포주공1단지가 분양할 당시에 정관수술을 하면 우선공급했던 일이 있었는데, 40년이 지나 공급제도가 시대 상황에 따라 이렇게 바뀌었다. 아이를 낳으면 집을 준다는 것이 어떻게 보면 황당하게 느껴지지만 저출산이라는 시대의 문제로 받아들여야 한다. 잘 시행되기만을 기대한다.

● 여섯 번째, 소득기준 완화 조건을 확인하자

공공분양 특별공급, 60m² 이하 일반공급은 소득조건이 있다. 소득은 전년도 도시근로자 가구당 월평균소득, 기준은 가구수별로 정해진다.

이번에 변경된 내용은 자녀가 많을수록 소득기준을 완화해준다는 것이다. 자녀가 1명인 경우 10%, 2명인 경우 20%까지 상향된다.

만약 4인가구 공공분양 일반공급(전용면적 60m² 이하)을 도전한다면 소득기준이 7,622,056원을 넘으면 안 되지만, 만약 세대 중 자녀가 2명이라면 20% 상향해서 120%인 9,146,467원으로 높아져서 소득이 많아도 청약을 할 수 있다. 이로써 공공분양에 도전하고 싶지만 소득기준 때문에 조건이 안 되었던 사람들은 자녀 수를 통한 기준완화 제도를 통해 다시 도전이 가능해진다.

전년도 도시근로자 가구당 월평균소득 기준(단위: 원)

공급유형		구분	3인	4인	5인	6인	7인	8인
일반공급 (전용면적 60㎡ 이하)		도시근로자 가구당 월평균소득액의 100%	6,509,452	7,622,056	8,040,492	8,701,639	9,362,786	10,023,933
다자녀가구		도시근로자 가구당 월평균소득액의 120%	7,811,342	9,146,467	9,648,590	10,441,967	11,235,343	12,028,720
노부모부양		도시근로자 가구당 월평균소득액의 120%	7,811,342	9,146,467	9,648,590	10,441,967	11,235,343	12,028,720
생애최초	우선공급(70%)	도시근로자 가구당 월평균소득액의 100%	6,509,452	7,622,056	8,040,492	8,701,639	9,362,786	10,023,933
	잔여공급(30%)	도시근로자 가구당 월평균소득액의 130%	8,462,288	9,908,673	10,452,640	11,312,131	12,171,622	13,031,113
신혼부부	우선공급 (70%) 배우자소득 무	도시근로자 가구당 월평균소득액의 100%	6,509,452	7,622,056	8,040,492	8,701,639	9,362,786	10,023,933
	배우자소득 유	도시근로자 가구당 월평균소득액의 120%	7,811,342	9,146,467	9,648,590	10,441,967	11,235,343	12,028,720
	잔여공급 (30%) 배우자소득 무	도시근로자 가구당 월평균소득액의 130%	8,462,288	9,908,673	10,452,640	11,312,131	12,171,622	13,031,113
	배우자소득 유	도시근로자 가구당 월평균소득액의 140%	9,113,233	10,670,878	11,256,689	12,182,295	13,107,900	14,033,506

※ 8인 초과 가구 소득기준: 8인 가구 월평균소득금액(원)+초과 1인당 소득금액(100% 기준 661,147원) 추가

※ 태아를 포함한 가구원수가 4인 이상인 세대는 가구원수별 가구당 월평균소득을 말함

● 일곱 번째, 무자녀 신혼부부 특별공급은 공공분양에 도전하라

신혼부부 특별공급은 민간분양에서 자녀 수로 당락이 정해지고 무자녀 신혼부부는 추첨제였다. 공공분양의 경우는 13점으로 자녀가 없는 경우 점수가 거의 안 되어 당첨되기가 어렵다. 그런데 이번에 변경되는 제도에서 공공분양에도 추첨제가 신설된다고 한다.

무자녀 신혼부부 특별공급에 해당된다면 이제 공공분양에도 도전하라. 추첨제는 아무런 가점이 없는 것이다. 나는 안 된다고 생각했다면 한 번쯤 '나는 되는 사람'이라고 청약을 넣어보아라. 그럼 추첨의 행운이 올 것이다. 안 된다고 안 하는 것이 아니라 해야만 행운이 온다.

● 여덟 번째, 공공분양 신혼부부 특별공급 소득기준 상향

혼인 페널티라는 말을 아는가? 혼인하면 청약도 불리, 대출도 불리해서 혼인신고를 미룬다고 한다.

고소득 맞벌이 부부도 민간분양 특별공급에 당첨될 수 있다(단, 부동산자산 기준이 있음). 그러나 공공분양은 소득조건이 너무 타이트해서(외벌이가구 120%, 맞벌이가구 140%) 조건이 안 되는 경우가 많았는데, 추첨제를 신설해 맞벌이가구는 월평균소득 200% 기준을 적용한다고 한다.

● 아홉 번째, 소형 저가 주택 보유했더라고 특별공급

주택인데 청약 시 무주택자 취급이 되는 주택이 있다. 바로 소형

특별공급과 일반공급 조건

구분	특별공급				일반공급	
	다자녀	신혼부부	생애최초	노부모부양	우선공급(1순위)	전여공급
무주택여부, 중복청약, 재당첨여부, 부적격당첨제한 등	무주택세대구성원					
세대주여부	해당 없음	해당 없음	해당 없음	(신청자 본인세대주)	해당 없음	해당 없음
과거 주택소유이력 검증대상	해당 없음	검증 대상 (혼인기간 내)	(세대구성원 대상)	해당 없음	해당 없음	해당 없음
입주자저축 (주택약식종합저축 청약저축)	가입 6개월 경과, 6회 이상	가입 6개월 경과, 6회 이상	1순위 (가입 1년 경과, 12회 이상 납입) *선납금 포함 600만 원 이상	1순위 (가입 1년 경과, 12회 이상 납입)	1순위 (가입 1년 경과, 12회 이상 납입)	업주자저축 가입자
소득	(세대)월평균소득 120% 이하	(세대)월평균소득 130% 이하 (맞벌이 200% 이하)	(세대)월평균소득 130% 이하	(세대) 월평균소득 120% 이하	(세대)월평균소득 200% 이하 *전용면적 60m² 이하만 적용	
자산(부동산, 자동차)	부동산 2억 1,550만 원 자동차 3,683만 원 *일반공급의 경우 전용면적 60m² 이하만 적용					

※ 신혼부부 특별공급 중 예비신혼부부의 경우 혼인으로 구성될 세대를 검증함

저가 주택이다. 소형 저가 주택이란 수도권 공시지가 1억 3천만 원, 비수도권 공시지가 8천만 이하의 주택이다. 청약 홈(apply.lh.or.kr)에 들어가면 본인 주택 소유 여부와 해당 주택의 공시지가가 나와 있기 때문에 소형 저가 주택에 해당하는지 쉽게 알 수 있다.

소형 저가 주택은 1채만 가능하고 소형 저가 주택을 가지고 있으면 특별공급 지원을 할 수 없다. 그런데 이번에 소형 저가 주택의 공시지가를 수도권 기준은 1억 3천만 원에서 1억 6천만 원으로, 비수도권 기준은 8천만 원에서 1억 원으로 상향해주었다. 다시 한번 본인에게 해당되지 확인해봐야 한다.

소형 저가 주택을 가지고 있어도 특별공급 대상이 된다. 유주택자였던 부모님이 갑자기 특별공급 대상자가 될 수 있고, 특히 조부모님을 모시고 있다면 갑자기 노부모부양특공급, 갑자기 생애최초특별공급, 재혼하셨다면 갑자기 신혼부부특별공급도 확인해볼 수 있다. 청약 시 유주택자였다가 무주택자가 되고 소형 저가 주택을 소유 시에도 특별공급이 가능하다는 것이다.

● 열 번째, 청년 주택드림 청약통장으로 2%대 주택담보대출 금리

현재 청년 우대형 청약통장은 19세 이상~34세 이하(무주택 가구주), 총급여 3천만 원까지만 가입할 수 있고 우대금리 1.5%p를 받아 가입 기간에 따라 최고 연 4.3%까지 금리를 받을 수 있다. 2년 이상 유지할 경우 이자소득 500만 원까지 비과세이고, 현행 청약저축과 동일한 수준으로 소득공제 혜택도 받을 수 있다.

2024년 2월부터 청년 주택드림 청약통장 신설한다고 한다. 기존 청년 우대형 청약통장 가입자는 청년 주택드림 청약통장 출시일에 별도의 신청 없이 자동으로 전환된다.

청년 주택드림 청약통장은 연소득 5천만 원 이하의 만 19~34세 무주택자 청년이 가입할 수 있다. 이자율은 4.5%로 기존 청년 우대형 청약통장(4.3%)보다 높다. 납입한도도 회당 50만 원에서 100만 원으로 상향했다. 청약 당첨 후에도 해당 통장으로 계약금을 납부하거나 잔금 자금 등을 모으는 예금 기능 용도로 그대로 활용할 수 있도록 인출이 허용된다.

기존 청약통장과의 가장 큰 차이점은 해당 통장에 1년 이상 가입하면 분양가 6억 원·전용 85m² 이하 주택에 당첨됐을 때 최대 40년 만기로 금리는 연 2.2~3.6% 범위 내에 제공되는 '청년 주택드림 대출'과 연동된다는 것이다. 출산, 결혼 포인트가 주어지면 최대 금리가 1.5% 전까지 적용된다.

기존 청년 우대형 청약통장의 소득공제, 비과세, 금리우대 적용되고, 주택담보대출 이자까지 줄어든다고 하니 청년들이여 청약통장에 가입하라. 윤석열 정부가 주는 혜택을 놓치지 말자.

시대 상황에 따라 변하는 청약
일생에 한 번, 써먹을 일은 온다!

이처럼 시대의 상황에 따라 청약의 규제와 완화는 변화하고 있다. 많은 사람은 매번 바뀌는 청약제도가 너무 어렵다고 한다. 하지만 한 번 청약을 공부하고 기초를 탄탄히 하고 나면 바뀌는 내용 중 자신에게 해당되는 것만 챙겨서 보면 된다. 내가 청약에 도전하려는 해가 규제 시기라고 해서, 또 내가 사는 지역이 규제 지역이라고 해서 섣불리 포기하지 말라는 이야기다.

일생에 한 번은 청약을 써먹을 일이 꼭 온다.

실투자 5억 원 재개발을 이용한
최상급지 퀀텀점프

잘사는흥부 정현석

- 현) 건국대학교 미래지식교육원 도시정비사업 전문가 과정 강사(도시정비사업 투자 부문), 전) HSBC은행, 현대캐피탈/카드 마케팅 기획
- 성수전략정비구역 대의원
- 저서 『친절한 고수의 LOTTO 재개발』, 『부동산부자노트』(공저)
- 2023년 매일경제 머니쇼 출연

누구나 좋은 입지의 새 아파트에서 살고 싶어합니다. 그리고 많은 사람이 상급지 갈아타기를 희망하지요. 하지만 성공적인 갈아타기가 쉽지 않은 이유는 부동산 상승장에서는 내가 가진 아파트보다 상급지의 아파트 가격이 훨씬 많이 오르고 하락장에서의 하위급지 아파트는 팔고 싶어도 수요가 없어 쉽게 거래가 이뤄지지 않기 때문입니다. 지난 7년간의 상승장과 2022년의 하락장을 생각해보면 쉽게 이해가 될 겁니다.

하지만 재개발을 이용하면 이야기가 달라집니다. 기대 이상의 수익을 보면서 한 번에 퀀텀점프를 할 수 있는 길이 있기 때문이지요. 오늘 재개발을 이용해 최상급지로 갈아탄 실제 사례를 이야기해보고자 합니다. 잘사는홍부 수강생의 이야기인데요. 수강생은 '송여사' 님으로 칭하고 일부 픽션이 가미되었음을 알려드립니다.

서울 외곽지에서
최상급지 갈아타기

송여사 님은 서울 외곽에 1주택을 보유하신 분입니다. 이 아파트

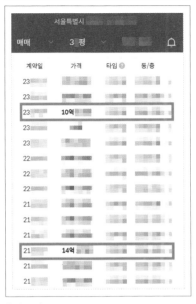

송여사 님이 매각한 아파트

계약일	가격	타입 ❓	동/층
23			
23			
23	10억		
23			
23			
22			
22			
22			
21			
21			
21			
21	14억		
21			
21			

출처: 호갱노노

는 500세대가 안 되는 소형단지로 지어진 지는 20년이 훌쩍 넘었습니다. 사업성이 없어 재건축은 불가능한 곳이지요.

해당 아파트 전용면적 $84m^2$는 2021년 가을 14억 5천만 원에 최고가 매매가 된 후 2022년 단 3건의 거래만 이루어졌습니다. 그리고 2023년 규제완화책인 1.3 대책이 발표된 후 조금씩 사람들이 찾기 시작했지요. 송여사 님은 2023년 봄 10억 5천만 원에 매도했는데, 이는 최고가 대비 4억 원이 빠진 금액이었습니다.

대면상담을 하다 보면 많은 분께서 최고가 대비 낮아진 금액에 파는 것을 손해라고 생각합니다. 이는 올바른 생각이 아닙니다. 송여사 님이 그러했듯 4억 원 낮은 상태에서 매도했더라도 더 좋은 급지의 부동산을 자신이 낮게 판 금액보다 더 싸게 살 수 있다면 이는 훌륭한 갈아타기가 되는 겁니다. 어쨌든 송여사 님은 2023년 초부터 거래가 다시 살아나는 것을 파악하고 매도 작업과 함께 본격적인 상급지 갈아타기를 준비하셨습니다. 하루하루 최선을 다해 이곳저곳을 임장하셨어요.

그리고 2023년 6월 용산구 한남뉴타운의 3구역에 입성할 수 있었습니다. 용산구 한남동의 입지는 굳이 제가 말씀드리지 않아도 대한민국 누구나 아는 최상급지입니다. 한남더힐 91평형은 2023년 3월과 8월 110억 원과 103억 원에 거래되었고, 74평형은 7월에 85억 원에 거래되었습니다. 나인원한남은 어떨까요? 75평형이 6월에 90억 원에 거래되었습니다.

송여사 님께서 훌륭한 갈아타기를 할 수 있었던 이유 중 하나가 부동산 규제를 적극 활용했다는 점입니다. 용산구는 강남3구와 더불어 현재 투기과열지구로 지정되어 있습니다. 그렇다 보니 관리처분계획인가를 받게 되면 향후 이곳에 아파트가 지어져 소유권 보존등기가 될 때까지 사고팔 수 없는 규제가 가해집니다. 7~8년 동안 조합원들의 재산권 행사가 막히게 되는 것이지요. 이런 이유로 관리처분계획인가 전 급매가 나왔고 이 기회를 놓치지 않고 송여사 님은 전용면적 84m²를 배정받을 수 있는 물건을 아주 좋은 가격에 매수할 수 있었습니다.

감정가: 15억 원

프리미엄: 5억 원

매매가: 20억 원

———————————

전세보증금: 2억 원

금전소비대차: 4억 원

실 투자금액: 14억 원

송여사 님께서 매수한 물건은 감정가 15억 원에 프리미엄 5억 원입니다. 매매가는 20억 원이죠. 하지만 필요한 자금은 14억 원이었습니다. 주인이 2억 원에 전세를 살아주는 조건에 더해 곧 실행될 이주비 대출을 활용해 매도인과 송여사 님 간 금전소비대차 계약 4억 원을 체결했기 때문이죠. 보유 중인 아파트를 팔아도 부족했던 약 3억 5천만 원의 자금은 그동안 모아놨던 현금과 신용대출로 해결했습니다. 송여사 님 부부는 매우 좋은 현금흐름을 가지고 있어 신용대출은 쉽게 받을 수 있었네요.

하지만 마법 같은 일이 일어납니다. 매수한 부동산의 잔금 시점 투자금액은 14억 원이었지만 불과 몇 개월 만에 투자원금 9억 원을 회수할 방법이 생겼으니까요. 한남3구역의 경우 100%까지 이주

이주비 대출

이주비 대출은 재개발 구역 내 거주하는 조합원의 신규 전세보증금이나 대체주택 구입비용 또는 세입자의 보증금 반환을 위해 지원되는 대출로 통상 감정가 대비 %로 실행됩니다. 몇 %가 실행되는지는 조합마다 다르기 때문에 관심 가는 구역이 있다면 개별적으로 알아보시길 바랍니다.

비 대출이 지원되다 보니, 감정가 15억 원짜리 물건을 매수한 송여사 님은 이주비 대출 15억 원을 받을 수 있었습니다. 매도인의 전세보증금 2억 원과 금전소비대차로 약정한 4억 원을 갚으면 실 투자금액은 5억 원까지 낮출 수 있게 되는 겁니다. 제가 이 칼럼을 작성하고 있는 현재 송여사 님께서는 아직 얼마의 이주비 대출을 받을지 결정하지 못하셨답니다. 납부해야 할 이자와 부부의 현금흐름을 감안해 올바른 결정을 하시겠지요.

송여사 님의 갈아타기, 잘한 걸까?

본인 소유의 서울 외곽지 1주택을 10억 5천만 원에 팔고 한남3구역에 입성한 송여사 님의 갈아타기는 잘한 걸까요?

한남3구역은 전용면적 84m²를 배정받는 조합원분양가를 평균 14억 5천만 원에 관리처분했습니다. 비례율을 100%로 보면 송여사 님의 권리가액은 15억 원이 되니 나중에 신축아파트를 갖는데 오히려 5천만 원을 돌려받습니다(조합원분양가 14억 5천만 원 - 권리가액 15억 원=5천만 원 환급).

향후 용산구 한남동에 지어질 신축아파트 전용면적 84m²를 갖는데 지불하는 총매매가는 19억 5천만 원이 됩니다(매매가 20억 원 - 환급금 5천만 원). 이제 19억 5천만 원이 비싼지 싼지 알아보면 성공적인 갈아타기인지 아쉬운 갈아타기인지 알 수 있겠지요. 2023년 5월 서울경제 신문사의 기사를 잠깐 보겠습니다.

> [단독] '평당 9000만 원대' 베일벗은 용산 유엔사부지 오피스텔 분양가…한 채에 30~60억원대
>
> **오피스텔 신고가 새로 쓴 '더 파크사이드 스위트'**
>
> - 계약면적 기준 3.3m²당 9300만 원
> - 분양가 규제 없어 9월 중 청약 예정
> - 아파트는 후분양·임대후 분양 추진
>
> 유앤사부지 복합개발사업을 진행 중인 일레븐건설은 용산구가 아직 분양가상한제 지역으로 묶여 있는 만큼 분양가 규제가 없는 오피스텔부터 분양하고 아파트는 후분양하거나 임대 후 분양할 것으로 보인다. 다만 임대 후 분양 전환 방식은 가능성이 떨어진다는 게 업계의 전망이다. 4년 단기 임대 제도가 폐지됐기에 현재는 의무 임대 기간이 10년에 달하기 때문이다. 이에 따라 아파트의 실제 분양 시점은 공사가 70~80% 완료된 4~5년 후가 될 것으로 보인다.
>
> 아파트단지에도 한남더힐·나인원한남 등과 같이 시행사의 별도 프리미엄 브랜드가 붙을 예정이다. 현재 예상하고 있는 아파트 분양가는 공급면적 기준 평당 1억 2000만 원이다. 한남동은 매년 지가가 가파르게 오르고 있는 만큼 실제 분양 가격은 분양 시점의 시장 상황에 따라 더 상승할 가능성이 있다.

더 파크사이드 서울과 한남3구역

　　지도에서 작은 빨간색 원이 기사에서 등장한 유앤사부지를 개발한 더 파크사이드 서울입니다. 아파트 420호에 오피스텔 723호, 그리고 전 세계 10대 럭셔리 호텔이 들어올 예정입니다. 이곳의 아파트 예상 분양가가 평당 1억 2천만 원인 것입니다. 전용면적 84m^{2}라 불리는 34평의 분양가는 약 40억 원입니다. 우측의 큰 빨간색 원이 한남3구역이고 이곳에서 투자한 송여사 님의 신축아파트 총매매가는 19억 5천만 원입니다. 산술적으로 20억 5천만 원의 기본마진이 계산되네요.

　　물론 세부 입지, 연식, 편의시설 등을 감안하면 마진은 달라집니다. 잘사는흥부가 개발한 보상마진 테이블을 살펴보면 송여사 님의 보상마진은 보수적으로 15억 5천만 원입니다. 5억 원 투자로 현재 가치 기준 15억 5천만 원의 마진을 확보하는 투자라는 이야기죠.

이주비 대출의 이자를 감안하면 어떨까요? 연이자율 5%로 가정했을 때 5년간 납부해야 할 이자는 약 3억 8천만 원입니다. 기본마진은 종전 15억 5천만 원에서 11억 7천만 원으로 줄지만 투자금액 5억 원 대비 마진율은 여전히 높습니다. 이주비 대출을 적게 받아 이자 상환금액을 낮춘다면 수익을 더 키울 수 있겠지요.

만약 더 파크사이드 서울이 평당 1억 2천만 원보다 더 높게 분양하거나 일반분양 후 프리미엄이 붙는 등 시세가 상승하면 어떻게 될까요? 그 상승 폭만큼 마진은 더욱 커질 것입니다.

한남3구역 입주 시점 이주비 대출 15억 원을 어떻게 감당하냐고 걱정하시는 분들도 계시겠지요. 일단 이주비 대출 실행 시점 회수한 9억 원에 돌려받는 5천만 원을 생각하면 실제 갚아야 할 돈은 5억 5천만 원으로 줄어듭니다(15억 원 - 9억 원 - 5천만 원). 송여사 님께서 실거주를 원하시면 주택담보대출을 받아 상환하면 되고 만약 세입자를 들인다면 전세보증금으로 해결하면 됩니다.

마진의 크기와 용산구 한남동이 가진 입지의 위상, 서울 부동산 시장은 장기적으로 우상향한다는 점과 실입주 가능성 등 모든 것을 고려했을 때 재건축 이슈도 없는 서울 외곽의 구축아파트에서 서울 최상급지로 갈아타기를 한 송여사 님은 성공적인 투자를 한 것으로 판단됩니다.

잘사는흥부가 개발한 보상마진 테이블			
구분	더 파트사이드 서울	한남3구역 THE H	비고
입주예정일	2027년 상반기	2028년 상반기	1년 차이
세대수	1,143세대(OP 포함)	5,816세대	4,673세대 ↑
매입평형	전용면적 84m²	전용면적 84m²	
내집마련 총금액	40억 원(기준 시세)	19억 5천만 원	
초기투자금액		14억 원(ⓐ)	2023년 6월 잔금 시점
실투자금액		5억 원(ⓑ)	2023년 10월 이주비 대출 실행 시점
보상 마진	기본마진	20억 5천만 원	
	연식마진	0	
	입지마진	-2억 원	
	세대수마진	-1억 원	
	브랜드마진	0	
	기타마진	-2억 원	
보상마진 합계		15억 5천만 원	보상마진비율(ⓐ): 111% 보상마진비율(ⓑ): 310%

재개발로 상급지 갈아타기는
누구에게나 열려 있는 문

송여사 님의 갈아타기 방법은 현금이 다소 부족하거나 서울에 집이 없는 사람에게도 얼마든지 활용될 수 있습니다. 경기도 외곽에 5억 원 내외의 아파트 1채만 가지고 있어도 이러한 메커니즘을 이용해 용산구 한남동은 아니지만 서울의 다른 지역으로 얼마든지 입성할 수 있게 되는 것이지요.

서울에는 좋은 입지의 재개발 구역이 정말로 많습니다. 재개발로 이렇게 퀀텀점프가 가능한 이유는 아직 주거환경이 개선되기 전이기 때문입니다. 한남3구역에 아파트가 모두 지어지고 난 뒤에는 신축아파트에 걸맞은 시세가 형성될 것이고 이때에는 현실적으로 갈아타기가 매우 어렵게 될 것입니다.

서울에 신축아파트를 공급할 수 있는 방법은 재개발·재건축 외에 없습니다. 그리고 윤석열 정부와 오세훈 시장의 재개발·재건축 지원은 계속되고 있습니다. 앞으로 서울의 신축아파트 수요는 더 크게 증가할 것으로 보입니다. 누구에게나 열려 있는 기회, 다가오는 2024년 재개발을 이용한 성공적인 갈아타기에 도전해보시기 바랍니다.

한남3구역 조합원분양가에 대해 추가로 덧붙이겠습니다. 최근 치솟는 공사비로 인해 한남3구역의 사업비도 상승할 가능성이 높습니다. 사업비가 늘어나게 되면 조합원분양가가 올라가는 것은 당연합니다. 공사비 상승에 따라 적정분양가를 산출방법은 올라잇 4호 칼럼에서 다루었으니 읽어보시길 바랍니다. 영상으로 접하길 원하시면 잘사는흥부의 홈페이지 재재스쿨에 오시면 만나보실 수 있습니다.

독자분들의 재개발 투자를 응원합니다!

잘사는흥부의 홈페이지
재재스쿨(jaejaeschool.liveklass.com)

잘사는흥부의 재개발 이야기
블로그(blog.naver.com/yesican93)

2024년 재개발·재건축 투자, 옥석을 가리는 3가지 키워드

김제경 소장

- 투미부동산컨설팅 소장
- KB금융지주 경영연구소 부동산 자문위원
- 도시계획기사, 정비사업전문관리사, 자산관리사, 투자자산운용사, 공인중개사
- 재개발·재건축 전문가
- 유튜브 '투미TV'

급변하는 시장 속
2023년의 단상

벌써 한 해가 마무리되는 시기가 다가왔습니다. 저는 2023년 정말 바쁜 한 해를 보냈습니다. 개인적으로는 2023년 바쁘게 달려온 결과 목표로 한 부분을 120% 초과 달성한 것 같습니다. 그래도 2023년을 마무리해보는 느낌을 조금 남겨보겠습니다.

2022년 급변하는 시장 속에서 2023년 1월에는 추가 투자를 진행했습니다. 공포 분위기 속에서 너무 저렴하다고 생각해서 투자를 결심했고, 2개를 잡았는데요. 잡고 보니 그때가 바닥이었던 것은 우연이라고 생각합니다. 1월 당시 분위기만 해도 당분간 더 하락해도 전혀 이상하지 않았습니다. 하지만 설령 더 하락한다 해도 이 가격에 매입해서 손해를 볼 일은 없으리라 생각해서 투자했습니다. 1년도 안 되어서 각각 2억~3억 원씩은 올라주었으니 감사할 뿐입니다. 또한 힘든 장이었지만, 보유한 물건들 역시 신축 혹은 정비사업이라 믿고 전부 보유하고 있었는데, 역시 좋은 물건은 다시 빛을 보는 것 같습니다.

2022년 하반기, 솔직히 말하면 급격한 하락장이 올 것이라고는 예측하지 못했습니다. 하락할 거라고 말한 사람들은 있었지만, 미국이 금리를 크게 올려서 부동산, 주식, 채권 등 모든 자산 시장을 다 무너트릴 거라고 맞힌 사람은 없었지요. 물론 있었다면 이번 장에서 막대한 부를 이뤘을 것입니다. 맞추기 어려운 시스템적 위기였다는 것은 핑계 아닌 핑계고, 결과론적으로는 틀린 것은 틀린 것이니 좀 더 자신을 돌아보게 됩니다. 자기 확신이 너무 강했다는 것을요.

더욱 겸손하게 시장을 바라보고 공부를 해야겠다고 마음먹고, 부동산에만 갇혀 있던 시야를 더 넓게 봐야겠다고 생각해서 금융 자격증에 도전했습니다. 2022년 하반기에 자산관리사를 취득했고, 2023년 상반기에는 투자자산운용사, 자산운용전문인력 자격을 취득했습니다. 그리고 일반대학원 박사 과정을 다니고 있는데, 박사 논문은 통계를 다뤄야 한다 해서 겸사겸사 통계 공부도 시작했습니다. ADsP(데이터분석준전문가)를 취득하고, 빅데이터분석기사 필기 합격 뒤 실기 시험을 준비하고 있습니다.

물론 투미TV 유튜브 채널 운영 및 각종 강연 일정은 소화하면서, 퇴근하고 조금씩 공부를 지속하고 있습니다. 배움의 끝은 없는 것 같습니다. 공부하면서 그 분야의 전문가들이 말하던 부분을 보다 더 이해할 수 있고, 이를 부동산과 어떻게 종합적으로 볼 것인지를 생각해보게 됩니다.

2024년 재개발·재건축 투자는 '옥석 가리기'가 정말 중요해질 것이라 보고 있습니다. 예전처럼 "재개발된다, 재건축된다." 이슈만

불면 다 오르는 시대는 끝났다고 생각합니다. 지금 많은 시행사와 시공사는 높아진 공사비와 금융비용에 숨도 못 쉬고 있습니다. 남의 일로 생각하고 넘어가는 게 아니라 공사비 인상이 줄 여파를 진지하게 생각해볼 필요가 있습니다.

폭등한 공사비, 현실을 직시하라

불과 2년 전만 해도 아파트 평당 도급공사비는 300만~500만 원 선이었습니다. 아크로, 써밋, 디에이치와 같은 하이엔드 브랜드도 500만 원대로 평당 600만 원이 안 되었습니다. 그런데 지금은 아무 브랜드가 아님에도 불구하고 평당 700만~800만 원선이 왔습니다. 그만큼 건자재 가격이 폭등한 것이지요.

문제는 공사비만 오른 게 아닙니다. 금융비용도 엄청나게 증가했습니다. 저금리 시대가 저물고 고금리 시대에 돌입하자 금융비용이 부담이 장난 아니게 높아졌습니다. 지금은 세대수 큰 곳은 조 단위 프로젝트로 어렵지 않게 찾아볼 수 있는데요. 조합원들이 돈을 갹출해서 사업을 하는 게 아니라, 일반분양 뒤 분양 수입 및 분담금으로 진행하는 게 정비사업입니다. 그러면 조합에서 도급공사비를 주기 전에는 부동산 프로젝트 파이낸싱(PF), 즉 금융을 통한 자금 조달이 필요합니다.

여기서 중요한 게 시공사의 신용등급입니다. 시공사의 신용등급이 높을수록 조달금리가 낮아지는데, 이게 과거에는 0.2% 차이밖에 안 날 때도 있었지만 요즘은 2%도 넘게 차이 납니다. 과거에도 중요했지만 메이저 시공사의 중요성이 더 높아졌습니다. 마이너 시공사는 불리한 조달금리 차이는 언급을 안 하고 평당 공사비만 강조합니다. 브랜드에 따른 가격 차이도 있겠지만, 아무리 도급공사비가 낮아도 금융비용에서 깨지는 조삼모사 같은 현상이 나오고 있지요.

그렇다고 메이저 시공사들이 물 만난 고기처럼 적극적으로 수주하냐 하면 그렇지도 않습니다. 리스크 관리에 들어가면서 도급공사비가 적정선이 안 되면 입찰도 안 들어갑니다. 「도시및주거환경정비법」에 따라 경쟁입찰이 성립되지 않아 유찰을 반복하다 수의계약으로 시공계약을 하는 조합이 서울에도 등장하고 있습니다. 지금도 신문을 보면 경쟁입찰, 수주전이 등장하기도 하지만 자세히 보면 '서울 핵심지 + 규모도 큰 곳'뿐입니다. 불과 얼마 전만 해도 조합이 분명 갑의 입장이었던 것 같지만 지금은 시공사와 조합의 갑을관계가 완벽하게 뒤집혔습니다.

그리고 종전에 시공계약을 했던 조합들도 시공사가 공사비를 어떻게든 높이기 위해 혈안이 되어 있습니다. '에스컬레이션 조항'이라고 착공 이후로는 물가상승분을 반영하지 않는 조항은 99% 다 들어가 있습니다. 그래서 착공 전에 어떻게든 인상시키는데, 착공했다 하더라도 조합과 시공사가 공사비 갈등을 겪는 현장을 또

뉴스를 통해 접했을 것입니다. 사실 이 부분도 에스컬레이션 조항 때문에 시공사에서 일방적으로 인상시키지는 못하고 조합이 설계 변경을 요구했다거나 품목을 교체했다는 등의 핑계를 잡아서 올리려고 합니다.

사실 이렇게만 보면 시공사가 폭리를 취하는 것 같고 조합이 약자가 된 것 같은데요. 저 역시 조합원의 입장이기도 하지만, 막상 시공사분들의 이야기를 들어보면 마냥 선악 관계가 딱 가려지지도 않습니다. 시공사 입장에서 보면 적자 수주를 할 수는 없다 보니 어떻게든 살기 위해 올리려는 것일 뿐입니다.

경제학에서는 '수요견인 인플레이션'과 '비용인상 인플레이션'을 구분합니다. 단순히 비용을 올려도 수요가 그만큼 따라올 것 같은 게 수요견인 인플레이션으로 대표적인 사례는 명품을 들 수 있지요. 루이비통, 샤넬, 에르메스와 같은 명품은 분기마다 심심하면 가격을 올립니다. '백화점 오픈런', '명품은 오늘이 가장 싸다' 이런 말도 나오는데요. 500만 원짜리 가방을 550만 원으로 인상하니 지금 사는 게 50만 원 이득이라는 말이지요. 제가 봤을 때는 안 사는 게 500만 원을 버는 게 아닌가 싶지만, 그분들에게는 지금 사야 한다는 동기부여가 됩니다.

그런데 솔직히 말해서 한땀 한땀 공을 들인 이탈리아 장인의 노동력 가격이 30% 인상되었다거나, 가죽 대란으로 가죽 가격이 2배 넘게 올랐다거나 하지 않습니다. 그냥 올려도 살 거라는 것을 알기 때문에 올리는 것이지요. LVMH˙나 에르메스 등의 영업이익률은

20~30%씩 됩니다. 그야말로 진짜 남는 장사를 하고 있지요. 물론 자본주의 사회에서 그게 잘못되었다고 보지 않습니다. 그냥 사치재인 것이고 그 돈 주고 사겠다는 것도 그분들에게 그 이상의 만족을 준다면 문제 될 것은 없으니까요.

반면 시공사는 다릅니다. 10대 메이저 건설사의 재무제표를 살펴보자면 놀라운 숫자가 나옵니다. 영업이익률이 한 자릿수밖에 안 됩니다. 오히려 톱3 안에 들어가는 어떤 기업은 3%도 안 되는 숫자를 찍으며, 은행 이자보다도 못한 수익을 보여주고 있습니다. 사실 건설업이 사양산업이 되었다는 이야기는 10년 전부터 있었습니다. 해외에서 먹거리를 찾아오겠다며 나간 기업들은 대규모 손실을 보고 돌아왔고, 아이러니하게 국내 주택시장에만 있던 기업은 주택경기 활성화도 재미를 보았지요. 그러나 그것도 잠시, 2022년 주택경기도 침체에 빠지면서 많이 받았던 수주 물량은 죄다 짐이 되어버린 것입니다.

기업은 이윤을 추구해야 합니다. 한전처럼 공기업도 아닌데 적자를 강요할 수 있을까요? 그렇다 보니 공사비 인상은 억누르려고 해도 계속해서 올라갈 수밖에 없는 것입니다. 가장 극단적으로 영업이익률에서 이 상황이 나타나는 것이지요. 이렇게 근본적인 비용이 다 올라서 공사비가 오르는 게 비용인상 인플레이션입니다. 현 시행사들은 많이 무너졌고, 시공사가 책임준공을 확약했다가

• 모엣 헤네시·루이비통 또는 간단히 LVMH는 프랑스 파리에 본사를 두고 있는 다국적 기업

떠안거나 미분양 증가로 대금이 안 돌면서 무너지는 중소, 중견 건설사들도 나타나고 있습니다. 이렇게 공사비 인상은 현실인데, 안타까운 것은 공사비가 당분간은 더 올라가면 올라갔지 내려갈 조짐이 안 보인다는 점입니다.

평당 공사비 천만 원 시대?
한계에 봉착한 건설 현장

외국에서 전쟁이 발발하면서 원자재 가격들이 다 올라가고, 2024년 되면 금리가 내려갈 것이라고 말하는 금융 전문가들이 많지만, 현시점에서는 고금리가 지속되고 있습니다. 또한 건설업 자체도 악재가 많은데요. 「중대재해처벌법」이나 이번 '순살사태' 등으로 건축 환경도 좋지 않은 게 사실입니다.

순살사태는 설계, 시공, 감리 등의 총체적 난국도 있지만, 사실 공사비 인상도 큰 원인 중 하나로 봅니다. 공사비는 폭등했는데, 원가 반영을 안 해주다 보니 적자 공사를 하든가 어느 쪽에서 이윤을 남기거나 둘 중 하나가 되겠지요. 여기에 LH 관급공사는 '최저입찰제 + 중소기업적합제품'이라는 환상의 콜라보로 더 최악으로 치단게 되었습니다. 원청이 원한 것은 아니었겠지만, 하청의 재하청까지 넘어가는 과정에서 인건비를 줄이면서 인력이 없다 보니 철근을 일부러 빼먹었다기보다는 공기 맞추기 급급한 과정에서 실수로 놓쳤을 가능성도 있습니다.

물론 고의든 실수든 잡아야 할 감리도 못 잡아 복합적인 요인으로 순살사태는 발생했습니다. 누구의 잘못을 떠나서 구조적으로 예전과 같은 공사를 지속하기에는 한계에 봉착했습니다. 업계에서는 지금보다 이후를 더 걱정합니다. 2년 뒤에는 평당 천만 원 시대가 열릴 것으로 보고 있지요.

이미 규모의 경제가 안 나오는 빌라나 꼬마빌딩은 평당 천만 원 넘게 공사비가 들어가고 있습니다. 그래도 대기업들은 조합과 공사비 협상을 벌이면서 최대한 손실을 줄이려고 하지만, 소형 건설 현장은 건축주가 공사비를 안 올려주면 공사를 멈춰버리기에 최초 계산한 공사비에서 20~30%씩 더 비용 들여가며 간신히 완공한 사람도 부지기수입니다. 이미 아파트도 세대수가 작은 현장은 평당 천만 원을 찍었다는 기사도 찾아볼 수 있습니다.

농담이 아니라 진지하게 2년 뒤에는 평당 천만 원 시대가 올 수 있다는 말도 합니다. 건설 경기는 갈수록 최악을 향해 가고 있습니다. 계속되는 전쟁, 건자재 인상, 고유가, 고금리도 문제지만 인건비 상승과 더불어서 건설 현장에 인력난도 심각합니다. 여기에 건설 이권 카르텔, 「중대재해처벌법」 등 건설사를 악의 축으로 보는 제도와 시선 역시 건설인들을 위축시킵니다. 이번 LH순살 사태가 터지면서 '무량판 포비아'라는 말도 돌았습니다.

2023년 8월 국토교통부는 "민간아파트 전수조사에 즉시 착수하겠습니다"라는 보도자료를 배포하면서 무량판 구조의 아파트를 전수조사하겠다고 호기롭게 나섰습니다. 하지만 2023년 10월 "민간 무량판 아파트 전수조사 결과 부실시공 없어"라는 결론이 나왔습니다. 다만 문제가 없다는 내용은 언론에 제대로 보도되지 않아 대중들의 무량판 공포는 여전합니다. 순살사태의 시작이었던 GS도 2023년 8월 보도자료에서 다들 "무관용 원칙, GS 영업정지 8개월"만 헤드라인으로 뽑았을 뿐, 동일 보도자료 2페이지에 나와 있는 LH 현장이 아닌 GS의 다른 83개 건설 현장의 안전점검 결과 철근 누락이 없는 것으로 확인되었다는 내용은 알려지지 않았습니다.

결국 LH의 구조적인 문제를 건설산업 전반의 문제로 과대 확장한 것이 이번 순살사태인 것입니다. 무엇보다 안전을 위한 시민들의 우려는 인정하고 잘못된 관행은 바꿔야겠지만, 과도한 공포와 건설사를 적으로 돌리는 분위기 역시 건설업을 안 좋게 만드는 데 한몫하고 있습니다. 조사는 국토부가 원해서 했는데, 모든 검사비용은 시공사에게 부담시키는 것은 덤이고요.

빨리빨리 문화가 개선되는 것은 중요하지만 이 모든 것이 공사기간의 증가, 비용 인상으로 이어진다는 것을 인지하고 있는지는 의문입니다. 과거 아파트는 30개월이면 짓는다고들 했지만, 이제는 기본 36개월, 그 이상도 공기를 잡고 움직이는 현장들이 많습니다. 2년 뒤 평당 공사비 천만 원 시대가 열렸을 때, 명품백처럼 신축아파트는 오늘이 가장 싸다며 오픈런을 할 것인지 의문입니다.

과거 기준으로는
아무것도 안 된다

현실이 이렇다 보니 사업성도 현시점에서 새로 다 잡아야 합니다. 제가 예전부터 말 안 하던 부분이 하나 있었습니다. "대지지분이 몇 평 이상이면 괜찮다. 이런 재건축은 사업성 있다." 이런 식의 표현은 정말 위험합니다. 단정적인 것을 좋아하는 한국 사람들의 취향에 맞게 정답을 알려드리고 싶지만, 입지와 요건이 다 다른데 단순히 대지평수로 그렇게 말할 수는 없습니다. 설령 그 계산이 맞았다 하더라도 2년 전에 비해 공사비가 2~3배 뛰었는데, 사업성이 이전에는 맞을 수 있어도 이제는 안 맞을 수 있지요. 따라서 모든 것을 원점에서 다시 출발해야 합니다. 무엇보다 사업이 잘 진행되면 좋겠지만, 잘 안 된다면 어떻게 해야 할지에 대한 대비도 필요합니다.

전 정권은 정비사업을 전반적으로 규제하는 데 중점을 두었습니다. 신규 정비구역 지정은 말할 것도 없고, 기존 정비사업의 인허가도 소극적으로 내주었습니다. 그런데 지금은 새롭게 진행하는 재개발 지역도 많고, 재건축의 경우는 이제 더 이상 안전진단 통과는 호재가 아닙니다. 2022년 12.8 대책 이후 안전진단은 넣었다 하면 다 통과하는 하나의 절차로 바뀌었기 때문이지요.

전과 달리 대상지가 지나치게 많아지다 보니, 재개발·재건축을 추진한다고 다 오르는 시대가 끝났습니다. 옥석 가리기가 중요해졌습니다. 또한 과거 기준으로 잘 되던 사업장 기준을 현시점으로도 끌고 오면 안 됩니다. 지금 건설 경기가 정말 안 좋고, 더 안 좋아질 것 같은 상황 속에서 보수적으로 볼 필요가 있습니다.

정비사업 옥석을 가리는 3가지 기준

제가 정비사업 투자의 장점으로 종종 말하던 개념이 바로 '안전마진'입니다. 재개발·재건축 투자는 시간이 지나 신축아파트가 되면 인근 신축아파트와의 차이만큼 시세차익을 얻을 수 있죠.

요즘은 이 개념을 다른 사람들도 많이 차용해서 쓰던데, 안전마진이라는 말에는 한 가지 함정이 있습니다. 투자에 있어서 100%라는 말이 있을 수 있을까요? 누군가 100% 확정 수익률 같은 소리를 한다면 사기꾼일 가능성이 큽니다. 그런데 안전마진이라는 말은 어떻게 존재할 수 있을까요?

바로 안전마진이라는 말의 함정은 재개발·재건축이 완공된다는 전제조건하에 성립할 수 있습니다. 생각보다 사업성이 안 좋아서 분담금을 1억~2억 원을 더 부담하든, 생각보다 오래 걸려서 완공까지 10년이 걸리든 상관없습니다. 완공만 된다면 안전마진의 폭 안에서 '더 먹느냐', '덜 먹느냐'의 싸움이 됩니다. 부동산 시장이 더 무너져도 상관없습니다. 13억 원이던 현 시장이 횡보하는 게 아니라

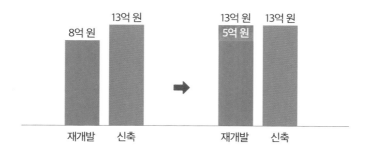

8억 원   13억 원   13억 원   13억 원

5억 원

재개발   신축   재개발   신축

10억 원으로 더 떨어져도, 나는 안전마진의 폭 안에서 적어도 어느 정도의 하락은 방어할 수 있기 때문이지요. 정비사업을 보유하고 있다 보면 가격 변동에 더 취약한 모습을 보여주긴 하지만, 그래도 일희일비하지 않고 시간이 흘러 사업이 진행되면 그 시장 속에서도 단계적으로 상승을 하다가 완공 때는 인근 신축 가격을 추종하게 되니까요.

사업성이 안 좋아져서 분담금을 더 납부하면서 공사를 하면 모르겠지만, 만약 조합원 대다수가 이럴 거면 사업을 하지 말자고 말하면서 정비구역이 해제되면 어떻게 될까요? 현 시세가 어느 정도 정비사업에 대한 기대 프리미엄이 조성된 상태에서 진입했다면 투자 손실을 보게 될 것입니다. 그러면 한순간에 '녹물 나오는 아파트', '소방차도 진입 못 하는 빌라촌'으로 전락하게 되는 것이지요. 이러한 투자 손실의 리스크가 있는데, 어떻게 안전마진이라는 말을 할 수 있을까요? 또한 재개발·재건축 투자를 안 해본 사람들이 막연하게 안고 있는 두려움도 여기에서 기인한다고 할 수 있습니다.

재개발·재건축 투자는 리스크가 있는 게 맞습니다. 이러한 리스크가 있기 때문에 일반적인 아파트 투자보다 더 높은 수익률을 보여주는 것이지요. 여기서 단순히 정비사업은 하이리스크 하이리턴 상품이라고 말하고 끝낼 생각은 없습니다. 정비사업 전문가라면 여기서 옥석을 가려내야 하는 것이지요. 여러분들이 앞으로 잊으면 안되는 3가지 기준이 있습니다.

① 사업성
② 입지
③ 분담금 납부 능력

이 셋 중 하나라도 충족하지 못하면 정비사업은 진행될 수 없습니다.

첫 번째는 사업성입니다

사업성을 간단하게 말하면 일반분양 세대수가 많은 것입니다. 이를 알 수 있는 방법은 현재 용적률은 낮을수록, 미래에 받을 용적률은 높을수록 좋다고 정리할 수 있습니다.

두 번째는 입지입니다

사업성이야 워낙 당연한 이야기지만 사업성이 떨어져도 입지가 좋으면 갈 수도 있습니다. 대표적으로 강남권 재건축을 보면 됩니다.

통상 재개발과 재건축을 비교해보면 재개발의 일반분양 세대수가 압도적으로 많습니다. 재건축에서도 5층짜리 주공아파트들은 대지지분이 높아 아예 분담금이 없고 대형평수도 신청 가능한 사업성을 보여주기도 하지만, 일반적인 재건축들은 일반분양 세대수가 많지 않지요. 그래서 재건축을 보다 보면 100~200세대, 어떤 경우는 100세대도 안 되는 분양 물량을 볼 때도 있습니다.

하지만 강남에 분양하는 물량들은 똑같이 1세대를 분양해도 분양가가 다릅니다. 강북에 2채 분양하는 가격과 강남에 1채 분양하는 가격이 같다면, 결국 분양 수입은 동일합니다. 해당 부분도 사업성의 일환으로 봐야 할 수 있는데, 통상 일반분양 세대수만 보다 보니 놓치는 부분이기도 합니다. 오히려 지방 정비사업에서 일반분양 세대가 극단적으로 1천 세대라고 하면 사람들은 사업성이 좋다고 생각하기보다는 '완판은 가능할까?', '미분양 나는 거 아니야?' 걱정하는 것과도 비슷하지요. 그리고 결국 입지가 좋으면 분담금을 납부해도 완성된 후의 신축아파트 가치가 다르기 때문에 정비사업이 진행됩니다.

세 번째는 분담금 납부 능력입니다

결국 가장 중요한 것은 사업성이 좋든 안 좋든 주민들이 분담금

내고서라도 정비사업을 추진하겠다고 하면 가는 것입니다. 대표적으로 동부이촌동의 래미안첼리투스는 1:1 재건축으로 최고 56층으로 건축했는데요. 조합원당 분담금을 5억 4천만 원을 부담하면서 진행했고, 1:1 재건축 덕분에 임대주택 없는 고품격 신축아파트로 재탄생할 수 있었습니다. 이미 많은 지역에서도 1:1 재건축 이야기가 심심치 않게 나오고 있습니다.

문제는 분담금을 감당할 수 있느냐입니다. 꼭 1:1 재건축이 아니라도 사업성이 조금 떨어져도 분담금만 내고 가겠다면 살 수 있지요. 하지만 그렇지 못하다고 하면 사업은 멈출 수밖에 없습니다.

결국 이 3가지가 미묘하게 다르지만, 비슷비슷한 부분들이 있습니다. 사업성이 낮아도 입지가 좋으면 갈 수도 있고, 사실 입지가 좋아야 주민들도 극단적으로 일반분양 없이 1:1 재건축을 하더라도 분담금을 내서 신축아파트를 만들자는 이야기가 나올 수도 있는 것입니다. 그리고 나는 분담금 납부할 의사가 있어도 대부분 주민들은 그렇지 않을 수도 있지요. 대표적으로 원주민 비율이 높고, 특히 고령의 어르신들이 많은 지역은 사업성이 높다고 해도 재개발·재건축 자체를 반대하는 사람들도 많습니다. 그런데 몇억 원씩 분담금을 내라고 하면 당연히 반대하겠지요. 주민 구성도 정말 중요하다고 할 수 있습니다.

사업성 판단법:
용적률 vs. 대지지분

　사업성은 다들 기본적으로 알고 있는 것처럼 말하지만, 정비사업 전문가로서 들어봤을 때는 참 말도 안 되는 기준으로 막연하게 말하는 사람들이 많습니다. 단적으로 "대지지분 ××평 이상이면 재건축 가능하다."와 같은 말이 있겠네요. 그러면 사업성을 어떻게 구분할 수 있는지 설명해보겠습니다.

● 용적률 바로 알기
　기본적으로 용적률은 '대지면적에 대한 연면적 비율'입니다. 연면적은 전체 건축물 바닥면적의 합이고요. 100평짜리 대지에 100평짜리 단독주택 단층을 지으면 용적률 100%입니다. 다만 현실적으로 건폐율을 떠나서도 그렇게 딱 붙어서 건축을 하기 어렵기 때문에 못 짓습니다. 50평 건축물을 2층으로 올리면 용적률이 100%, 4층으로 올리면 용적률은 200%가 되는 것입니다. 이를 보고 간혹 층이 높으면 용적률이 높다고 착각하시는 분들이 있는데, 건폐율을 낮게 해서 층수만 높일 수도 있습니다. 20평으로 10층을 올려도 용적률은 200%이니까요.
　보통 건폐율을 낮춰 단지를 쾌적하게 만드는 효과도 있지만, 한강 조망 등 뷰가 중요한 곳들에서는 층수를 높이기 위해 노력합니다. 용적률을 더 주는 것이 아니다 보니 사업성이 달라지는 것은 아

용도지역별 건폐율과 용적률

구분			건폐율			용적률		
			법령	시행령	조례	법령	시행령	조례
주거지역	전용	제1종	70% 이하	50% 이하	50% 이하	500% 이하	50~100% 이하	100% 이하
		제2종		50% 이하	40% 이하		100~150% 이하	120% 이하
	일반	제1종		60% 이하	60% 이하		100~200% 이하	150% 이하
		제2종		60% 이하	60% 이하		150~250% 이하	200% 이하
		제3종		50% 이하	50% 이하		200~300% 이하	250% 이하
	준주거			70% 이하	60% 이하		200~500% 이하	400% 이하
상업지역	중심상업		90% 이하	90% 이하		1,500% 이하	400~1,500% 이하	1,000% 이하(시내문 안 800% 이하)
	일반상업			80% 이하	60% 이하		300~1,300% 이하	800% 이하(600% 이하)
	근린상업			70% 이하			200~900% 이하	600% 이하(500% 이하)
	유통상업			80% 이하			200~1,100% 이하	600% 이하(500% 이하)
공업지역	전용공업		70% 이하	70% 이하	60% 이하	400% 이하	150~300% 이하	200% 이하
	일반공업			70% 이하		200~350% 이하	200% 이하	
	준공업					200~400% 이하	400% 이하	
녹지지역	보전녹지		20% 이하	20% 이하	20% 이하	100% 이하	50~80% 이하	50% 이하
	생산녹지			20% 이하			50~100% 이하	50% 이하
	자연녹지						50~100% 이하	50% 이하

※ 건폐율: 법령 제77조, 시행령 제84조, 조례 제54조 / 용적률: 법령 제78조, 시행령 제85조, 조례 제55조

니며, 초고층 공사 시 공사비 및 공기 증가로 전체 사업비가 늘어나기 때문에 사업성 자체는 낮아지게 됩니다. 그래서 보통은 조합원들의 선택으로 결정되는데, 이러한 비용을 더 부담하더라도 부가적인 가치가 더 높다고 판단할 때 초고층 공사로 진행되는 것이지요. 하지만 잘 모르는 사람들은 초고층 공사가 특혜라고 하면서 용적률을 더 주는 것과 혼동하는 경우가 종종 있습니다. 통상 용적률이 높은 건축물이 고층으로 건립되지만, '고층＝높은 용적률'은 아님을 기억하세요.

다만 용적률이 높다는 것은 건축 연면적이 높다는 것이고, 그만큼 사업성이 높다는 것까지는 알 수 있습니다. 그래서 많은 사람이 더 높은 용적률로 건축할 수 있게 종상향을 요구하는 것이죠.

한국의 국토계획체계는 가장 최상위 법률로 「국토기본법」이 있고 일반적으로는 「국토의 계획 및 이용에 관한 법률」을 통해 '광역도시계획', '도시기본계획', '도시관리계획'을 수립합니다. 상위계획에서 제시된 장기적인 발전 방향을 구체화하고 실현시키는 중기계획으로 당해 시·군의 지속가능한 발전을 도모하기 위해 10년 단위로 수립하는 법정 계획으로 5년마다 재검토합니다. 가장 개개인들에게 현실적으로 다가오는 규정들이 도시·군관리계획에 많이 있는데, 용도지역, 용도지구, 용도구역 등이 도시·군관리계획에서 지정됩니다.

일명 '지역지구제'로도 불리는 3종 체계로 가장 유명한 것은 용도지역입니다. 가장 기본적이자 대표적인 것으로 건축물의 용도, 건폐율, 용적률, 높이 등에 대한 기준을 정하고 있어 가장 사업성과 직결되는 주요 사항이라고 할 수 있습니다.

'주상공녹(주거지역·상업지역·공업지역·녹지지역)'으로 대표되는 용도지역은 모든 토지에 지정해야 하고, 중복해서 지정할 수 없습니다.

부동산 지도를 볼 때 3가지로 보는 습관을 지니라는 말을 하는데요. 바로 ① 일반지도, ② 위성지도, ③ 지적편집도입니다. 네이버 지도 우측의 옵션에서 지적편집도 버튼을 눌러서 각 토지의 용도를 구분해볼 수 있습니다. 같은 주거지역이라도 제1종일반주거지역이냐, 제2종일반주거지역이냐, 제3종일반주거지역이냐에 따라 용적률이 달라지니 이 부분이 중요합니다.

보통 용적률이 높으면 좋다고만 생각하는데요. 꼭 그렇지는 않

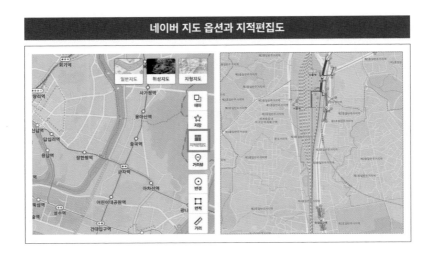

네이버 지도 옵션과 지적편집도

습니다. 현재 용적률은 낮을수록 좋고, 미래 용적률은 높을수록 좋지요.

단적인 예를 한번 들어볼까요? 주상복합아파트와 오피스텔은 상대적으로 아파트보다 가치가 떨어진다고들 합니다. 그 이유가 무엇일까요? 「건축법」에 따른 구조적인 부분 및 관리비, 실평수, 커뮤니티 문제 등 여러 가지 이야기가 나올 수 있습니다. 그러나 가장 큰 핵심은 용적률에 있습니다.

주상복합 붐을 열었던 타워팰리스는 지금도 여전히 고가를 유지하지만, 이전처럼 우리나라 최고급 단지라는 위상은 다른 아파트에 넘겨주었습니다. 이유는 용적률에 있습니다. 2002년 준공으로 벌써 20년 차가 된 타워팰리스는 일반상업지역에 건축되어 용적률

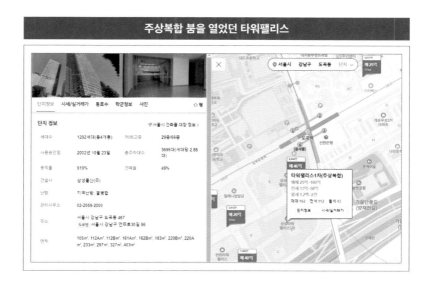

900%가 넘는 어마어마한 숫자를 보여줍니다. 워낙 잘 지었고, 상징성, 입지 등으로 가격을 지지하고 있지만, 건물 자체는 신축과 비교했을 때 예전 시스템이고 갈수록 건물 가치는 감가상각이 되고 있습니다. 강남 땅값이 올라가면서 가격이 올라가는 것이지, 건물 가치 자체는 계속 내려간다는 게 핵심입니다.

오피스텔 역시 마찬가지입니다. 아무리 아파텔로 아파트와 같은 면적으로 지었다 해도, 용적률을 살펴보면 600~900% 단지들이 많습니다. 따라서 신축일 때는 아파트와 비슷하거나 큰 차이 없이 일정 간격으로 같이 시세를 움직이다가 5년 차, 10년 차가 넘어가기 시작하면서 조금씩 그 폭이 증가하더니, 구축이 되면 가격 격차가 더 나게 됩니다.

물론 아파트 구축도 건물이 감가상각되면서 신축에 비해 가격이 크게 밀리다가, 25년 차가 넘어가기 시작하면 서서히 다시 상승하기 시작합니다. 바로 만 30년부터 가능한 재건축에 대한 기대수요 때문이지요. 그런데 주상복합, 오피스텔은 이미 용적률을 법적 상한을 최대한 찾았다 보니 사업성이 안 나오는 것입니다.

물론 강남처럼 돈 많은 곳은 1인당 재건축 분담금 8억~10억 원씩 납부하면서 1:1 재건축 하겠다고 나서면 가능은 할 것입니다. 그런데 용적률을 이미 높게 뺀 만큼 세대수도 많은데, 그 사람들의 75% 이상 재건축에 찬성하고 분담금 납부에 동의해서 빠르게 사업 진행이 가능할지는 의문이지만요(대부분 주상복합이 초고층인데, 초고층의 공사비와 공사 기간은 일반 아파트 대비 최소 30% 이상 더 들어간다

호갱노노에서 확인하는 용적률

는 것도 함정입니다). 즉 용적률은 정말 중요하지만, 무작정 용적률이 높다고 좋은 것이 아니라, '내가 이미 사용하고 있는 용적률과 미래에 받을 수 있는 용적률의 차이가 핵심'이라는 것을 이해하면 좋겠습니다.

용적률을 확인하는 방법은 여러 가지가 있지만, 개인적으로 가장 추천하는 방법은 호갱노노 사이트입니다. 좌상단의 실거래가 모형을 클릭하면 하단에 표시할 정보를 선택할 수 있게 되어 있습니다. 여기서 용적률을 클릭하시면 직관적으로 현 용적률을 파악할 수 있으니 잘 활용해보시면 좋을 것 같습니다.

● 대지지분 바로 알기

용적률까지는 이해했을 테니 대지지분을 알아봅시다. 사실 용적률과 대지지분은 비슷한 개념이지만 같은 개념은 아닙니다.

용적률이 낮은 단지는 대부분 대지지분이 높은데, 반드시 그런 것만은 아닙니다. 이에 대한 대표적인 사례가 최근에 나왔으니 바로 상계주공5단지입니다. 재건축에 관심 있는 분은 최근 상계주공5단지의 분담금이 5억 원이라는 기사를 접해보셨을 겁니다.

상계동은 1980년대 전두환 정부의 '500만 호 주택건설계획'에 의해 조성된 택지지구인데요. 1기 신도시 이전에 조성되었다 해서 '0기 신도시'라 부르는 사람도 있고, 더 먼저 조성되었던 강남, 여의도 등 한강변 개발을 고려해 '0.5기 신도시'라 부르기도 합니다. 목동 신시가지와 함께 조성되었었지만, 그 목적과 성격은 달랐습니다. 목동은 처음부터 중산층을 대상으로 한 중대형 평형 공급을 목적으로 한 반면, 상계동·중계동 일대는 중소형 평형 구성으로 베드타운(Bed town)이라는 차이가 있습니다.

용적률을 살펴보면 대부분 200% 전후의 용적률로 상당히 높다는 것을 알 수 있습니다. 따라서 중층 재건축 시대가 올 때 상대적으로 상계동 일대는 어려울 것이라는 말이 많았던 게 사실입니다. 그런 와중에 상계주공5단지는 5층 이하의 단지로 눈에 띄는 곳입니다.

현 용적률 93%에서 재건축 후 299%로 증가할 예정이라고 하니 언뜻 보면 사업성이 정말 훌륭하다고 생각할 수 있습니다. 대표적으

상계동 주변 아파트 용적률

상계주공아파트 전경

PART 2. 격변의 시장에서 오는 투자 기회를 잡아라

단지 정보

서울시 건축물 대장 정보 ›

세대수	840세대(총19개동)	저/최고층	5층/5층
사용승인일	1987년 11월 17일	총주차대수	340대(세대당 0.4대)
용적률	93%	건폐율	19%
건설사	대한주택공사		
난방	개별난방, 도시가스		
관리사무소	02-931-1005		
주소	서울시 노원구 상계동 721 도로명 서울시 노원구 동일로216길 47		
면적	37㎡		

재건축 정보

사업단계	구역지정	선정시공사	-
예상세대수	996세대	예상배정면적	-
예상용적률	299%	추진회/조합전화	-

로 반포주공1단지 1·2·4주구가 5층 이하 저층 단지로써 재건축 시 분담금이 아닌 대형평수 혹은 1+1을 분담금 없이 받지요.

그런데 왜 이렇게 분담금 폭탄으로 되돌아온 것일까요? 바로 1세대당 보유한 대지지분이 낮기 때문입니다. 우선 대지지분을 확인해보겠습니다.

대지지분은 아실 사이트를 들어가서 보면 직관적으로 확인하기 좋습니다. 좌상단 박스를 클릭하면 대지지분을 클릭합니다. 그러면

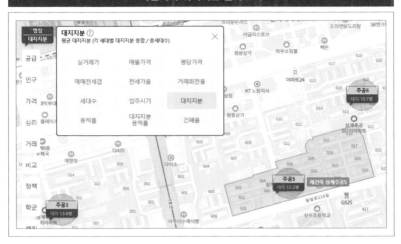

아실에서 대지지분 알아보기

대지지분에 대한 수치 및 원을 통해 직관적으로 상대적 크기를 확인
해볼 수 있습니다.

당장 목동 신시가지와 비교해보면 대지지분의 차이가 바로 보이
지요. 아실에서 파악되는 상계주공5단지의 대지지분은 12평밖에 안
됩니다. 5층의 저층 단지+낮은 용적률인데 왜 이런 결과가 나올까
요? 바로 단지 전체가 1.5룸으로 작은 세대로 840세대나 있기 때문
입니다. 그렇기 때문에 1세대당 소유한 대지지분이 낮을 수밖에 없
지요.

이를 직관적으로 보여주는 게 바로 상계주공5단지 사업시행인
가 자료입니다. 재건축 후 996세대로 건립되는데, 공공이 156세대,
분양이 840세대입니다. 즉 종전 세대수가 840세대니 일반분양 없

상계동·중계동 일대 대지지분

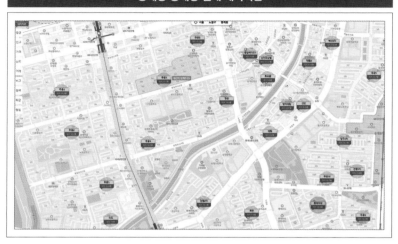

목동 신시가지 일대 대지지분

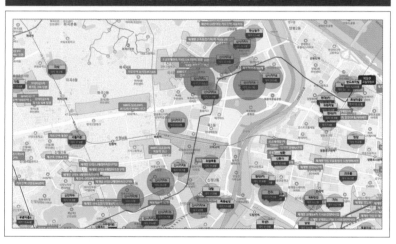

이 모두 조합원 분양으로 정리되는 것입니다. 임대주택의 분양 수입이 어떻게 될지는 모르겠지만, 그간 표준건축비를 보면 원가보다 더 싸게 가져가지만 않으면 다행이니 크게 기대할 건 없을 것 같습니다(주민들의 분담금 이슈로 서울시가 좀 정신 차려서 이참에 임대주택 매입 비용을 올려주는 계기가 되면 좋겠네요). 사실상 1:1 재건축으로 진행되니 조합원 돈으로 순수하게 재건축을 하는 것이고, 분담금액이 높을 수밖에 없습니다.

부산 남천2구역 삼익비치 재건축 분담금이 7억 원 이슈가 돌았던 게 벌써 2023년 초였습니다. 일반분양이 적고 설계변경 시 1:1 재건축 이야기도 나오고 있기 때문인데요. 일반분양 세대를 줄이고 대형평수를 늘리는 고급화로 추진했습니다. 분담금을 더 납부하더라도 대형의 가치가 더 높다고 본 것이지요.

일반분양이 많지 않은 강남도 분담금이 7억~8억 원 선 시대가 왔고, 1:1 재건축 시 10억 원 분담금이 나올 수도 있다는 이야기도 나오고 있습니다. 물론 이 두 케이스는 초고층+고급화로 추진하다 보니 일반적인 아파트 재건축과 직접적으로 비교할 수는 없지만요. 재개발의 경우도 종전에는 조합원당 분담금이 3억에서 많으면 4억 선이었습니다. 그런데 최근 4억~5억 원으로 가는 추세인데요. 이런 상황 속에서 일반분양이 없는 상계주공5단지 분담금이 5억 원인 것은 어떻게 보면 너무 당연한 결과라고 볼 수 있습니다.

개인적으로는 5억 원도 희망적인 게 아닌가 싶네요. 공사비가 계속 증가하고 있는데, 실 착공 때 공사비가 확정되면 6억 원 이상도

상계주공5단지 재건축 사업개요

□ **사업개요**

○ 위 　 치 : 노원구 상계동 721 번지 (대지면적 : 31,294.60㎡)
○ 건축규모 : 지하 3층/지상 35층, 연면적 163,118.97㎡
　　　　　　 용적률 299.73%, 건폐율 26.26%
○ 용 　 도 : 공동주택(996세대 : 공공 156, 분양 840),
　　　　　　 부대복리시설(근린생활시설 포함)

□ **배치도**

□ **투시도 및 조감도**

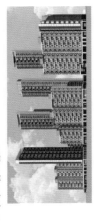

보도자료

자료제공 : 2023. 08. 30.(수)
이 보도자료는 배포 즉시 보도할 수 있습니다.

담당부서 : 주택정책실 건축기획과

| 건축기획과장 | 박순규 | 2133-7090 |
| 건축계획팀장 | 최용근 | 2133-7107 |

사진없음 ■ 　 매수 : 6매

서울시, 상계주공5단지 등 건축심의 통과… 총1,696세대 공급

- 8.29.(화) 건축위원회 결과, 상계주공5단지 유현제일2차 재건축 사업 등 통과
- '상계주공5' 주민공동시설 추가 확보, 공공기획 시범사업으로 혁신 디자인 도입
- '유현제일2차' 특별건축구역으로 높이 제한 완화받아 49층, 6개 동 건립
- 시 "계획은 주거환경 조성 및 혁신적인 디자인 건축물 만들어 나가기 위해 노력"

□ 서울시는 8.29.(화) 열린 제15차 건축위원회에서 ▲상계주공 5단지 재건축 사업 ▲유현제일2차아파트 재건축 사업의 건축계획안을 통과시켰다고 밝혔다.

○ 이번 건축위원회를 통해 공공주택 231세대, 분양주택 1,465세대, 총 1,696세대의 공동주택을 공급할 수 있게 됐다.

□ 시는 이번 심의에서는 창의적이고 개성 있는 디자인의 공동주택을 유도하기 위해 사업지를 '특별건축구역'으로 지정, 일조권 규정에 따른 건축물 높이 제한을 완화해주고 어린이집·작은 도서관·경로당 등 주민공동시설을 추가로 건립할 수 있게 했다.

고려해야 할 수 있다고 봅니다(물론 이렇게 되면 진짜 1:1 재건축도 아닌데, 공공분양분의 매입 가격을 현실화하라는 쟁점이 붙겠죠).

이게 다 종전 조합원들의 원룸형 아파트를 33평으로 늘리는데, 용적률이 대부분 사용되었기 때문입니다. 예를 들어 25평 정도로만 늘리면 일반분양이 나오면서 분담금을 더 낮출 수 있겠지요. 부산 삼익비치와 같이 결국 한정된 용적률을 어떻게 배분하냐의 싸움이라고 볼 수 있습니다.

● 사업성의 핵심은 일반분양

이렇게 용적률과 대지지분의 개념을 자세하게 알아보았습니다. 그러면 이제 사업성의 핵심은 일반분양이라는 결론이 나와야 합니다.

극단적으로 대지 300평의 단독주택을 보유한 사람이 있다고 가정해보겠습니다. 신축을 해도 동일한 면적의 단독주택을 만들겠다고 하면, 당연히 일반분양분은 없고 신축 비용은 100% 본인 부담이지요. 똑같이 아무리 현 용적률이 낮고 대지지분이 높아도 쾌적하게 2층 타운하우스로 만든다고 하면 일반분양은 없을 것입니다. 즉 사업성의 핵심은 일반분양 세대를 얼마나 뽑을 수 있냐는 것이지요.

하지만 사업성이 정답만은 아닙니다. 앞서 정비사업 옥석을 가리는 3가지 기준을 사업성, 입지, 분담금 납부 능력으로 이야기했습니다. 셋 중 하나라도 충족되면 재개발·재건축이 가능합니다.

동부이촌동 렉스아파트 재건축으로 완성된 래미안첼리투스는 대표적인 1:1 재건축 아파트입니다. 2009년 12월 최고 56층(용적률

329.9%) 3개 동 460가구로 재건축하는 사업계획을 승인받았습니다. 일반분양이 없었기에 조합원당 분담금은 무려 5억 4천만 원에 달했습니다. 하지만 별 탈 없이 2011년 12월 착공, 2015년 7월 공사를 완료했습니다.

당시 5억 4천만 원은 강북의 아파트를 한 채 살 수 있는 큰돈이었고, 착공 시점도 금융위기 이후 부동산 경기가 좋지 않았을 때였지만, 동부이촌동 조합원들의 의지는 대단했습니다. 초고층 단지로 완성되고 신축아파트의 희소성과 대형평수, 한강 조망의 삼박자를 갖추며, 래미안첼리투스는 1:1 재건축의 성공 신화를 그렸습니다.

일반분양이 많다는 것은 분담금이 낮아지고 사업성이 좋아진다는 것이기도 하지만, 재건축 시 내 대지지분이 낮아지고 세대수가 늘어나는 만큼 쾌적성이 떨어지는 부분도 있습니다. 그래도 신축 효과가 있기 때문에 재건축을 추진하지만, 분담금을 감당할 수 있다면 1:1 재건축이 나쁜 것은 아니라는 것이지요.

사업성의 핵심은 일반분양입니다. 일반분양이 많으면 좋겠지만, 일반분양이 많은 게 꼭 좋은지는 생각해볼 필요가 있습니다.

● 재건축에 정답은 없다

많은 사람이 이러한 종합적 이해 없이 무조건 어느 단지 사업성이 어떻고, 분담금이 어떻고 이야기를 합니다. 하지만 정답은 없습니다. 분담금을 낮추는 게 무조건 좋은 게 아닐 지 않을 수도 있고, 분담금을 감당하더라도 고급화 노선을 가는 게 가치가 더 높을 수도 있지요.

대부분 다 일반분양을 늘려나가고, 정부도 그쪽을 유도합니다. 재건축의 경우는 임대주택 건립이 의무는 아니지만, 용적률 인센티브를 받으면서 임대주택을 넣는 경우가 많지요. 다들 사업성을 추구할 때 1:1 재건축을 통해 임대주택을 안 넣는다면, 그것 또한 희소성이 있지 않을까요? 물론 가장 중요한 것은 75%의 동의를 받아야 하니, 대부분 주민들의 이해관계가 일치해야 하는 일이라 쉽지 않습니다. 그러니 래미안첼리투스의 사례가 눈에 띄는 것이고요.

또한 1:1 재건축 시 분담금을 감당할 수 있어야 하니 입지가 좋고, 고소득 주민이 많은 곳이라면 한 번 추진해볼 가능성이 큽니다. 이 또한 추후 한차례 재건축 완료 뒤 고급 주거단지의 결을 가르는 하나의 키워드가 될 수 있을 것입니다.

성공과 실패의 갈림길에 서 있는
2024년 재개발·재건축 투자

2024년 재개발·재건축 투자는 쉽지 않을 것입니다. 갈수록 높아지는 공사비에 사업성 이슈가 높아질 것이지요. 하지만 아직 대부분 사람은 이러한 부분을 제대로 인식하지 못하고 있고, 보통 재개발·재건축을 추진한다고 하면 가격이 오르는 곳이 많습니다. 이럴 때 옥석 가리기를 못하고 무분별하게 탑승했다가는, 정비사업 투자로 부를 이루려다가 오히려 투자 손실이 날 수 있습니다. 반대로 이미 잡고 보니 썩은 동아줄일 수도 있습니다.

하지만 아직 시간이 남아 있습니다. 호랑이가 달려오기 전에 황금 동아줄로 갈아타는 골든타임 역시 2024년이라고 생각합니다. 본격적으로 사업성 이슈가 부각되면서 하나둘씩 썩은 동아줄이 끊어지기 시작하면, 너도나도 충격에 빠지면서 줄을 갈아타려고 할 것이고, 그때 정신 차려봤자 늦습니다.

이와 별개로 신축아파트 강세는 더 심화될 것입니다. 2008년 금융위기 이후 수많은 시행사와 시공사가 무너졌고, 서울의 정비사업 역시 핵심지든 비핵심지든 사업 표류 및 정비구역 해제가 된 곳들이 많았습니다. 그런데 이러한 시기를 꿋꿋하게 버티고 사업을 진행한 곳들은 사실상 그 지역의 희소성 있는 신축아파트로 자리 잡아서 대장 단지가 되었습니다. 이 역사가 되풀이되려고 하고 있습니다.

2023년 9.26 부동산 대책을 보면 지금의 국토교통부는 부동산 가격이 더 상승하는 것도 원치 않고 하락하는 것도 원치 않는, 사고만 안 터지게 막기 급급한 모습이 보입니다. 이렇게 미온적인 태도가 추후 공급절벽이라는 부메랑으로 돌아올 것입니다.

부동산 공급은 당장의 정책으로 즉시 나타나지 않습니다. 2020년 김현미 전 국토부장관은 공급물량 부족에 대한 질문에 "아파트는 공사 기간이 많이 걸려 당장 마련하는 것은 어렵다."라고 말하면서 "아파트가 빵이라면 제가 밤을 새워서라도 만들겠다."라고 발언했다가 '빵뚜아네트'라는 오명까지 얻었습니다. 부동산은 당장

공급하려 한다고 공급이 되는 것도 아니지만, 아무것도 안 해도 이미 착공했거나 이주·철거 중인 현장은 5년 내 공급될 것이 확정적이기도 합니다. 즉 부동산은 장기적인 안목으로 꾸준히 공급에 대한 대책이 필요합니다.

2008년 금융위기 당시 많은 현장이 멈췄고, 그 결과 2015년 부동산 시장이 회복할 때 신축아파트 품귀현상으로 신축을 중심으로 폭등했습니다. 신축과 구축의 격차는 더 벌어졌고, 양극화가 사회적 문제로도 이야기 나왔었습니다. 지금도 강남권을 중심으로 전고점 가격으로 회복하고 있고, 지역마다 온도 차는 있지만 반등하는 지역들이 많습니다. 지금 집값이 맞냐 틀리냐를 논하고 싶지는 않지만, 적어도 정부가 미온적인 정책을 계속하면 5년 뒤 공급절벽에 대한 피해는 국민들이 지게 된다는 것을 강조하고 싶습니다.

현 공급량은 계속 줄고 있습니다. 관성으로 공급되던 물량도 이제는 계속 낮아지고 있고, 인허가 신청이 반의반 토막 났으며, 인허가받은 현장도 막상 실 착공으로 이행하지 못하는 비율이 증가하고 있습니다. 부동산 시장을 부정적으로 말하는 전문가들도 향후 공급절벽을 우려하고 있습니다. 그러면 현명한 사람들은 시장이 어려운 것은 맞지만 위기 속에서 기회를 잘 찾아야 합니다. 그리고 이러한 시기를 잘 극복한 소수의 사업장이 공급절벽의 장이 왔을 때 신축 프리미엄을 가져갈 것으로 생각합니다. 2024년 부동산 투자, 정말 성공과 실패의 갈림길에 서 있다고 할 수 있는데, 최선의 선택을 응원하겠습니다.

새로운 도시행정 정책으로
변화하는 구도심 투자

옥탑방보보스 김종율

- 김종율아카데미 대표
- 보보스부동산연구소 대표
- 저서 『나는 집 대신 땅에 투자한다』
- 유튜브 '김종율TV'
- 블로그(blog.naver.com/zong6262)

서울 구도심 토지 투자를 살펴보자. 박원순 전 시장의 도시행정과 오세훈 현 시장의 도시행정은 스타일이 달라도 너무 다르다. 박원순 시장은 보전과 재생에 초점이 맞춰진 정책이었다. 그러니 레트로 감성이 물씬 풍기는 낡은 주택가를 그대로 두고 그 위에 주민 편의시설을 넣고 외등, 소화전 등을 추가로 배치하며 안전을 보강하는 도시재생이 여러 곳에서 일어났다. 또 2016년에는 서울 역사 도심, 한강변, 주요 산 주변에 중점경관관리구역으로 지정하고 건축행위에 대한 높이 제한을 두었다. 이에 따라 박원순 시장 재임 기간 중 새로이 지정된 재개발구역이 하나도 없단 볼멘소리도 나오곤 했다.

이에 반해 오세훈식 도시행정은 '개발'이다. 오죽하면 이름도 신속통합, 공공재개발 등 행정력과 재원을 투입해 가며 낡은 주택가를 개발하겠다고 하겠나. 특히 박원순 시장 시절 눌려 있던 정비사업들이 고개를 들어 기지개를 켜며 진행 속도를 올리는 소리가 들려온다.

서울, 정비구역으로
확 바뀌는 상권을 선점하라

어느 유통회사 점포개발 출신, 상가 강사의 설명에 따르면 배후 가구 수가 2천 가구를 넘어가면 상권이 확 바뀐다고 했다. 그의 완벽한 설명에 따르면 학원이나 의원급 병원, 술을 판매하는 일반 음식점 등은 해당 상가에서 캐치할 수 있는 가구 수가 2천 가구가 되어야 입점하고 기본 매출이 나온다고 했다. 유명한 베이커리 프랜차이즈 파리바게뜨도 2천 가구가 확보되는 입지를 골라야 하루 매출 200만 원 정도가 나온다고 하는데, 이는 파리바게뜨의 가맹점 평균 매출보다 낮은 수준으로 그야말로 기본 중의 기본 매출이라는 것이 그의 설명이었다.

이를 서울 정비구역 상가 투자에 대입해보면 어떨까? 정비구역의 조합원 수가 1천 세대 남짓, 즉 2천 가구의 법칙에 한참 못 미치는 숫자였는데 장래 2천 가구가 넘어간다면 상권이 크게 바뀐다. 빵집, 의원, 학원, 음식점 등 없던 근린 상권이 만들어지며 상가의 매출도 오르고 임대료도 오르게 된다. 또한 낡은 주택가의 세대보다 새로 지어진 아파트 세대가 더 구매력이 높은 것도 상권을 좋게 만드는 데 한몫할 것이다.

상계뉴타운 지역도 살펴보면 그간 지지부진하던 상계3구역이 공공재개발로 선회하고 나머지 구역도 활기를 띠고 있다. 특히 3구역의 경우 현재 가구 수가 1천 가구 정도인데 계획 가구 수가

상계 정비구역

상계1구역
상계2구역
상계3구역
상계5구역

1,784가구로 상당히 구매력이 키워질 것으로 전망된다.

재밌는 것은 이 지역의 상가다. 온갖 데를 재개발하고 남겨 놓은 상가 자리가 몇 필지 안 되기 때문이다. 물론 상계1, 2, 3구역 내에도 상가가 들어서겠지만 남겨진 입지 중 아파트의 동선을 잡을 수 있는 입지는 상업적 가치가 크게 오를 것이 분명해 보인다. 해당 정비구역별로 세대가 적은 곳은 단지 내 상가에 학원, 병원 등이 입점하지 못할 것이고 2천 가구의 법칙에 부합되는 곳은 입점하지 않겠나. 그럼에도 이 전체 뉴타운을 배후 수요로 하는 상가는 지도상 초록색 점선으로 표시한 곳에서 나올 것이다.

과연 그럴까? 이는 정비사업이 끝난 곳에 가서 검증해보면 된다. 수원에 위치한 매교역 푸르지오 아파트는 그전에 팔달8구역이라는 정비구역이었다. 당시 낡은 주택가가 넓게 포진된 지역으로 상권은

수원 매교역 정비구역

어느 한곳으로 몰리거나 뭉쳐지지 않았다. 지역 전체적으로 활기가 없는 상권으로 임대료도 높은 곳이 거의 없는 지경이었다. 그러다 정비사업이 끝나고 보니 지도의 로드뷰 사진처럼 지역이 변한 것이다.

그렇다면 임대료는 얼마나 할까? 좀 전에 언급한 '유통회사 점포개발 출신 강사님'의 완벽한 설명에 따르면 1층 상가의 경우 평당 임대료가 평균 30만 원, 2층의 경우 의원, 학원 등이 입점하며 평균 13만 원 정도의 높은 임대료를 보인다고 설명했다.

수원이 저 정도로 환골탈태하다니 서울은 더 크게 점프업을 하지 않겠나. 다만 나는 재개발·재건축 전문가가 아니니 이에 대한 더 자세한 정보는 '잘사는형부', '투유' 님과 같은 정비구역 전문 강사

의 조언을 받으면 좋겠다. 강사의 필명을 직접 거론하는 것은 예의
가 아니어서 본래 필명은 쓰지 않았다.

서울, 준공업지역 종합발전계획이
꽃 필 곳을 선점하라

2009년 서울시는 준공업지역 종합발전계획이라는 것을 내놓았
다. 서울에 있는 많은 쇠 깎고 작은 기계소음을 내는 공장들을 외곽
으로 보내고 그 자리에 서울특별시의 위상에 맞는 것을 넣겠다는 것
이다. 그중 1등은 단연 핫플레이스가 많은 성수 준공업지역일 것이
다. 이제 제2의 성수가 될 준공업지역을 찾아야 한다.

서울 준공업지역 중 가장 발전이 눈에 띄는 곳은 단연 영등포구
문래동이다. 이 지역은 이미 2000년 6월 영등포구청 도시재생과에
'문래동 1~4가 도시정비형 재개발구역 지정 및 정비계획 변경(안)'
이 열람되어 있었다. 문래동의 준공업지역이 블록별로 어떻게 발전
될지에 대한 가이드라인은 이때 나온 셈이다. 문제는 기존의 수많은
공장의 이전이었다. 그런데 이번에 서울시에서 일괄 이전을 추진하
겠다는 행정계획이 있었고 공장 소유자들도 대체로 보상금만 맞으
면 이에 응하겠다는 입장이다.

이미 특별계획구역 형태로 가는 문래동 1가와 2가에는 지식산업
센터 사업시행자들이 일부 용지를 매입했다고 알려져 있다. 물론 지

경제

'환골탈태' 문래동…영등포구, 1300개 철공소 한꺼번에 옮긴다

정다운 기자 jeongdw@mk.co.kr
입력 : 2023-06-11 14:11:37

가 🖨 ❮ 🔖

영등포구, 문래동 철공소 1279개소 이전 프로젝트
개발 압력·임대료 상승에 업체 절반 이상 이전 찬성

서울 영등포 문래동 철공소 약 1300곳이 서울 외곽이나 수도권 인근으로 한꺼번에 이전하는 프로젝트가 추진된다. 영등포구는 최근 '문래동 공장 이전 기본계획 수립' 용역 착수 보고회를 가졌다.

금은 고금리로 부동산 프로젝트 파이낸싱(PF)가 사실상 막혀 있어 당장 착공하는 곳은 쉽게 나오지 않을 것이다.

그러나 조용한 가운데도 이러한 매매가 이뤄진 블록은 업무시설로 인허가를 마치고 착공 준비를 하고 있다. 대표적인 사례가 농협하나로마트 부지의 업무시설 개발이다. 서울시는 지난 4월 제5차 도시계획위원회에서 문래동 도시정비형 정비계획안을 조건부 가결했다. 이런 도시계획으로 이곳은 점차 성수를 닮아 높다란 업무용 빌딩과 지식산업센터 등이 자리할 것이고 남은 자리 곳곳은 핫플로 변해갈 것으로 예상된다.

고품격 부동산 매거진 〈올라잇〉 창간호를 보면 참 인상적인 칼럼 하나가 있다. 토지투자 칼럼에 보면 국가 간선도로망 구축 계획

2023년 4월 6일 조건부 가결한 문래동 2가A 도시정비 조감도. 도로와 공원이 인근에 기부채납 형식으로 조성되고 상가와 업무시설이 혼합해 배치된다.

출처: 서울시

과 산업의 재배치에 대한 자세한 설명이 나와 있다. 칼럼에서 언급된 수도권 제2순환도로, 그리고 2외곽을 지나 1외곽을 연결하는 도로 계획이 자세하게 설명되어 있다. 요지는 '준공업지역의 재배치'다. 서울 시내의 쇠 깎는 공장은 2외곽 고속도로IC 주변으로 배치하고 이 외곽도로와 서울은 서울-문산 간 도로와 같은 도로로 연결하겠다는 것이다. 파주시 제2외곽고속도로와 서울-문산 간 도로가 만나는 월롱면의 계획관리지역(또는 공장용지)이 얼마나 가격이 가파르게 올랐는지만 확인해보면 알 수 있다. 그 공장들이 다 1외곽고속도로 안쪽에서 이전해온 것이라는 것을 말이다. 그리고 그렇게 이전해 나간 공장 자리는 높다란 업무용 빌딩, 지식산업센터 그리고 핫플레이스들이 자리를 대신하며 가격이 오르는 것이다.

서울, 지구단위 계획이
변경되는 곳을 선점하라

더불어민주당 박원순 시장과 국민의힘 오세훈 시장 간의 도시행정의 큰 차이를 말하라면 지구단위계획의 변경에서도 찾을 수 있다. 박원순 시장은 합필 건축*이 많고 공공기여도 많아, 지구단위계획을 세워놓아도 제대로 진척되지 않는 경우가 허다했다. 2022년 핼러윈 때 안타까운 사고가 난 이태원의 좁은 골목길도 10년 전 수립된 '이태원 지구단위계획'에 묶여 있어 제대로 개발이 이뤄지지 못했고 이에 따라 도로가 확장되기 어려웠다는 지적이 있었다.

서울역 쪽방촌 개발을 바라보는 시각도 차이가 크다. 박원순 시장 재임 시절, 서울역 동편에 있는 동자동 일대를 쪽방촌 거주자들을 위한 개발을 하겠다며 이 일대 빌딩과 주거용 부동산을 수용해 소형 임대주택을 짓겠다고 발표했다. 당연히 부동산 소유자들은 반발했다. 수용하겠다는 면적의 20%도 채 되지 않는 곳에 거주하는, 그것도 소유자가 아닌 임차인을 위해 강제로 수용하는 것에 대해 일부에선 사회주의적 발상이란 말도 터져 나왔다. 또 그곳 임차인들은 임차인대로 쪽방촌 사업이 부진해지자 빨리 사업을 시행하라며 목소리를 내고 있다. 이래저래 모두가 패자가 셈이다.

• 건축하려면 2개 이상의 필지를 합해 짓는 것을 의무로 함. 필지 주인 간 마음이 맞지 않아 개발이 상당히 더딤

그러던 중 최근 이곳 소유자들에게도 아파트 분양권을 지급하는 것을 골자로 한 '공공주택특별법 개정안'이 법제사법위원회를 통과하고 본회의만 남겨 놓고 있다. 이에 맞춰 2023년 10월 11일에는 동자동 공공주택 사업 및 법 개정에 따른 문제점에 대한 주민 설명회도 있었다. 이 설명회는 법무법인 도안에서 주최한 것이었는데, 요약하자면 법이 개정되어도 소유자들에겐 다른 재개발보다는 이익이 클 수 없다는 것이다.

'금천구심 지구단위계획구역'의 내용 변경

지난 9월, 제14차 도시건축공동위원회에서 금천구 시흥동 일대의 '금천구심 지구단위계획구역'의 내용을 변경하는 것으로 가결되었다. 이 변경안에서 금천구청역 예정지 일대의 높이와 용도가 완화되는 것을 주된 내용으로 포함되었다.

출처: 서울시

당연히 그럴 것이 사유재산에서 발생하는 개발이익을 대거 세입자 대책으로 내놓는데 그러지 않겠나. 다만 기대하는 것은 향후 소유자들이 수긍할 수 있을 만큼의 대책이 나오지 않겠냐는 것이다. 이제 소유자에게도 분양권을 주겠다고 했으니 말이다. 맨 처음 박원순 시장 시절 무주택자가 아닌 부동산 소유자들에게 '현금청산'을 하겠다는 계획에 비해 얼마나 진일보한 도시행정인가.

이밖에 신안산선이 개통할 예정인 금천구 독산동 일대의 지구단위계획은 건축물의 높이나 용적률을 완화해 더 높게 건축물을 지을 수 있도록 유도하고 있다. 가재울 재정비촉진지구 거주자들의 상권인 가좌역 일대의 지구단위계획은 노후한 건축물의 재건축이 좀 더 쉽게 재건축이 이뤄질 수 있도록 상업지역의 높이 제한을 완화하고 블록 단위의 개발 조건도 크게 개선해 자율 개발을 유도하고 하는 것을 골자로 한 변경이 있었다. 이러한 곳들은 역 개통, 대규모의 아파트단지의 입주 등의 지역 호재와 겸해 지구단위계획의 변경이 있는 곳으로 서울 구도심에서 관심을 두고 지켜보아야 할 곳이다.

2024년에도 눈여겨봐야 할
지식산업센터

박유림 소장

- (주)메타부동산중개법인 대표
- 지식산업센터 전문가
- 블로그
  (blog.naver.com/amt_money)

뜨거운 불장이었던
2020~2022년 지식산업센터

  2014년도부터 부동산 상승이 지속해오던 시기에 수많은 부동산 규제책이 나왔지만 매수심리는 꺾이지 않았다. 2020년도 7.10 대책 '취득세 중과 규제'가 나오고서야 다주택자들은 더 이상 주거용 투자를 할 수 없게 되었다. 취득세 12%를 내고 매수하기에는 부담이 되기 때문이다. 투자자들은 대체 투자처를 찾아야 했는데, 그 당시 취득세 중과에서 벗어날 수 있는 ① 공시지가 1억 원 이하의 주택 투자, ② 수익형 부동산이라는 2가지 선택지가 대체 투자처 상품으로 각광받았다.

  특히 수익형 부동산 중에서 지식산업센터가 유독 인기 많았던 이유는 대출 레버리지를 90% 이상 활용할 수 있어 소액투자가 가능했기 때문이다. 이러한 장점으로 인해 지식산업센터로 많은 투자수요가 몰리기 시작하면서 2020~2022년 2년간 지식산업센터는 뜨거운 불장이었다. 전매제한이 없는 장점을 활용해 단타로 시세차익을 누리려는 투자수요가 많아져 하루가 다르게 가격이 올랐다. 지식산업센터 분양권은 완판 행진을 물론 신규로 나오는 분양가에 맞춰 기존 분양권들도 웃돈(프리미엄)이 억대로 붙으며 2년 동안 평균 가격 상승률이 150~200%에 다다랐다. 이러한 뜨거운 불장은 급격한 금리 인상의 직격탄을 맞으며 2022년 하반기가 되어서야 막을 내리기 시작했다.

2023년 지식산업센터 부동산 시장 동향

급격한 금리 인상 속도만큼이나 부동산 시장 하락 속도도 굉장히 빨랐다. 필자 또한 급변하는 시장 변화에 당혹감을 감출 수 없었다. 주거용, 비주거용 부동산 할 것 없이 일제히 급격한 하락으로 많은 투자자는 패닉 셀(Panic sell)을 맞이했다. 한 번도 경험해보지 못한 이러한 부동산 하락장에 너도나도 가지고 있는 부동산을 던지기 바빴고 투자를 과도하게 많이 했던 사람들은 고통의 나날을 보내야 했다.

지식산업센터 시장에서는 급격한 금리 인상과 맞물려 공급이 많은 지역은 더욱 힘든 시기를 보낼 수밖에 없었다. 서울 지식산업센터 중에서 대표적으로 '영등포'와 '가산' 지역이다.

2023년 한 해 동안 가산 지역은 9개 현장이 입주를 하고 있는 중이며 영등포는 4개의 현장이 입주를 하고 있다. 이렇게 보면 많은 물량이 아닌 것 같아 보이지만 가산동의 경우 공장 용도로만 한 해

동안 2,300여 호실이 공급되는 중이라는 의미다.

"물량 앞에 장사 없다."라는 말이 있다. 2024년까지는 물량이 지속되다 보니 이 기조가 계속 유지될 수밖에 없다. 그래도 많은 물량을 잘 소화해주고 있고 기본적으로 수요가 탄탄하고 지속적인 유입이 증가하는 지역이다 보니 이 시기가 지나면 충분히 안정을 찾을 수 있다고 본다.

현재 서울 지식산업센터 시장은 2022년 대비 어느 정도 안정을 찾고 급매물들과 입주장인 현장 위주로 거래되고 있다. 사실 거래량은 이 수치보다 더 높을 수밖에 없다. 지식산업센터 분양권의 경우 아파트처럼 실거래신고를 하지 않기 때문에 통계로 잡히지 않는다.

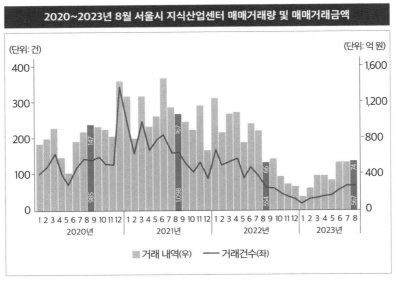

출처: 부동산 플래닛

현재는 기축 지식산업센터들보다 분양권 거래 빈도가 더 높다 보니 통계에 잡히진 않지만 현장에서 전반적으로 거래량이 늘어났음을 충분히 체감할 수 있다. 거래량이 2022년도 대비 늘어난 것은 긍정적인 신호로 보이지만 실질적인 거래량만 증가했을 뿐, 이전처럼 가격 급등을 기대하기는 어렵다. 금리 인하 기조가 윤곽이 보이면 거래량은 더욱 늘어날 것으로 기대된다.

서울 각 지역별 지식산업센터 특징과 동향

● 지식산업센터계의 강남, 성수

성수동은 과거 낙후된 공장과 주택이 밀집되었던 곳으로 떠오르는 곳이다. 자동차 정비공장과 인쇄공장으로 즐비했던 거리가 이색적인 카페와 트렌디한 맛집, 예술 전시, 공연 등 다양한 문화활동이 이루어지면서 2030 젊은 사람들의 발걸음이 늘어나고 대표적인 핫플레이스로 자리매김했다. 현재는 200여 개의 예술·콘텐츠 기업, 500여 개의 소셜벤처를 비롯해 패션, 게임 등 문화창조 기업들이 집적되어 있는 곳으로 F&B, 유통, 패션 기업은 물론이고 청담동에서나 볼 수 있는 명품 브랜드의 팝업스토어로 성수동 상권은 계속 발전하고 있다.

최근에는 메가박스, SM엔터테인먼트, 큐브엔터테인트먼트, 패

[성수] 성수역 SK V1타워

연면적	13,126평
준공일	2018.05
평당 매매가	2,682만 원(2023.05)
평당 임대료	65,000~70,000원

[문정] 엠스테이트

연면적	14,873평
준공일	2016.09
평당 매매가	2,504만 원(2023.09)
평당 임대료	50,000~55,000원

[영등포] 당산 SK V1센터

연면적	30,189평
준공일	2015.02
평당 매매가	2,413만 원(2023.08)
평당 임대료	52,000~55,000원

[가산] 가산SK V1센터

연면적	24,791평
준공일	2018.03
평당 매매가	1,600만 원(2023.10)
평당 임대료	40,000~43,000원

[강서] 가양역 더스카이밸리5차

연면적	13,682평
준공일	2021.04
평당 매매가	1,599만 원(2023.09)
평당 임대료	42,000~45,000원

[구로] 지플러스코오롱디지털타워

연면적	14,206평
준공일	2013.07
평당 매매가	1,760만 원(2023.06)
평당 임대료	40,000~45,000원

션플랫폼 브랜디 등 강남에 사옥을 두고 있는 기업들이 성수동으로 이전해 자리매김하고 있다. 무신사, 크래프톤 기업은 성수동 부동산을 지속적으로 매입하고 있다. 이런 기업들의 유입으로 일자리 창출, 유동인구 증가로 성수동 지역은 더욱 굳세어질 것으로 보인다.

성수동의 꾸준한 수요 증가 이유는 강남 접근성이 용이하고 서울숲과 한강 등 쾌적한 자연환경, 핫플레이스 상권, 교통, 업무지구, 주거지가 모두 갖춰져 있는 곳이기 때문이다. 또한 삼표 레미콘부지 개발, 성수전략정비구역의 대형 재개발, 성수 IT산업개발 진흥지구 조성 등 개발 호재도 무궁무진하다.

지식산업센터에서 성수동은 누구나 꿈꾸는 강남아파트 입성과 비슷하다. 시간이 지나도 강남은 좋아지면 더 좋아졌지 강남을 대체할 만한 곳이 생기지 않는 이상 '강남불패신화'는 변하지 않는다는 것이다. 성수동 지식산업센터도 이곳을 대체할 만한 어떠한 곳도 보이지 않는다. 성수동 지역은 지금보다 더욱 높은 위상을 가질 수밖에 없다.

많은 사람이 "부동산 폭락이 오면 무조건 성수동 지식산업센터를 사겠다!"라고 하지만 꿈에 그리던 하락장이 와도 살 수 없는 이유는 이미 너무 올라버린 가격에 심리적으로 매수가 쉽지 않고 매물 또한 많지 않다.

성수동의 대표 지식산업센터는 서울숲포휴, 성수역 SKV1타워, 생각공장 데시앙플렉스가 있다. 분양 당시 평당 900만~1,200만 원대였지만 2022년 평당 3,500만 원을 찍고 현재는 2천만 원대 중후

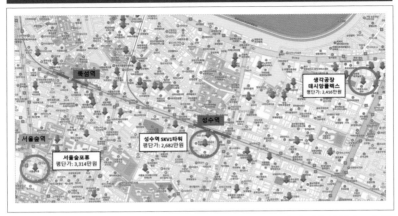

성수동 대표 지식산업센터

출처: 지식산업센터114 재가공

성수동 지식산업센터 연도별 분양가 및 평당 매매가(단위: 만 원)

지식산업센터명	면적(평)		분양가			평당 매매가
	대지	연면적	분양시기	입주시기	평당가	2023년 기준
서울숲포휴	1,609	13,797	2014년	2016년	950	3,314
성수역 SKV1타워	1,509	13,128	2016년	2018년	1,050	2,682
생각공장 데시앙플렉스	2,552	21,274	2017년	2020년	1,200	2,416

반대 가격이 형성되어 있다. 평균 임대료는 6만~ 6만 5천 원이다.

다른 서울 지역의 준공업지역도 마찬가지이지만 성수동은 더 이상 개발될 수 있는 토지도 부족하고 지가상승으로 지식산업센터 신규 공급은 더욱 힘들 것으로 보인다.

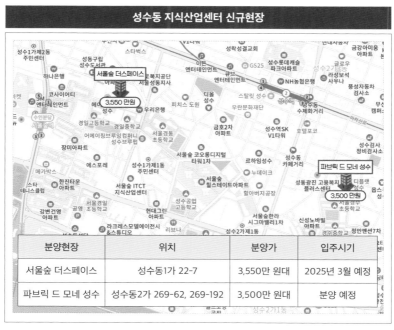

성수동 지식산업센터 신규현장

분양현장	위치	분양가	입주시기
서울숲 더스페이스	성수동1가 22-7	3,550만 원대	2025년 3월 예정
파브릭 드 모네 성수	성수동2가 269-62, 269-192	3,500만 원대	분양 예정

출처: 지식산업센터114 재가공

앞으로 예정되어 있는 성수동의 지식산업센터 신규 현장은 2곳이다. 서울숲 더스페이스는 연면적 7,751평 규모, 파브릭 드 모네 성수는 4,823평으로 소규모 지식산업센터가 공급된다. 새로 공급될 2곳 모두 평단가 3,500만 원 이상으로 예정되어 있다.

● 서울 동남권의 대표 법조-비즈니스타운, 문정

문정법조타운은 과거 논밭과 비닐하우스촌이었으나 동남권 비즈니스 중심지로 육성하기 위한 문정도시개발사업이 이루어지면서 현재는 서울 동남권을 대표하는 법조-비즈니스타운으로 탈바꿈했다. 2017년 2월, 광진구 구의역 인근에 있던 서울동부지방법원, 서울동부지방검찰청이 이전하면서 법무부 산하기관, 법조 관련 업종들이 다량 입주했으며, IT융합, 바이오, 중소 벤처기업 등 기업들도 계속 입주해오고 있다. 최근에는 바이오 기업들이 문정동으로 하나둘씩 모이기 시작하면서 법조-비즈니스타운을 넘어 바이오 클러스터로도 부상하고 있는 모습이다.

문정동 최초 지식산업센터는 동남권유통단지 내에 위치하고 2008년 12월 준공한 가든파이브웍스다. 문정도시개발구역이 지정된 이후 법조단지가 개발되면서 2016년도부터 13개 지식산업센터가 한꺼번에 공급되었다. 지식산업센터에 대한 생소함과 높은 분양가, 대규모 입주물량의 영향으로 입주 초기에는 미분양과 공실이 많았다. 하지만 2018년도 미분양 해소, 꾸준한 수요증가로 인해 가격 상승까지 이루어졌다.

서울 내 지식산업센터의 경우 대부분 준공업지역에 지어지기 때문에 용적률 최대 400%까지 가능하지만 문정동 지식산업센터는 상업시설에 지어지다 보니 용적률 600%까지 가능해 대부분 지식산업센터가 넓은 면적의 규모 있는 모습이다. 과거 평당 900만 원대 분양가가 지금 생각해보면 굉장히 저렴한 것이었지만 그 당시에는 고분양가 논란이 되기도 했다. 2022년 평단가 3,300만 원 최고점을 찍고 현재는 평당 2천만~2,500만 원에 형성되어 있다.

문정동의 가장 인기 있는 지식산업센터는 문정역과 연결되어 있

문정동 대표 지식산업센터

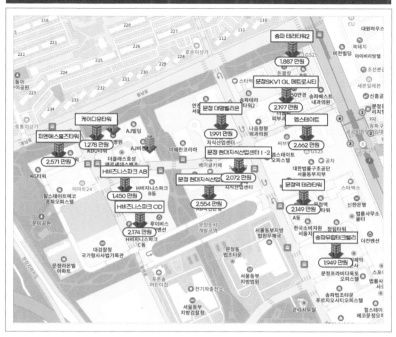

출처: 지식산업센터114

문정동 지식산업센터 연도별 분양가 및 평당 매매가(단위: 만 원)

지식산업센터명	면적(평)		분양가			평당 매매가
	대지	연면적	분양시기	입주시기	평당가	2023년 기준
엠스테이트	4,948	14,875	2013년	2016년	930	2,504
문정역테라타워	5,236	52,256	2014년	2016년	900	2,149
송파테라타워2	4,514	43,748	2014년	2017년	910	1,887
SKV1 GL메트로시티	4,443	45,470	2015년	2017년	920	2,429

는 문정 SKV1 GL메트로시티, 엠스테이트, 문정역 테라타워, 송파테라타워2가 대표적이다.

문정도시개발구역은 이미 개발이 마무리된 단계로 더 이상의 지식산업센터 공급은 없으며 문정SKV1 2차 분양을 끝으로 공급은 전무한 상태다. 문정 SKV1 2차 분양가는 평당 2,700만 원으로 2024년 4월 준공 예정이다.

● 낙후된 도심, 천지개벽 중인 영등포

영등포는 현재 굉장히 낙후된 지역이지만 재개발 및 정비사업을 통해 천지개벽 중이다. 서울 준공업지역의 25%로 가장 넓은 면적을 차지하고 있지만 오래된 작은 공장들이 난립해 있고 필지도 잘게 쪼개져 있다 보니 넓은 토지 매입이 쉽지 않다. 따라서 영등포 지식산업센터는 성수동이랑 비슷하게 규모가 작게 지어질 수밖에 없다.

문정과 성수가 강남의 대체재라고 한다면 영등포는 여의도의 대체재라고 할 수 있다. 영등포 지역의 자체 수요뿐만 아니라 여의도와 마포의 임대료 상승에 부담을 느낀 기업들이 많이 이동하고 있다. 마포, 여의도의 고객사와의 접근성 등의 이유로 가산, 구로에 위치한 기업들이 영등포로 진입하고자 하는 수요 또한 많다.

영등포 지식산업센터는 2, 9호선 더블 역세권 당산역 → 2, 5호선 더블 역세권 영등포구청역 → 2호선 문래역 → 5호선 양평역 순으로 입지 순위를 나눠볼 수 있다.

영등포 내에서 대표적인 지식산업센터는 당산SKV1센터, 생각

영등포 대표 지식산업센터

당산역SKV1타워 1,2차
평단가:3000~3200만원

신규분양

당산 SKV1센터
평단가: 2,413만원

리드원센터
평단가: 2,300만원

신규분양

영등포 자이타워
평단가:2500만원

플랜트양평
평단가:2200만원

생각공장 당산
평단가: 1,983만원

출처: 지식산업센터114 재가공

영등포 지식산업센터 연도별 분양가 및 평당 매매가(단위: 만 원)

지식산업센터명	면적(평)		분양가			평당 매매가
	대지	연면적	분양시기	입주시기	평당가	2023년 기준
당산 SKV1센터	3,875	30,192	2012년	2015년	760	2,413
리드원센터	1,213	10,823	2019년	2021년	1,380	2,300
생각공장 당산	3,892	30,247	2020년	2022년	1,500	1,983

공장 당산, 리드원센터다. 당산SKV1센터는 2015년에 준공한 구축 지식산업센터이지만 대장 역할을 굳건히 하고 있는 있는 이유는 입지 때문이다. 영등포 지식산업센터의 대부분은 2, 5호선 영등포구청역을 기점으로 영등포구청~5호선 양평역 라인과 2호선 문래역 주변 반경으로 포진되어 있다. 2, 9호선 당산역에 위치한 지식산업센터는 당산SKV1센터와 5천여 평의 소규모 지식산업센터인 금강펜테리움 IT타워 딱 이 2곳뿐이다.

당산생활권과 9호선 프리미엄으로 당산SKV1센터는 매물 자체가 귀하며 임대가, 매매가가 꾸준히 상승해왔던 곳이다. 분양 당시 760만 원대였던 평단가가 현재는 2,400만 원이 넘는 시세를 형성하고 있다.

생각공장 당산은 2022년 10월 입주한 지식산업센터다. 입주 당시 대출금리 상승과 부동산 하락으로 패닉셀이 가장 고조된 시점에 여러 악재와 함께 입주장을 맞이한 비운의 현장이다. 2022년 8월까지만 해도 프리미엄이 평당 600만 원에 거래되었지만 입주장에 평당 200만 원까지 프리미엄이 떨어졌다. 단 2개월 사이 급변한 시장 분위기에 혼란이 가중되다 보니 급격한 하락을 피해가지 못했다. 하지만 생각공장이라는 고급 브랜드와 커뮤니티, 3만 평이라는 연면적, 지리적 입지의 장점으로 가격 회복세를 이어가고 있다. 현재는 평당 2천만~2,100만 원으로 가격이 형성되면서 하락장 이전 가격으로 거의 회복된 상태다.

당산역 SKV1타워 1, 2차는 당산역에 10년 만에 공급되는 지식

영등포 지식산업센터 신규현장

분양현장	위치	분양가	입주시기
영등포 자이타워 (양평12구역)	양평동1가 243-1 일대	2,500만 원대	2026년 3월 예정
당산역 SKV1타워 1차, 2차	1차: 당산동5가 9-9 외 2필지 /2차: 당산동5가 9-13	1차: 3,200만 원대/ 2차: 3천만 원대	1차: 2026년 6월 예정/ 2차: 2025년 9월 예정
플랜트 양평	양평동1가 118	2,200만 원대	분양 예정
양평13구역	양평동2가 33-20 일대	미정	분양 예정

출처: 지식산업센터114 재가공

산업센터로 당산역 초역세권에 위치하고 있다. 앞으로 이런 입지에 이런 규모로 또 공급이 나올 수 있을까? 당산역 초역세권 입지와 SK 브랜드, 3만 3천여 평 규모의 연면적, 한강 조망이 가능하다. 이러한 이점을 다 갖춘 지식산업센터는 앞으로 나오기 어려울 것으로 보인다. 그 이유에서인지 경기가 안 좋은 시기에 고분양가임에도 불구하고 분양 성과는 좋은 편이다. 입주를 하게 되면 영등포의 대장은 이곳이 될 것이다.

● 수요가 풍부하고 탄탄한 G밸리(서울디지털산업단지)

가산, 구로 지역에 있는 산업단지를 서울디지털산업단지 또는 G밸리라고 한다. 과거에는 구로공단이라고 불리던 곳으로 2000년대 이전에는 의류 및 전자, 음향기기 위주의 제조업 중심이었다. 현재는 그러한 제조업 업종들은 대부분 수도권 외곽이나 외국으로 이전했다. 2000년대 이후 정부 주도하에 산업단지 고도화 추진으로 벤처기업을 적극 유치했다. 2022년 12월 기준, 제조업 비중은 47%, 정보통신·소프트웨어·디지털콘텐츠 등 지식기반산업인 비제조업이 63%를 차지하고 있으며 기업들이 꾸준히 증가하고 있는 모습이다. '지식산업센터의 시조새'라는 별칭답게 G밸리의 지식산업센터 수는 150여 개가 넘는다. 굉장한 규모의 업무클러스터가 형성되어 있으며 고용자 수가 15만 명이 넘는 핵심 산업단지다.

G밸리는 서울 유일무이한 국가산업단지다. 일반적으로 지식산업센터는 지자체에서 관리를 하나 산업단지의 경우 산업단지공단

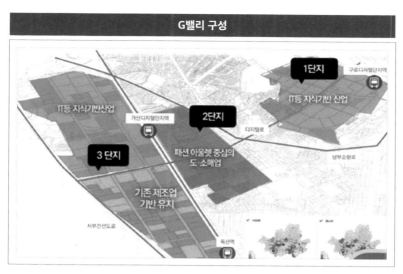

G밸리 구성

IT등 지식기반산업

1단지

구로디지털단지역

IT등 지식기반 산업

가산디지털단지역

2단지

디지털로

3단지

패션 아울렛 중심의
도·소매업

남부순환로

기존 제조업
기반 유지

서부간선도로

독산역

출처: 서울시

에서 관리한다. 산업단지 특성상 실입주 목적으로만 매매를 할 수
있기 때문에 원칙적으로 임대는 불가능하다. 부득이한 사정이 있는
경우에만 산업단지공단에 승인을 받고 임대를 줄 수 있다. 이러한
산업단지의 엄격한 관리로 인해 투자자의 유입이 제한적이어서 다
른 지역 대비 가격상승이 더딘 편이다. 하지만 역으로 생각해보면
그만큼 실수요자가 탄탄히 받쳐주고 있다는 뜻이기도 하다.

G밸리는 1, 2, 3단지로 구성되어 있으며 구로구에 위치한 곳을
1단지, 금천구에 위치한 곳을 2, 3단지라고 불린다.

1단지는 3개의 단지 중 가장 먼저 조성된 곳으로 2000년대 초반
부터 지식산업센터가 본격적으로 지어졌다. 2호선 지하철 프리미
엄으로 1, 7호선을 이용하는 2, 3단지보다 매매가, 임대가가 더 높게

G밸리 1단지 구로구

아티스포럼
평당가 1,650만원
(24년4월준공)

코오롱싸이언스밸리1차
평당가 1,356만원

코오롱싸이언스밸리2차
평당가 1,340만원

지플러스타워
평당가 1,760만원

지하이시티
평당가 1,342만원

대륭포스트타워8차
평당가 1,900만원
(24년상반기준공)

G밸리 1단지(구로) 지식산업센터 연도별 분양가 및 평당 매매가(단위: 만 원)

지식산업센터명	면적(평)		분양가			평당 매매가
	대지	연면적	분양시기	입주시기	평당가	2023년 기준
코오롱 싸이언스밸리2차	3,745	28,263	2003년	2005년	480	1,340
코오롱 싸이언스밸리1차	1,767	12,148	2003년	2005년	450	1,356
지플러스 코오롱디지털타워	1,903	14,206	2011년	2013년	700	1,760
지하이시티	2,134	14,529	2018년	2018년	870	1,342

형성되었으나 2, 3단지의 신축 지식산업센터들이 생겨나기 시작하면서 현재는 가격이 비슷한 수준이다.

대부분의 지식산업센터가 2010년 이전에 만들어진 곳으로 구로에서 신축 지식산업센터를 찾아보기가 어렵다. 가장 신축 지식산업센터가 2018년 준공된 지-하이시티이며 2024년 입주를 앞두고 있는 아티스포럼과 대륭포스트타워8차가 6년만에 공급되는 신축 지식산업센터이다.

현재 G밸리 1단지 지식산업센터 시세는 평당 1,300만~1,700만 원대이며 임대료는 평당 4만 원 전후로 형성되어 있다.

G밸리 1단지는 앞으로 신규로 공급되는 지식산업센터가 없다. 키콕스 부지가 유일하게 공급 예정인 곳이였으나 지식산업센터 대신 업무시설로만 지어질 계획이다.

2단지의 경우 마리오아울렛, 롯데아울렛, 현대아울렛 등 몰세권이 혼재되어 있다 보니 상권도 활발하고 유동인구가 풍부하다. 3단지의 경우 전형적인 오피스상권으로 평일 저녁과 주말이면 유동인구가 현저히 줄어 유령도시의 느낌이지만, 2단지의 경우 주말에도 풍부한 유동인구로 인해 활기를 띤다.

3단지의 경우 3개의 단지 중 가장 넓은 규모로 분포되어 있으며 지금도 아직 개발 중이라 곳곳에 파란색 지붕 공장의 모습을 볼 수가 있다. 2023~2024년 G밸리에 대부분 입주하는 현장들이 3단지에 많이 속해 있다.

G밸리에는 너무 많은 지식산업센터가 있어서 공부하기 어렵다

G밸리 2, 3단지 금천구

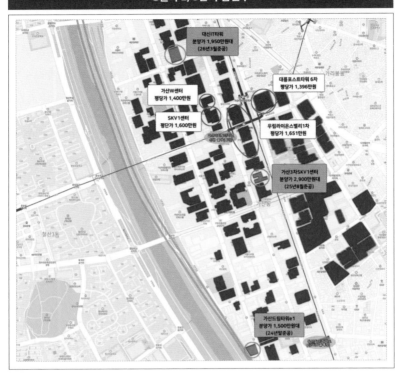

대신IT타워
분양가 1,950만원대
(26년3월준공)

대륭포스트타워 6차
평당가 1,396만원

가산W센터
평당가 1,400만원

SKV1센터
평단가 1,600만원

우림라이온스밸리1차
평당가 1,651만원

가산3차SKV1센터
분양가 2,900만원대
(25년8월준공)

가산드림타워e1
분양가 1,500만원대
(24년말준공)

G밸리 2, 3단지 지식산업센터 연도별 분양가 및 평당 매매가(단위: 만 원)

지식산업센터명	면적(평)		분양가			평당 매매가
	대지	연면적	분양시기	입주시기	평당가	2023년 기준
우림라이온 스밸리1차	8,400	57,594	2002년	2004년	390	1,651
대륭포스트타워6차	3,997	30,241	2008년	2010년	750	1,396
SKV1센터	3,050	24,791	2015년	2018년	760	1,600
W센터	2,033	16,409	2015년	2018년	750	1,400

G밸리 2, 3단지 신축 지식산업센터 현장			
분양현장	위치	분양가	입주시기
가산3차SKV1센터	가산동 371-36	2,900만 원대	2025년 8월 예정
대신IT타워	가산동 459-3	1,950만 원대	2026년 3월 예정
가산드림타워e1	가산동 343-7	1,500만 원대	2024년 하반기

G밸리 1~4급지

고 생각할 수 있다. 쉽게 설명하면 G밸리 3단지 기준으로 1급지는 가산디지털단지역 역세권, 2급지는 수출의다리 위쪽으로 가산디지털단지역에서 도보 8분 거리에 위치한 지식산업센터, 3급지는 독산역 역세권, 4급지는 가산디지털단지역과 독산역 중간의 위치한 지식산업센터다. 지하철역과의 반경이 멀어질수록 매매가, 임대가가 낮아진다고 생각하면 이해가 쉬울 것이다.

● 마곡의 배후수요를 품은 강서

2017~2019년 마곡 오피스 시장은 대규모 공급으로 인해 그야말로 '공실천국'이었다. 그 당시 강서 지식산업센터는 마곡 오피스, 오피스텔 물량과 경쟁을 해야 하는 입장이었기에 분양 성적이나 입주율이 저조할 수밖에 없었다. 2021년도까지 물량 때문에 고전했던 지역이다.

강서 지역은 마곡지구의 배후수요로써 바이오, IT, 메디컬 등의 업종과 상암 DMC에서 넘어오는 수요들로 인해 방송 콘텐츠, 영상 제작 업종의 기업들이 많은 편이다.

강서한강자이타워, 가양역 더스카이밸리5차가 대표적인 지식산업센터다. 2020~2022년 상승장에서 가장 상승률이 낮은 지역이 강서 지역이다. 강서 지역은 수요 대비 공급물량이 지속적으로 많은 탓에 아쉽게도 부동산 시장 활황기에 가격이 크게 오르지 못했다. 현재 평균 가격은 평당 1,500만~1,700만 원에 형성되어 있으며 임대료는 평당 4만~4만 5천 원 수준이다.

강서 대표 지식산업센터

강서 지식산업센터 연도별 분양가 및 평당 매매가(단위: 만 원)

지식산업센터명	면적(평)		분양가			평당 매매가
	대지	연면적	분양시기	입주시기	평당가	2023년 기준
강서한강자이타워	6,569	30,141	2012년	2013년	600	1,423
가양역 더스카이밸리5차	1,691	13,682	2019년	2021년	1,400	1,599
강서데시앙플렉스	1,584	14,148	2019년	2021년	1,350	1,509
가양역 더리브아너비즈	1,147	9,806	2021년	2023년	1,600	1,971

PART 2. 격변의 시장에서 오는 투자 기회를 잡아라

강서 신축 지식산업센터 현장

분양현장	위치	분양가	입주시기
가양CJ부지	구로동 609-9	3천만 원 초반 예상	분양 예정
등촌역 AK밸리	염창동 267-22	2,200만 원대 예정	분양 예정
등촌동 증미역 SKV1	등촌동 629-7 외 2필지	미정	분양 예정

가양동 CJ공장부지

출처: 인창개발

가양CJ부지는 9호선 양천향교역 초역세권에 위치해 있다. 총사업비 5조 원 규모의 강서구 핵심 현안인 CJ부지 개발은 강서구 지역 경제 활성화에 기대감이 높은 곳이다. 부지면적 10만 3,049m²로 삼성동 코엑스의 1.7배, '강서 코엑스'로 불릴 만큼 초대형 규모다. 신세계프라퍼티와 업무협약을 체결해 스타필드 빌리지가 입점할 예정이다. 총 3개 블록으로 나뉘며 1개 블록은 지상 17층 규모의 복합상업시설이, 2개의 블록은 지하 7~지상 14층 규모의 지식산업센터와 업무시설이 공급될 예정이다.

2024년 이후 지식산업센터 앞으로의 시장 전망

● 기준금리 하락으로 수익률 증가

지식산업센터는 수익형 부동산으로 금리 영향을 매우 많이 받는 종목이다. 그러다 보니 지금 같은 고금리 시기에는 수익률을 고사하고 마이너스 수익률을 바라보고 있어야 하는 상황이다. 하지만 금리는 이전에도 상승과 하락을 계속 반복해왔다. 금리 인하에 대한 예측은 누구도 할 수 없지만 확실한 건 금리가 내려가는 시점이 언젠가는 온다는 것이다.

2021년 상반기까지만 해도 사업자 시설자금 대출금리는 평균적으로 2% 후반이었다. 그러다 급격한 금리 상승으로 인해 현재는

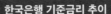

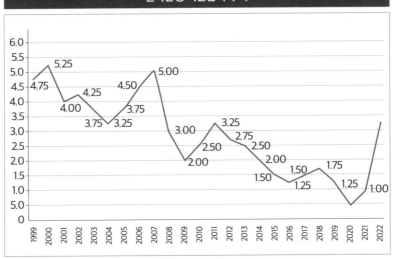

출처: 한국은행 자료 재가공

4.8~5.0% 수준으로 거의 200~250% 금리 인상이 일어났다. 당연히 수익률이 나오던 지식산업센터여도 마이너스로 돌아설 수밖에 없다. 최근 거래사례로 모의 계산을 한번 해보겠다.

영등포 사례의 자기자본 수익률은 3.23%다. 대부분 2021년까지 분양했던 현장의 경우 자기자본수익률이 3%대 정도 나온다. 하지만 2022년 이후 분양한 지식산업센터는 고분양가로 자기자본 수익률이 2% 미만으로 형성될 가능성이 높다. 그렇기 때문에 수익형 부동산인 지식산업센터는 평단가와 임대료가 중요한 요소다.

지금 같은 고금리 시기에는 대출률이 높을수록 수익률 마이너스 폭이 크다. 90% 대출을 받는다고 가정했을 때, 임대료를 받고도 월

영등포 사례: 생각공장 당산(단위: 만 원)	
현장명	생각공장 당산
분양평수	44평
전용평수	22평
공급금액	88,000
취득세+기타비용 5%	4,400
평당 매매가	1,983
평당 임대료	5.5
보증금	2,420
임대료	242

자기자본 100%

자기자본(공급금액+취득세-임대보증금)	89,980
연간 임대료	2,904
순이익	2,904
연간 수익률	3.23%

대출 90% 기준

대출이율	2.5%	3.0%	3.5%	4.0%	4.5%	5.0%
자기자본	10,780					
연간 대출이자	1,980	2,376	2,772	3,168	3,564	3,960
연간 임대료	2,904					
순이익	924	528	132	-264	-660	-1,056
연간 수익률	8.6%	4.9%	1.2%	-2.4%	-6.1%	-9.8%

88만 원을 대출이자로 부담을 해야 하는 상황이다. 고금리에 맞물려 영등포의 2023년도 입주물량이 많기 때문에 수익률 역마진을 더 초래하고 있다. 대출금리가 3%대로 떨어진다면 임대수익률이 나올 수 있다. 다만 서울 지식산업센터 중에서 영등포, 성수, 문정의 경우 평단가 자체가 높게 형성되어 있다 보니 금리 인하가 되어도 임대수익률만 따진다면 수익률이 저조할 수밖에 없다. 좋은 물건을 잘 선별한다면 미래가치와 시세차익까지 가져다줄 수 있는 똑똑한 자산이 되어줄 것이다.

G밸리 사례를 보자. G밸리는 국가산업단지라는 특성상 원칙적으로 임대를 둘 수 없고 실입주로만 매매 또는 분양을 받을 수 있다. 다만 부득이한 사정에 의해 임대를 놓을 수 있는데 이럴 경우 산업단지공단에 신고해야 한다. 이러한 G밸리 지역만의 허들로 인해 투자자들의 진입이 쉽지는 않다. 그만큼 실수요자가 탄탄하다는 걸 의미하며 역으로 해석한다면 임대 투자로 공실 리스크가 적은 안정적인 투자가 가능한 지역이라는 이야기이기도 하다. 영등포, 성수, 문정 지역처럼 상승률이 크진 않지만 안정적인 임대수익과 시세차익을 가지고 갈 수 있는 곳이라고 생각한다.

지금까지 본 2가지 사례는 사실 가장 일반적인 것들이다. 지식산업센터 내에서도 다양한 투자를 통해 지금 같은 고금리 시기에도 쏠쏠한 임대수익을 내는 케이스들이 생각보다 많다. 추가로 실전 사례 2가지를 가지고 이야기해보도록 하겠다.

지하 호실의 공장은 평단가가 낮기 때문에 가성비가 좋으며 도

G밸리 사례: 가산DK현대테라타워(단위: 만 원)	
현장명	가산DK현대테라타워
분양평수	42.67평
전용평수	21.44평
공급금액	49,880
취득세+기타비용 5%	2,494
인테리어 비용	1,800
평당 매매가	1,169
평당 임대료	4.5
보증금	1,920
임대료	192

자기자본 100%

자기자본	52,254
연간 임대료	2,304
순이익	2,304
연간 수익률	4.41%

대출 90% 기준

대출이율	2.5%	3.0%	3.5%	4.0%	4.5%	5.0%
자기자본	7,362					
연간 대출이자	1,122	1,347	1,571	1,796	2,020	2,245
연간 임대료	2,304					
순이익	1,182	957	733	508	284	59
연간 수익률	16.1%	13.0%	10.0%	6.9%	3.9%	0.8%

틈새 전략 사례: 가산동 지하 1층 공장(단위: 만 원)	
현장명	가산동 지하 1층 공장
분양평수	44.52평
전용평수	22.7평
공급금액	29,900
취득세+기타비용 5%	1,495
평당 매매가	672
평당 임대료	2.7
보증금	1,200
임대료	120

자기자본 100%

자기자본	30,195
연간 임대료	1,440
순이익	1,440
연간 수익률	4.77%

대출 90% 기준

대출이율	2.5%	3.0%	3.5%	4.0%	4.5%	5.0%
자기자본	3,285					
연간 대출이자	673	807	942	1,076	1,211	1,346
연간 임대료	1,440					
순이익	767	633	498	364	229	85
연간 수익률	23.5%	19.3%	15.2%	11.1%	7.0%	2.9%

도어 투 도어 방식

어 투 도어*가 가능한 경우에는 더욱 선호도가 높다. 공장 호실 바로 앞에 주차해서 물건을 적재, 운반할 수 있는 편리성으로 인기가 좋으며 제조업의 경우 소음, 분진, 진동 등의 이유로 지하 호실을 선호한다. 인기가 좋은 편이라 신규 분양 시 가장 우선적으로 빠지는 호실이 지하 호실이다. 외관으로 볼 때, 창고인지 공장인지 구분할 수 없다. 분양할 때 호실의 용도를 확인할 수 있으며 준공된 지식산업센터의 경우 건축물대장을 확인해보면 용도를 알 수 있다.

이 사례에서는 지하 호실의 공장 용도를 예로 들었지만 창고 용도도 인기가 많다. 창고가 필요한 기업들은 많으나 수요 대비 공급이

• 도어투도어 시스템: 각 사무실 문 앞이나 내부까지 차량이 진입 가능하도록 설계되어 있어 물건을 더 효율적으로 적재 및 운반할 수 있는 시스템을 말한다.

적기 때문에 희소가치가 있으며 절대적인 가격 또한 저렴하다. 특히
나 영등포 지역은 창고가 굉장히 귀한 편이다. 이러한 창고 용도 투
자도 틈새 전략으로 좋다. 다만 용도가 '창고'로 되어 있는 경우에는
대출률이 60~70% 정도만 가능하다. 대출 레버리지를 많이 활용하
고 싶은 분들에게는 공장 용도로 되어 있는 지하 호실을 추천한다.

서울 지식산업센터는 지하라고 하더라도 공장 용도로 되어 있을
경우 대출률이 80~90% 가능하다. 적은 실투금으로 좋은 수익률을

틈새 전략 사례: 가산동 H지식산업센터 지하 1층 상가(단위: 만 원)	
분양평수	44평
전용평수	22평
공급금액	33,722
프리미엄	1,000
취득세+기타비용 5%	1,686
평당 매매가	768
보증금	5,000
임대료	200

자기자본 100%

자기자본	31,408
연간 임대료	2,400
순이익	2,400
연간 수익률	7.64%

낼 수 있는 상품이며 실입주 수요가 많다 보니 향후 매도할 때도 환금성 또한 좋다.

근생(근린생활시설)의 경우 대출률이 낮은 편이나 서울 지식산업센터의 경우 대출률이 80~90% 나오는 현장들이 꽤 있다. 상가는 노출이 핵심이기 때문에 얼마나 노출이 잘되어 있느냐가 정말 중요하다. 그렇기 때문에 '전면부 1층 상가, 노출 좋은 1층 코너 상가를 사야 한다.'라고 할 수 있지만 이러한 좋은 상품은 가격이 비싸다는 게 함정이다. 상가는 수익형 부동산이기에 수익률에 따라 가치를 인정받을 수 있다. 그렇다고 수익률에 맞춰 높은 임대가로 매물을 내놓을 때, 그 자리에 그 임대료가 적정한가를 따져봐야 한다. 누가 봐도 너무 비싼 임대료라면 공실은 장기화될 수밖에 없다.

상가의 꽃은 1층이라고 하지만 무조건 1층 상가만 고집할 필요가 없다. 지하층에 있는 상가를 잘 매수한다면 정말 높은 수익률에 돈 되는 상가 투자가 가능하다. 지하층 상가의 경우 1층 대비 30~40% 미만 수준의 낮은 평단가가 매력적이다. 음식점, 스크린골프장, 피트니스센터, 미용실, 스튜디오 등 넓은 면적을 필요로 하는 업종이라면 지하층 상가가 유리하다.

지하층 상가를 투자할 때는 고려해야 하는 점도 있다. ① 해당 건물의 입지가 좋은가, ② 1층 상가의 매매가 및 임대가가 비싼가, ③ 접근성이 좋은가, ④ 해당 건물 자체 수요가 얼마나 되는가(해당 건물의 연면적의 중요성), ⑤ 주변에서 유입될 수 있는 수요가 있는가 등을 확인해봐야 한다.

기본적으로 입지가 좋고 건물 자체가 활성화되어 있어야 지하층 상가도 더불어 잘된다. 해당 건물에 대한 자체 수요가 있어 수요층을 확보할 수 있어야 한다.

접근성이 좋다는 이야기는 즉 건물 외부에서 지하층으로 바로 연결될 수 있는 통로가 있는지, 에스컬레이터로 연결이 되어 있는지를 봐야 한다. 지상층보다 지하층이 접근성이 떨어지기 때문에 지하로 내려가는 통로가 편리해야 건물의 상가들이 활성화될 수 있다. 이는 지하층 상가뿐만 아니라 지상 2층, 지상 3층 호실의 경우도 마찬가지다.

신축 지식산업센터 상가의 경우 공실이 가장 큰 리스크 요소다. 해당 사례는 선임차가 맞춰진 호실이라 공실 기간 없이 바로 임대수익이 꽂히는 매물이었다. 이곳은 역세권으로 상가 활성화가 기대되는 곳이고, 주변 유입인구 증가, 역세권 상가들의 매매가 및 임대가가 굉장히 높게 형성되어 있으며 공실 또한 찾아보기 어렵다. 자체 수요도 충분한 곳이며 건물 외부에서 지하층으로 접근 가능한 통로가 있어 접근성 또한 좋다. 지하 1층 상가임에도 불구하고 대출이 90%가 가능했던 터라 말도 안 되는 실투금과 임대수익률이 가능했던 것이다. 이러한 매물을 찾는 건 어렵지만 불가능한 것도 아니다. 다만 모든 투자상품이 그렇듯 안목을 길러야 한다.

틈새 전략 2가지 사례를 보며 어떠한 생각이 드는가? 주택시장도 모든 입지, 상품이 좋은 게 아니듯 '사야 할 아파트 vs. 사지 말아야 할 아파트'가 있다. 지식산업센터도 마찬가지다. '지금 사야 사나요, 말아야 하나요?' 일반화하기보다는 사야 할 시기, 입지, 상품을 선별할 필요가 있고 각자의 상황에 맞게 투자처를 발굴해나갈 필요가 있다.

지금 같은 고금리, 부동산 경기침체에도 누군가는 수익을 낼 수 있는 알짜 상품들을 매수하고 있다. 이러한 똘똘한 상품들은 금리인하가 되면 더욱 빛날 자산들이다. 다양한 관점에서 다양한 투자 방법을 모색해보자.

● 오피스 시장의 대체재 역할

서울 주요 오피스 임대가격지수는 지속적으로 상승세를 보이며 공실률 또한 현저히 낮은 편이다. 이러한 오피스 공급의 부재와 임대가 상승의 부담을 느낀 기업들이 일부 지식산업센터로 이전해오고 있다.

강남 오피스의 평균 임대료는 평당 11만 원 이상이다. 이러한 임대료가 부담스러운 기업들은 임대료가 절반 금액인 성수 지역으로 임차를 들어가거나 직접 사옥을 매입하려고 하기에 해당 수요가 늘고 있다. 영등포 지역도 마찬가지로 여의도 오피스의 기업들이 많이 이전해오고 있다. 특히 불황일수록 고정지출을 줄이기 위해 더 저렴한 지역을 찾는 수요가 늘어날 수밖에 없다.

최근 서울의 입지 좋은 역세권 지식산업센터 신규 분양은 평당 3천만 원의 시대가 왔다. 지금 같은 부동산 경기침체기에 누가 이런 신규 분양을 받느냐고 생각할지 모른다. 사실 필자 또한 비슷한 입

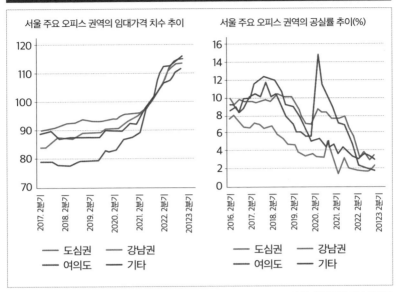

서울 주요 오피스 권역의 임대가격 및 공실률

서울 주요 오피스 권역의 임대가격 치수 추이

서울 주요 오피스 권역의 공실률 추이(%)

도심권 — 강남권
여의도 — 기타

도심권 — 강남권
여의도 — 기타

출처: 한국은행 자료 재가공

지의 기존 분양권 상태인 지식산업센터가 훨씬 저렴한 금액으로 매수가 가능한데 왜 굳이 고분양가인 신규 분양을 받는지 납득이 가지 않았다. 그런데 신규 분양을 받는 사람들은 대부분 중견기업이 층 단위로 가져가는 경우가 많다. 기존 오피스에 있던 기업들은 계산했을 때 오피스의 비싼 임대료를 내는 것보다 오히려 평당 3천만 원에 분양을 받고 대출이자를 내는 게 더 저렴하다고 한다. 또한 2년 뒤 입주하는 시점에 금리가 인하된다면 고정지출을 훨씬 줄이는 방법이라고 생각해서 신규 분양으로 접근하는 중견기업들이 늘고 있다.

대부분 서울 신축급 지식산업센터는 한 호실당 기본적으로 전용 20~30평인 중소형 평수로 이루어져 있다. 개별 호실마다 소유자가 다르기 때문에 이 소유자들을 다 취합해서 대형 평수로 매매 및 임대로 진행하기는 사실상 어려운 일이다. 서울 지식산업센터 내에서는 전용 100평 이상만 되어도 희소하기 때문에 오히려 수요자를 찾는 것보다 공급자를 찾는 게 더 어려운 것 같다. 전용 100평 규모도 어려운데 300~400평 이상을 찾는 중견기업들은 당연히 신규 분양으로 눈을 돌릴 수밖에 없다. 해당 평수를 매수할 수 있는 기회가 신규 분양인 것이다. 또한 오피스 시장의 주요 수요층인 금융업 및 보험업 업종이 최근 지식산업센터 지원시설*로 많이 들어오고 있는 모습이다.

● 지식산업센터 신규 분양 공급 감소

서울 지식산업센터의 경우 대부분이 준공업지역에 지어진다. 다른 용도지역에도 지어질 수 있으나 사업성이 안 나오다 보니 준공업지역을 선호하는 편이다. 그러나 이러한 서울의 준공업지역 땅은 너무 희소하기 때문에 땅을 매입하기가 쉽지 않다.

서울의 준공업지역 대표적인 지역은 영등포구 당산동, 강서구 가양동, 구로구 구로동, 금천구 가산동, 성동구 성수동 일대다. 서울

• 지원시설: 지식산업센터 입주업체의 생산활동을 지원해주는 시설로 금융, 보험, 교육, 의료, 무역, 판매업 등 입주 업종에 대한 제한이 있는 공장과 달리 대부분의 업종이 모두 입주가 가능하다.

의 7개구에 걸쳐 19.98km²의 면적으로 서울시 토지면적의 3.3%밖에 되지 않는다는 점이다.

이러한 절대적인 면적 자체가 희소한 상태에서 준공업지역 내 정비사업 용적률 규제 완화로 준공업지역 토지는 더욱 가치가 높아질 수밖에 없다. 건물을 지을 수 있는 면적의 준공업지역 토지는 지속적으로 지가가 상승하고 있고 현재는 매물 구하기가 더 어려워진 상황이다.

가산동 준공업지역의 지가상승 추이를 살펴보면 2017년 평당 1천만 원대 거래금액이 5년 만에 평당 9천만 원대를 넘었다. 이제 가산동 준공업지역 토지 가격도 평당 1억 원의 시대가 도래한 것이다. 이보다 더 상급지인 성수동 지역은 2023년 5월에 평당 1억 6천만 원에 거래된 사례가 있으며 현재 나오고 있는 매물들을 보면 평당 1억 3천만~1억 5천만 원 수준이다. 이러한 토지의 희소성과 지가상승으로 인해 앞으로 토지 매입이 쉽지 않을 것으로 본다.

또한 건설 자재비 인상, 인건비 인상 등 시장 여건 변화가 반영되면서 건축비는 평당 700만 원이 넘는 상황이다. 이러한 비용 증가로 인해 사업성이 나오지 않는 상태에서 더 이상 신규 공급은 힘들

준공업지역 면적(단위: km²)								
구분	영등포	구로	금천	성동	강서	도봉	양천	계
GIS면적	5.02	4.28	4.12	2.05	2.92	1.49	0.09	19.98

전년도 도시근로자 가구당 월평균소득 기준(단위: 원)

소재지	층	유형	지목	용도지역	거래면적	거래년월	신축년도	매매금액	토지면적당 단가	건물면적당 단가
금천구 가산동	-	공장/창고	공장	준공업	2,101.09㎡ (토) / 1,404㎡ (건)	2017.04	-	88.9억	1.2천/3.3㎡	1천/3.3㎡
금천구 가산동	-	공장/창고	공장	준공업	2,278㎡ (토) / 2,101.09㎡ (건)	2017.06	1975	98.1억	1.4천/3.3㎡	6.5백/3.3㎡
금천구 가산동	-	공장/창고	공장	준공업	5,806.98㎡ (토) / 2,278㎡ (건)	2017.07	-	215억	1.3천/3.3㎡	6.5백/3.3㎡
금천구 가산동	-	공장/창고	공장	준공업	3,988㎡ (토) / 5,806.98㎡ (건)	2017.12	2001	155억	1.4천/3.3㎡	6.5백/3.3㎡
금천구 가산동	-	공장/창고	공장	준공업	3,733㎡ (토) / - (건)	2018.02	1969	964.1억	2.2천/3.3㎡	1.1억/3.3㎡
금천구 가산동	-	공장/창고	공장	준공업	- (건) / 3,988㎡ (토)	2018.02	1969	2,300억	2.5천/3.3㎡	1천/3.3㎡
금천구 가산동	-	공장/창고	공장	준공업	3,220.96㎡ (토) / 3,733㎡ (건)	2018.03	1969	515.4억	1.9천/3.3㎡	1.2억/3.3㎡
금천구 가산동	-	공장/창고	공장	준공업	3,530㎡ (토) / 3,220.96㎡ (건)	2018.05	1983	392.3억	1.4천/3.3㎡	7백/3.3㎡
금천구 가산동	-	공장/창고	공장	준공업	1,133.51㎡ (토) / 3,530㎡ (건)	2018.1	1976	239.4억	1.7천/3.3㎡	2.9천/3.3㎡
금천구 가산동	-	공장/창고	대	준공업	1,597.13㎡ (건) / 1,001.6㎡ (토)	2019.01	1977	179.3억	1.8천/3.3㎡	1.2천/3.3㎡
금천구 가산동	-	공장/창고	공장	준공업	630.1㎡ (토) / 1,597.13㎡ (건)	2019.12	2003	440억	2.8천/3.3㎡	1천/3.3㎡
금천구 가산동	-	공장/창고	공장	준공업	3,220.96㎡ (건) / 630.1㎡ (토)	2020.03	1975	100억	2천/3.3㎡	3.6천/3.3㎡
금천구 가산동	-	공장/창고	공장	준공업	5,626.19㎡ (토) / 3,530㎡ (건)	2020.06	1972	115.4억	2.2천/3.3㎡	1.6천/3.3㎡
금천구 가산동	-	공장/창고	공장	준공업	3,530㎡ (건) / 3,220.96㎡ (토)	2020.06	1993	91.2억	2.1천/3.3㎡	5.9백/3.3㎡
금천구 가산동	-	공장/창고	공장	준공업	1,764.8㎡ (토) / 6,141㎡ (건)	2020.09	1972	133억	2.2천/3.3㎡	1.4천/3.3㎡
금천구 가산동	-	공장/창고	공장	준공업	6,141㎡ (건) / 5,626.19㎡ (토)	2020.09	1974	324.8억	2.6천/3.3㎡	1.8천/3.3㎡
금천구 가산동	-	공장/창고	공장	준공업	1,081㎡ (토) / 1,764.8㎡ (건)	2020.1	1980	185.1억	2.6천/3.3㎡	2.9천/3.3㎡
금천구 가산동	-	공장/부지	공장	준공업	1,211.4㎡ (건) / 1,081㎡ (토)	2020.12	-	406.5억	3.5천/3.3㎡	
금천구 가산동	-	공장	대	준공업	2,945.19㎡ (토) / 643.3㎡ (건)	2021.03	2010	331억	3천/3.3㎡	3.3천/3.3㎡
금천구 가산동	-	공장/창고	공장	준공업	643.3㎡ (건) / 1,211.4㎡ (토)	2021.03	1976	68억	3.5천/3.3㎡	1.4천/3.3㎡
금천구 가산동	-	공장/창고	공장	준공업	1,915㎡ (토) / 2,945.19㎡ (건)	2021.04	1977	114억	3.7천/3.3㎡	3.3천/3.3㎡
금천구 가산동	-	공장/창고	공장	준공업	- (건) / 1,915㎡ (토)	2021.06	1974	743억	4천/3.3㎡	4.3천/3.3㎡
금천구 가산동	-	공장/창고	공장	준공업	3,530㎡ (토) / - (건)	2021.09	1981	95억	2.9천/3.3㎡	1.7천/3.3㎡
금천구 가산동	-	공장/창고	대	준공업	3,351.7㎡ (건) / 3,530㎡ (토)	2021.1	1976	67.4억	3.4천/3.3㎡	1.8천/3.3㎡
금천구 가산동	-	공장/창고	공장	준공업	3,559㎡ (토) / 3,351.7㎡ (건)	2021.11	1972	200억	3.4천/3.3㎡	2.2천/3.3㎡
금천구 가산동	-	공장/부지	공장	준공업	16,464.52㎡ (토) / 3,559㎡ (건)	2021.12	-	566억	5.3천/3.3㎡	-
금천구 가산동	-	공장/창고	공장	준공업	6,695㎡ (토) / 16,464.52㎡ (건)	2022.03	1977	470억	4.3천/3.3㎡	4.6천/3.3㎡
금천구 가산동	-	공장/창고	공장	준공업	27,381.09㎡ (건) / 6,695㎡ (토)	2022.05	1975	1,850억	9.1천/3.3㎡	3.7천/3.3㎡
금천구 가산동	-	공장	공장	준공업	8,771㎡ (토) / 27,381.09㎡ (건)	2022.07	1996	2,450억	9.2천/3.3㎡	2.9천/3.3㎡

것으로 보인다. 또 이 비용들은 분양가에 고스란히 녹여지기 때문에 고분양가 신축 공급은 어쩔 수 없는 일이다. 지식산업센터 부동산 시장은 2023~2024년 막바지 분양물량을 끝으로 한동안 분양물량은 확연히 줄어들 것으로 보인다.

지식산업센터, 앞으로도 투자가치가 있을까?

누군가에게는 지식산업센터라는 수익형 부동산이 굉장히 생소할 것이다. 알고 있더라도 이번 부동산 상승기에 주거용 부동산 대체재로 반짝 떠오른 상품이라고만 생각할 수 있다. 하지만 지식산업센터는 과거부터 월세수익+시세차익 두 마리 토끼를 다 잡을 수 있는, 사업가들 사이에서는 좋은 수익형 부동산으로 알음알음 알려졌다.

그런데 우리는 왜 몰랐던 것일까? 알 수 있는 방법이 없었기 때문이다. 아파트 분양권은 청약홈이라는 사이트를 통해 어디가 분양을 하는지, 분양일정, 분양가, 청약경쟁률 등 분양정보를 알 수 있고 온라인 청약시스템을 통해 손가락 하나로 청약신청이 가능하다. 만일 청약홈, 아실, 호갱노노 등 정보를 알려주는 프롭테크가 없다고 생각해보자. 청약시스템도 온라인이 아닌 모두 오프라인으로 신청해야 한다면 어디 현장이 분양하는지 알 수 있을까?

내가 살고 있는 지역 주변에 보이는 현수막이나 공사 현장으로 알 수 있거나 주변 지인, 부동산 중개소장님을 통해 정보를 얻는다든지 하는 방식으로 해당 지역에서만 확인할 수 있었을 것이다. 본인이 사는 곳 주변이 아닌 다른 지역에 분양하는 정보에 대해서는 아무래도 알기 쉽지 않을 것이다.

지식산업센터 시장이 그렇다. 정보를 알 수 있는 프롭테크가 없다 보니 그 지역 지식산업센터에서 실제로 사업을 영위하고 있거나 그곳에 입주한 기업에 직장을 다니고 있지 않는 이상 지식산업센터 정보를 알기 어렵다. 이러한 정보의 폐쇄성으로 그들만의 리그가 될 수밖에 없었다. 하지만 지식산업센터 시장도 이번 활황기를 맞이하면서 수면 위로 많이 올라온 것 같다.

우리가 편리하게 부동산 정보를 확인할 수 있는 호갱노노, 아실, 부동산지인 등의 프롭테크도 처음 만들어진 게 2016년, 불과 7년밖에 되지 않는다. 부동산 시장의 관심과 수요가 늘어나면 자연스레 좋은 플랫폼들이 만들어진다. 지식산업센터 시장도 이번 활황기를 겪으면서 지식산업센터114, 산업부동산 등 지식산업센터 실거래가, 분양, 현장정보 등을 알 수 있는 프롭테크들이 하나둘씩 생겨났다. 이전보다는 정보의 투명성이 더 높아진 상태다.

'지식산업센터 시장은 앞으로 끝이다. 더 이상의 수요가 없을 것이다.' 이렇게 이야기하는 사람들도 있다. 모두 지식산업센터를 몰라서 하는 말들이다. 시장이 끝이라면 지식산업센터에 입주하고 있는 기업들은 다 어디로 가야 하나? 지식산업센터가 망한다는 말은 우리나라 산업이 망한다는 거랑 똑같은 이야기다.

물론 모든 투자가 그렇듯 당연히 묻지마 투자는 지양해야 하고 공부와 신중함은 필수요건이다. 입지와 수요 및 공급, 건물의 연면적, 건물 스펙 등 충분히 분석하고 접근해야 한다.

지방, 경기, 인천 지역도 잘 선별하면 서울보다 수익률이 좋기 때문에 월세 수익으로 충분히 좋은 선택지가 될 수 있다. 하지만 입지의 특성상 도심의 경우 지가가 높고 토지가 한정되어 있지만 외곽 지역의 경우에는 지가가 비교적 저렴하기 때문에 꼭 지식산업센터로 들어갈 필요가 없다.

수도권, 지방 지역은 확장성이 있어 얼마든지 공급물량이 발생될 수 있지만 서울 지역은 지가상승, 토지 확보의 어려움 등으로 공급의 한계가 있다. 이런 점에서 오히려 서울 지역이 더 안정적인 투자가 가능하고 향후 시세차익도 기대해볼 수 있다. 서울만 보더라도 매수하기 괜찮은 현장들이 너무도 많다.

지금 같은 고금리 시기에는 당연히 투자가 망설여질 수 있다. 불확실성이 너무 크다. 하지만 이러한 금리 인상은 영원하지 않으며 분명한 건 저금리 기조는 언젠가 반드시 온다는 것이다. 지금은 공부하면서 임장도 다녀보고 스스로 분석도 해보는 시간을 가져보라. 금리 인하 시기에는 현금흐름 파이프라인을 구축해줄 더 없이 좋은 투자처라고 본다.

관광숙박업 사례로 보는
상가 투자 수익 극대화 방법

장삿갓 장소희

- 돈되는부동산 대표소장
- (주)돈부 대표: 상업용부동산개발
- (주)우리부자재테크 대표: 재테크 교
  육 플랫폼 운영
- 블로그
  (blog.naver.com/sohee jang82)
- 유튜브 '돈되는부동산TV'

경제적 자유를 꿈꾸게 하는
부동산 개발의 핵심

저는 부산을 기반으로 부동산 중개와 투자를 하고 있습니다. 지금까지 수천 건의 상담, 수백 건의 중개, 그리고 수십 건의 투자를 했습니다. 손님들이 중개사무실에 오셔서 하는 말씀은 거의 동일합니다. "부동산 투자를 통해 경제적 자유를 이루고 싶다." 더 구체적으로는 "대출이자 및 부대 경비를 제외하고 내 손에 순수하게 매달 천만 원만 들어오면 좋겠다."

저 역시도 돈이 돈을 벌어오는 시스템을 구축하고자 이리저리 공부하고 방법을 모색하고 있으나, 항상 한계에 부딪힙니다. 이번 글에서는 부동산 개발의 핵심을, 그리고 월 천만 원에 들어오는 구조를 어떻게 만들어야 할지 저의 사례를 통해서 이해하기 쉽게 풀어 드리도록 하겠습니다.

저는 아파트 갭투자, 분양권 투자, 재개발 투자로 얻은 시세차익으로 상가에 투자했습니다. 상가 투자의 경우 주택 투자와 다르게 레버리지 활용이 용이한 편이라 항상 자본이 부족한 제 입장에서 최적의 투자처였습니다.

하지만 급격한 금리 상승으로 인해 대출 부담이 커지며, 상가 투자의 매력이 떨어졌습니다. 또다시 탈출구를 찾기 시작했습니다. 주택 투자의 경우 DSR(소득 대비 원리금상환비율)의 문턱에서 우선 좌절하고 다음으로 마주치는 취등록세 부담으로 이제 감히 접근할 수 있는 영역이 아님을 다시 확인했습니다.

2024년은 상가 투자에 있어서 힘든 시기가 될 듯합니다. 불안한 국제정세(러시아-우크라이나 전쟁, 이스라엘-하마스 전쟁)에 맞물려 한동안 고금리 고물가 시대가 지속될 것 같습니다. 높아진 대출금리를 감당하지 못해 시장에 나오는 매물도 증가하고 있습니다. 최근 경기 침체로 인해 임차수요가 많이 줄어들었고 그 결과 공실이 증가하고 있습니다.

기존에는 상가를 매입해 임대를 주는 형태로 투자를 해왔다면, 이제는 상가 투자의 가장 큰 이슈인 대출이자와 공실 이슈를 해결하기 위해 상가를 매입한 후 직접 사업을 운영하는 방식으로 수익을 극대화하자는 방향으로 전환하게 되었습니다. 최근에는 부동산뿐만 아니라 다양한 사업 아이템을 공부하고 발굴하고 있습니다.

고금리로 공실이 많아지면서, 상가 소유주들이 본인의 상가에서 직접 운영 가능한 진입장벽이 낮은 사업 아이템인 무인커피숍, 무인 문구점, 파티룸, 스터디카페, 고시원 등을 상담받고 실제로 운영하고 있습니다. 하지만 제가 가진 상가의 입지 성향과 이런 아이템은 맞지 않았습니다.

지금 착수한 저의 부동산과 사업 아이템은 '관광숙박업'입니다.

사업지의 입지 분석 결과 가시성이 좋아 상가로도 우수하나, 수익성 분석 결과 숙박업으로 운영할 경우 더 많은 수익이 발생하리라는 판단에 숙박업으로 개발하기로 결정했습니다.

상가 투자에서 가장 중요한 핵심 요소

성공하는 수익형 부동산 투자를 위해 반드시 공부해야 할 포인트는 3가지입니다.

① 입지 분석 ② 가격 분석 ③ 개발 방향

제 투자가 부산 기반이다 보니 부산을 중심으로 이야기드리도록 하겠습니다.

● 입지 분석: 입지가 가장 우선이다

상가 시장의 양극화는 극명합니다. 특히 지금 같은 고금리 시기에는 핵심 지역의 가격은 더 오르고 외곽 지역은 거래량이 확연히 줄어들었습니다. 그리고 핵심 지역 내에서도 선호되는 입지가 지하철 등의 교통수단과의 동선, 핵점포(집객력 높은 점포)의 위치에 따라 명확히 달라집니다.

2021~2022년, 저는 꼬마빌딩을 구매하기 위해 서울을 수십 번 올라갔고 유명하다는 부동산을 모두 방문했습니다. 하지만 부산 기반인 저의 지역적인 한계로 인해서, 특히 제가 잘 알지 못하는 지역이므로 선뜻 구매하기 힘들었습니다.

또한 서울 꼬마빌딩의 수익률이 부산 대비 현저히 저조했습니다. 하지만 지금 생각해보면 그래도 서울 매수의 기회가 아니었나 합니다. 서울, 특히 강남은 월세 수익률이 아닌 시세차익으로 접근한다는 것을 최근 매매 사례를 보면서 다시 한번 체감하게 되었기 때문입니다.

하지만 강남 매수를 하기에는 자본이 부족했습니다. 한남동과 사당동 매물은 중도금 여력이 되지 못해서 지인들에게 매수를 시켰고, 지인들은 단기 시세차익을 누릴 수 있었습니다. 서울 상가 매수를 하지 못했던 저는 부산 해운대 해리단길에 상가를 매수했고, 최근 매각해 민락동 관광호스텔에 돈을 투입했습니다.

역으로 서울에서 부산으로 꼬마빌딩을 구매하러 오시는 분들도 있습니다. 부산의 꼬마빌딩 시장이 서울 대비 소액으로 투자를 할 수 있으며, 월세 수익도 대출이자를 커버할 수 있을 정도 나오기 때문에 꾸준히 문의가 많은 편입니다. 부산의 꼬마빌딩 및 상권의 선호입지는 다음 세 지역입니다.

• 부산진구 서면/전포
• 수영구 광안/민락

• 해운대구 구남로/해리단길

당분간 이 선호입지 외 새로운 상권이 생겨서 임치인들이 이동하는 상황은 발생하지 않을 것 같습니다. 현재 해당 지역들은 기존 상권이 확장되어 골목상권이 개발되고 있습니다. 독보적인 서면, 광안, 해운대 상권의 특징은 다음과 같습니다.

서면의 경우 부산에서 교통과 일자리의 중심입니다. 광안과 민락은 광안대교와 광안리해수욕장으로 관광특수를 누리고 있는 전국구 상권입니다. 해운대 구남로와 해리단길 역시 해운대라는 유명 관광지, 편리한 교통, 고급주상복합과 레지던스 밀집지로 인기가 높습니다.

특히 최근 상권은 MZ세대가 만들어내는 핫플레이스 위주로 움직입니다. 서면, 광안리, 해운대는 MZ세대의 성지이기도 합니다. 어트랙션(해수욕장 등)과 대중교통을 이용한 접근성이 우수합니다. 또한 MZ세대 감성이 풍부한 소규모 파인 다이닝 및 카페거리가 형성되고 있습니다. 코로나19 시대를 보내면서 퍼블릭한 분위기보다 프라이빗한 공간 등이 인기를 끌고 있습니다. 특히 전포동과 민락동 등에는 10~20평 소규모 주택들이 많아 MZ세대가 창업하기에 부담 없는 규모이기에 더욱 MZ세대의 공간이 되어가고 있습니다.

저는 현재 부산의 가장 핫한 서면, 광안리, 해운대의 모든 상권을 투자하고 중개를 하고 있습니다. 상가 투자는 생물과 같다고 합니다. 자칫 타이밍을 놓치면 소유한 상가가 공실이 될 수 있고 그로 인해 이자 부담을 견딜 수 있을까 하는 두려움이 머릿속을 채우며 상가 투자가 힘들어집니다.

하지만 입지에 대한 확신이 있다면 두려워할 필요가 없습니다. 그러므로 좋은 매물을 만났을 때 알아볼 수 있는 눈을 키우기 위해 평소 관심 지역을 설정, 꾸준히 입지를 분석하는 자세가 반드시 필요합니다.

● 가격 분석: 가격도 경쟁력이 있어야 한다

입지가 좋은 곳은 당연히 가격이 저렴하지 않습니다. 중개사무소에 오시는 손님들 모두가 "싸고 좋은 물건 주세요."라고 말하지만 저는 이렇게 말합니다. "그런 물건은 제가 바로 매수하지요~ 손님한테까지 안 가요~"

상가는 저평가된 것을 사는 게 가장 좋습니다. 하지만 저평가 구간에서는, 특히 상가의 경우 인근 거래 사례가 많지 않기 때문에 감평가가 높게 나오지 않습니다. 그로 인해 대출이 줄어들기 때문에 자기자본이 많이 들어갑니다. 자본 여력이 있다면 발전할 상권에 선진입하는 게 가장 수익률이 높습니다. 하지만 두려울 수밖에 없습니다. '선진입했는데 상권이 형성되지 않으면 어떡하지?' 그래서 저희 같은 투자자는 F&B 사업을 하는 사장님들과 같이 의견을 모아 상권을 형성할 수 있을 곳을 찾아 선진입합니다.

안전한 상가 투자는 상권이 어느 정도 형성되어 있고, 더 확장될 여력이 있는 곳에 진입하는 것입니다. 이 경우 거래 사례가 많기 때문에 매매가와 감평가가 거의 붙어 있습니다. 따라서 대출을 이용한 레버리지를 공격적으로 사용할 수 있습니다. 같은 자본력으로 저평가 지역 진입 시 하나를 매수할 수 있었다면, 이 경우 다수의 상가에 투자할 수 있습니다. 또한 임대가격이 어느 정도 형성되어 있으므로 대출이자에 대한 부담감도 줄일 수 있습니다.

● 개발 방향성: 어떻게 개발해야 할지 명확해야 한다

주택 투자와 다른 상가 투자의 묘미는 개발 방향에 따라서 수익률의 차이가 극명하게 달라진다는 것입니다. 아파트는 리모델링을 잘하더라도, 아무리 직장이 좋은 임차인이 있더라도 이런 차이가 시세에 큰 영향을 끼치지는 못합니다. 하지만 상가는 내가 어떻게 개발하는가, 어떤 임차인이 입점하고 있는가에 따라 수익률이 달라집니다.

가령 신축 또는 증축을 해서 건물을 높이 올릴수록, 입점할 수 있는 임차인의 수가 많아져 임대수익률이 높아집니다. 그래서 가장 높게 올릴 수 있는 상업지가 각광을 받고 가격이 높을 수밖에 없습니다. 상업지라도 그 지역의 특성에 따라 올릴 수 있는 고도가 다 다르니 항상 토지 및 건물을 매수할 때는 토지이용계획원을 확인하는 것을 추천합니다.

건물 및 토지를 매수해 신축 또는 증축으로 가치를 올릴 수도 있고, 기존 건물을 리모델링해 그 가치를 올릴 수도 있습니다. 성공한 리모델링 사례, 아쉬운 리모델링 사례 등 설명해드릴 수 있는 사례는 많습니다. 저 역시 많은 곳을 발품하고, 현장에서 보고 듣고 부딪히면서 노하우를 채워 나가고 있습니다. 그러므로 상가에 투자하려고 하시는 분들은, 신축한 건물 그리고 리모델링한 공간이 있으면 가서 꼼꼼하게 왜 건물주 또는 임차인이 이런 공간구성을 했으며, 자재는 무엇인지, 왜 이 자재를 사용했는지 등을 꼭 살펴보시기를 바랍니다.

실제 투자 사례
민락동 181-35

상가 투자에서 가장 중요한 핵심 요소인 입지, 가격, 개발 방향성에 대해서 설명했습니다. 이제 저의 투자 사례를 통해 보다 이해하기 쉽게 풀어보도록 하겠습니다. 현재 관광호스텔로 개발 진행 중입니다.

● 민락동 사례 입지 분석

일차적으로 광안리 그리고 광안대교라는 불변의 대표 관광상품을 가진 이상, 이 지역이 무너질 리 없다고 판단했습니다. 꾸준히 수영구청에서 불꽃축제, 드론쇼, 어방축제 등 다양한 이벤트를 기획하고 광안리를 관광의 중심지로 만들기 위해 노력하고 있습니다.

그리고 2021년부터 부산에서 F&B로 유명하다는 업장들이 하나둘 광안리와 민락동으로, 특히 광안리에 인접한 민락동으로 진입

하기 시작했습니다. 선진입한 F&B 사장님들이 동종업계의 지인들을 민락동을 소개하기 시작해, 하나의 핫플 클러스터가 형성되었습니다. 이렇듯 매주 진행되는 드론쇼와 트렌디한 업장들이 모이다 보니, 즐길거리 및 먹을거리가 형성되어 이 인근으로 숙박업이 활성화되기 시작했습니다.

여기에 더해 광안리/민락동 일대로 도심재생이 활발히 이루어지고 있습니다. 오래된 수산물도매시장이 오피스텔 등으로 재건축되고 있으며, 민락3구역(가칭) 및 민락5구역(가칭) 등 재개발 예정지가 핫플과 혼재되는 특이상권이 형성되고 있습니다.

이렇게 앞으로 최소 5년 길면 10년간 발전할 가능성이 보이기에 민락동에 과감히 투자할 수 있었습니다. 민락동을 최초 진입했던 2021년에도 민락동 골목상권이 발전할 것이라는 확신이 있었지만,

이렇게 빠르게 가격이 상승하고 핫플들이 들어올 것이라고 예상하지는 못했습니다. 이제는 핫플들이 입점할 곳이 줄어들고, 임대료가 높아지는 현상이 발생하자, 민락시장 안까지 상권이 확장되고 있습니다.

● 민락동 사례 가격 분석

2021년 민락동 골목상권을 최초 진입할 당시 평당 2천만 원 정도였으나 2023년 현재 평당 4천만 원 정도로 급격하게 가격이 상승했습니다. 2021년이 저평가 구간이었다면, 2023년 현재 민락동 상권은 안정화되고 있습니다. 아직 성숙된 상권은 아니며 발전과 확장의 여지가 남아 있습니다.

짧은 시간 내에 가격이 급등한 요인은 이곳이 초기 재개발과 핫플이 교차하는 특이상권 지역이라는 것입니다. 초기 재개발 구역의 높은 가격 거래 사례가 이곳 상가 가격 형성에 영향을 끼쳤습니다.

제가 매수한 민락동 181-35의 경우 주변 시세 대비 가격이 높은 편이었습니다. 예전 시세만 생각한다면 결코 매수할 수 없는 매물이나, 매수금액보다 더 오를 것이라는 지역에 대한 이해가 있었고 개발 방향성이 확실했기에 과감히 매수할 수 있었습니다. 또한 은행 감평가가 매매가보다 높았기 때문에, 금융을 풀기 용이할 것이라 판단했습니다.

● 민락동 사례 개발 방향성 설정

민락동 181-35는 나대지이기 때문에 신축을 할 수밖에 없습니다. 최근 건축비와 인건비가 높아지고 있는 상황에서 건물이 있는 매물이 더욱 인기가 높아지고 있습니다. 건물을 상가로 지을 것인지 숙박업으로 운영할 것인지에 대한 고민을 많이 했으며, 결국 다음의 수지 분석 결과 수익을 극대화할 수 있는 관광숙박업으로 개발하기로 했습니다.

기본 정보

- 대지면적: 88평 / 현황: 나대지(주차장으로 이용 중)
- 준주거지: 건폐율 60%, 용적률 400%
- 연면적: 300평을 넘기지 아니한다. 300평을 넘길 시 규제가 많아진다.
- 주차장: 40평당 1대(7대는 필수다.)
- 토지매입가: 40억 원
- 토지대출(법인으로 실행): 40억 × 80% = 32억 원

사업 방향 1: 근생과 호스텔의 혼재

가장 초기에 생각했던 설계방안으로서, 상가에서 대출이자를 감당하고 숙박업을 운영하는 것으로 추가 이익을 창출한다는 계획이었습니다. 상가 임대수익을 통해 대출이자를 버틸 수 있는 안정적인 방법이긴 하나 수익률이 전체 숙박업으로 운영할 때보다 현저히 떨

어지므로 진행하지 않기로 했습니다.

사업 방향 2: 근린생활시설로 지을 경우

가장 편안한 구조이며, 우량임차인을 선별해 입점시키고 월세 수익으로 이자 부담을 상쇄하며 월세-이자 차액이 나의 수익이 되는 수동적인 수익 창출 방법입니다.

- 토지에 대한 대출이자 부담금액: 40억 원 × 대출 비율 80% = 32억 원(금리 5%로 진행 시 매월 이자 약 1,300만 원)
- 근생 신축 비용: 300평 × 600만 원 = 18억 원
- 근생 신축에 대한 대출이자 부담액: 18억 원 × 대출 비율 70%

로터리형 주차 적용 시 임대 예상가		
구분	면적	임대 예상가
1층	44평	800만 원
2층	44평	500만 원
3층	44평	400만 원
4층	44평	400만 원
5층	44평	400만 원
6층	44평	400만 원
7층	44평	400만 원
합계		3,300만 원

※ 로터리 주차(6대)/자주식 1대

= 대출 약 12억 원(금리 7%로 진행 시 매월 이자 약 700만 원)

• 대지와 건물에 대한 이자 부담 금액: 약 2천만 원

1층 전용면적 등을 최대화하기 위해 로터리형 주차장을 설계 의뢰했고, 7층까지 약 300평 면적으로 신축 가능함을 확인했습니다. 이 계획을 바탕으로 예상 임대가를 계산해보았습니다.

이자를 지급 후 실수령 금액은 대략 1천만 원 정도 됩니다(임대수익 3,300만 원 - 대출이자 2천만 원 = 실수령액 1,300만 원).

사업 방향 3: 숙박으로 건물을 지을 경우

우선 숙박업소를 지을 경우 타깃 고객(숙박객)을 명확히 해야 합니다. 가족 단위 관광객을 상대할 것인지, 커플 또는 친구 단위로 할 것인지 정해져야 객실 수가 나옵니다. 이 객실 수가 수익을 결정하기 때문에 정확한 타깃 설정이 필수입니다.

저는 2인실, 4인실, 8인실이 혼재된 타입으로 진행하기로 했습니다. 커플, 가족, 그리고 파티룸 등 다양한 구성으로 공실이 날 가능성을 최소화시키기로 했습니다. 또한 4인실의 경우 커넥팅룸으로 설계해 공간의 활용성을 높이려고 했습니다.

또한 광안대교 그리고 광안리 바닷가가 보이지 않는 단점을 인테리어와 루프탑 특화설계를 통해 해결하고자 우리와 비슷한 입지 조건의 숙박업소를 방문했었습니다.

숙박업 진행을 위해 고려해야 할 상황 등(초기 설문지)

01. TARGET 선정
- 주변 숙박시설 REFERENCE CHECK
- 각 실의 수용인원
- 객실 수
- 비용
- 부대시설
- 제공사항
- 객실 평형
- 운영 방식 (무인/유인)

----

02. 부대시설 운영계획 (1F)
- 형태: 휴게음식점 / 일반음식점 / BAR
- TARGET: 투숙객 / 아무나
- 객단가
- 운영관리

03. 부대시설 운영계획 (RF)
- 형태: 수영장 / 전망대 / 바비큐시설
- TARGET: 투숙객 / 아무나
- 가격
- 운영관리

----

04. 자금 계획
- 투자자본
- 설계비 [인테리어/건축]
- 시공비 [인테리어/건축]
- 초기비 [가구 및 집기]

- 운영비용
- 고정비 [수건 등을 포함한 소모품]
- 운영비 [청소, 유지관리 비용]

예상 ROI / BEP

설문지를 토대로 살펴본 제가 건축하고 직영하는 숙박시설(연면적 300평 규모)의 경우 예상 순수익은 얼마나 예상할 수 있을까요? 예상 객실 수를 바탕으로 수익은 최소화, 비용은 최대화해 대략적으로 계산해보았습니다.

예상 수익 - 예상 비용 = 8,500만 원 - 5천만 원
= 예상 순수익 3천~3,500만 원 목표

숙박시설 예상

층수	용도	면적 및 평수
지하층	지하수조, 기계실 등	90.00m²(27.23평)
1층	필로티(주차장), 계단실, ELEV	36.00m²(10.89평)
2층	객실(2인실 4실)	145.50m²(44.01평)
3층	객실(2인실 4실)	145.50m²(44.01평)
4층	객실(4인실 2실)	145.50m²(44.01평)
5층	객실(4인실 2실)	145.50m²(44.01평)
6층	객실(8인실 1실)	145.50m²(44.01평)
7층	펜트하우스(8인실 복층)	145.50m²(44.01평)
옥상	사계절 오픈 야외풀	175.00m²(53.00평)
합계		연면적: 999.00m²(302.2평)

예상 수익 상세

구분	매출(옥상 4계절 수영장, 8인실 개별 수영장, 2, 4인실 자쿠지)								
요일	평일			금			토		
객실 종류	2인실	4인실	8인실	2인실	4인실	8인실	2인실	4인실	8인실
객실 수	8	4	2	8	4	2	8	4	2
객실 단가	170	220	450	750	350	600	300	450	750
가동률	60%			95%			100%		
가동일 수	157			50			52		
매출	213,520	138.160	141.300	100.000	70,000	60,000	124,800	93,600	78,000
매출합	492,980			230,000			296,400		
합계(연간)							1,091,380		
합계(월간)							84,948		

- 평균 월 8,500만 원, 성수기는 월 1억 원 이상 목표
- 추가 요금, 성수기 감안하면 연 11억~12억 원 정도 예상됨

예상 비용 상세: 전체 비용 월 5천만~6천만 원 정도

- 인건비 1,000만 원
- 광고비 400만 원
- 수영장 관리비 700만 원
- 일반 관리비 300만 원
- 세탁비 200만 원
- 소모품비 200만 원
- 금융비용(일반대출 32억 원 × 5.5%, 기금 32억 원 × 2.5%) = 1,470만 원 + 670만 원 = 2,200만 원

사업 방향을 검토한 결과 내 건물에 내가 직영하는 적극적인 방식이 가장 수익률이 높으며, 특히 저금리 대출을 이용함으로써 수익률을 극대화할 수 있습니다. 따라서 관광숙박업으로 결정하고 진행하게 되었습니다. 2024년 고금리와 공실에 대한 부담을 피할 수 있는 가장 효과적인 방법이라고 생각합니다.

건축에 있어서 모든 분야가 중요하겠지만, 핵심적인 분야는 설계입니다. 2024년 2월 1일 착공을 목표로 설계를 계속 진행하고 있습니다. 다양한 설계 방향성을 가지고, 지역 특성에 가장 맞는 그리고 대중적인 인기를 가질 수 있는 디자인을 고민 중입니다. 2024년 11월 광안리 불꽃축제 일정에 맞추어 완공하는 것이 목표입니다. 자세한 진행 과정은 돈되는부동산TV 유튜브를 통해 확인하실 수 있습니다.

관광숙박업을 위한 관광기금

관광호스텔로 진행하기로 한 가장 큰 이유는 건축에 있어서 관광기금을 활용할 수 있기 때문입니다. 적법한 절차와 심사를 통과된 업체에 한해 관광숙박업소를 짓는데 2023년 하반기 기준 약 2.26% 정도의 금리로 대출을 실행할 수 있습니다. 2024년 고금리 시대에 과감하게 건축을 하겠다고 결심할 수 있었던 이유도, 건축자금대출을 저금리로 이용할 수 있는 관광기금을 이용할 수 있기 때문입니다. 최근 PF대출이 힘들어져서 많은 건축업자가 관광기금을 활용해 건축을 진행하고 있습니다. 그 결과 관광숙박기금의 소진 속도가 상당히 빨라졌습니다.

가장 중요한 것은 입지와 가격, 2024년 섣부른 투자는 자제할 것

상가 수익률을 극대화하는 방법에는 ① 신축, 대수선, 증축 등의 방법을 통해 건물에 물리적인 가치를 더하는 방법과 ② 우량임차인을 유치해 임대수익을 받는 법 또는 ③ 건물주가 입지에 맞는 사업을 구상해 본인 건물에서 사업을 영위하는 방법이 있습니다. 매 순간이 선택의 영역이며 비용이 발생하므로 신중하게 진행할 수밖에 없습니다. 하지만 상가 투자에 있어서 가장 중요한 것은 역시 '입지'와 '가격'입니다.

특히 2023년 하반기 분위기를 놓고 볼 때, 2024년 이자를 감당하지 못하는 상가매물이 시장에 나올 가능성이 많습니다. 장기화되고 있는 경기침체와 고금리, 그리고 공실이 늘고 상권이 위축되고 있는 이 상황에서 섣부른 투자는 자제해야 합니다. 어떻게 대출이자를 감당할 것이며, 그리고 부동산을 매수를 할 때 매도 방향까지 생각하고 진행해야 할 것입니다.

하지만 여러분도 이미 알고 계십니다. 아무리 경제상황이 좋지 않더라도 누군가는 부동산을 매수하고 매도하면서 수익을 극대화시키고 있습니다. 저의 사례를 통해 여러분도 상가 투자 충분히 할 수 있다는 용기를 가지고 저와 함께 실행하셨으면 좋겠습니다.

장삿갓 유튜브
돈되는부동산 TV

PART 3

흔들리지 않는
자신만의
투자 전략을 세워라

청약보다 매수,
청약전문가가 청약하지 말라는 이유

월용이 박지민

- 저서 『청약맞춤수업』, 『35세 인서울 청약의 법칙』, 『2020 부동산 시그널』
- 블로그(blog.naver.com/sunman30)
- 월용카페(cafe.naver.com/wallyong)
- 유튜브 '월용이의 모모청약'
- 멤버십 '실전청약&분양권'

로또청약은 옛말
공급 절벽이 온다

아파트 청약을 하는 이유는 새집을 '싸게' 사기 위해서다. 그러나 요즘 청약은 비싸다. 싸고 좋은 것은 없다지만, 적어도 아파트 청약에서는 싸고 좋은 새집을 많이 공급했었다. 그만큼 당첨을 위한 경쟁이 아주 치열했으나 수요를 충족시키는 공급이 많았고 청약 전략을 잘 세웠다면 여러 번의 당첨 기회도 있었다.

지금은 반대 상황이다. 공급은 적은데 비싸기까지 하다. 반값 분양가로 인한 로또청약은 옛말이 되었다. 예비청약자의 9할 이상은 청약을 포기하고 매수를 하는 것이 대안이다. '대규모 택지개발지구' 내 공급이 적은 상황부터 확인해본다.

1기 신도시는 29만 세대, 2기 신도시는 60만 세대를 공급했고, 3기 신도시는 38만 세대가 예정되어 있다. 2기 신도시 중 아직까지 공급 중인 택지지구는 평택 고덕신도시, 인천 검단신도시, 그리고 적은 규모만 남아 있는 파주 운정신도시와 화성 동탄2신도시 정도다. 3기 신도시는 2021년 4번의 사전청약을 통해 말 그대로 '사전'에 공급하는 행위를 했지만 아직까지 '본청약' 단계까지 진행한 사

대규모 택지개발지구 내 공급 상황

1기 신도시	면적(천m²)	공급(호)
분당	19,639	97,600
일산	15,736	69,000
산본	5,106	42,000
평촌	5,456	42,000
중동	4,203	41,400
합계		292,000

2기 신도시	면적(천m²)	공급(호)
동탄2	24,039	116,500
운정	16,610	88,200
검단	11,181	74,700
양주	11,186	63,400
한강	11,744	61,300
고덕	13,419	57,200
위례	6,773	44,800
동탄1	9,035	41,500
광교	11,304	31,300
판교	8,922	29,300
합계		608,200

3기 신도시	면적(천m²)	공급(호)
광명 시흥	12,710	70,000
남양주 왕숙1,2	11,040	69,000
의왕, 군포, 안산	5,860	41,000
고양 창릉	8,130	38,000
하남 교산	6,310	33,000
화성 진안	4,520	29,000
부천 대장	3,430	20,000
인천 구월2	2,200	18,000
인천 계양	3,330	17,000
화성 봉담3	2,290	17,000
안산 장상	2,200	15,000
플랫폼시티	2,757	10,416
과천	1,690	7,000
합계		384,416

업장은 없다. 예정 시기마저도 1~3년씩 늦춰지고 있다. 2기 신도시 남은 공급을 24시간으로 표현한다면 지금은 22시, 밤 10시 정도 시각이다.

대규모 택지개발의 공급 부재를 보완할 수 있는 대안은 정비사업이다. 그러나 이것도 지지부진하다. 1기 신도시를 부수고 고치고 다시 짓는 「노후계획도시 정비 및 지원에 관한 특별법」 안이 통과되었지만 시장참여자들과 절차의 무수한 변수를 대입하면 실제 공급으로 이어지기까지는 그 시점을 가늠하긴 불가능하다. 5년 이내도 아닐 테고 10년, 15년, 20년 단위까지 어림잡아 계산할 뿐이다.

재건축, 재개발, 가로주택정비사업, 신속통합기획 등 여러 갈래로 뻗은 사업유형들이 있지만, 이 역시 이해관계자 및 건축비, 사업성 등 세부적으로 따져서 조합이 설립되고 철거, 준공, 입주까지 시점의 예상은 역시 어렵다.

가성비가 사라진 분양가, 청약보다 매수하라

비강남권 전용면적 84m² 분양가가 14억 원을 초과했다. 2022년 12월 분양한 마포더클래시(아현2구역)와 2023년 9월 분양한 상도푸르지오클라베뉴는 후분양이라서 분양가를 아주 높게 책정했다지만, 2023년 7월 광진구에서 분양한 롯데캐슬이스트폴, 2023년 10월

강남권 분양가 현황					
청약시기	단지명	일반공급	청약자수	평균경쟁률	분양가
2022.11	리버센SK뷰롯데캐슬(중화1)	336	2,090	6.22	98,170
2022.12	장위자이레이언트(장위4)	956	2,990	3.13	102,350
2022.12	올림픽파크포레온(둔촌주공)	3,695	13,646	3.69	131,280
2022.12	강동헤리티지자이(길동신동아, 59m²)	106	5,723	53.99	77,500
2022.12	마포더클래시(아현2, 후분양)	53	1,028	19.40	143,100
2013.01.05 서울 규제지역 해제(강남, 서초, 송파, 용산 제외)					
2023.02	영등포자이디그니티(양평12)	98	13,623	139.01	117,900
2023.03	센트레빌아스테리움시그니처(역촌1)	214	1,771	8.28	85,315
2023.04	휘경자이디센시아(휘경3)	329	12,286	37.34	97,600
2023.05	새절역두산위브트레지움(신사1)	121	9,550	78.93	88,500
2023.06	DMC가재울아이파크(가재울8, 59m²)	52	3,328	64.00	88,280
2023.07	서울대벤처타운역푸르지오(신림3)	99	2,213	22.35	102,950
2023.07	청량리롯데캐슬하이루체(청량리7)	52	16,106	309.73	84,700
2023.07	롯데캐슬이스트폴	420	32,795	78.08	149,000
2023.08	래미안라그란데(이문1)	468	28,478	60.85	109,900
2023.08	청계SK뷰	57	8,172	143.37	134,178
2023.09	상도푸르지오클라베뉴	401	4,269	10.65	139,393
2023.09	호반써밋개봉(개봉5)	110	2,002	18.20	99,860
2023.09	보문센트럴아이파크(보문5, 76m²)	40	1,916	47.90	111,500
2023.09	힐스테이트관악센트씨엘(봉천4-1-2, 59m²)	51	2,002	39.25	90,610
2023.10	이편한세상답십리아르테포레(SH)	24	2,094	87.25	116,800
2023.10	더샵강동센트럴시티(천호4)	97	4,522	46.62	142,640
2023.10	이편한세상강동프레스티지원(천호3)	133	9,006	67.71	136,440

광명 분양가 현황					
청약시기	단지명	일반공급	청약자수	평균경쟁률	분양가
2017.06.19 광명 조정대상지역 지정					
2017.12	(16구역)광명에코자이위브	793	1,217	1.53	56,000
2018.08	(4단지)철산센트럴푸르지오	201	3,715	18.48	70,800
2018.08.28 광명 투지과열지구 지정					
2019.09	(7단지)철산롯데캐슬SK뷰클래스티지	417	3,384	8.12	76,200
2020.05	(15구역)광명푸르지오센트베르	272	2,414	8.88	73,600
2020.06	(14구역)광명푸르지오포레나	233	2,979	12.79	70,800
2022.12	(10구역)광명호반써밋그랜드에비뉴	293	184	0.63	87,920
2022.12	(8, 9단지)철산자이더헤리지	930	902	0.97	104,900
2022.11.14 광명 투기과열지구 해제					
2023.04	(1구역)광명자이더샵포레나	422	446	1.06	98,290
2023.07	(4구역)광명센트럴아이파크	425	512	1.20	127,200
2023.10	(2구역)트리우스광명	410	374	0.72	118,600

강동구에서 분양한 더샵강동센트럴시티는 선분양임에도 14억 원을 넘겼다. 강남구에서 개포주공2단지를 재건축한 개포래미안블레스티지의 경우 2016년 분양 당시 전용 84m² 기준 12억 원대로 분양, 2018년엔 개포8단지를 재건축한 개포디에이치자이도 14억 원대에 분양했던 것을 복기하면 5년 만에 강남 아파트 분양가를 따라잡은 것이다. 강남 접근성이 조금 떨어지는 지역도 전용 84m², 10억 분양가는 기본이다.

광명의 사례도 보자. 2017년 5억 6천만 원의 분양가가 6년 만에 두 배로 뛰었다. 투자의 본질이 '보다 싸게 사서, 보다 비싸게 파는 것'이라면 이렇게 갑절 분양가라도 상대적으로 저렴한 경우엔 한 번 해볼 만하다. 그러나 분양 당시 시세를 검색해보면 그렇지 않다.

그렇다면 대안은 청약을 포기하고 적극 매수에 나서는 것이다. 새집을 싸게 분양받을 수 없다면 새집을 싸게 살 수 있는 방법을 찾아야 한다. 그 방법은 아주 쉽다. 분양 소식이 들리면 고개를 옆으로 돌려본다. 이웃단지를 살펴보라는 말이다. 예를 들어보겠다.

2023년 8월, 이문1구역을 재개발한 래미안라그란데의 분양가는 11억 원(전용 84m²)이었다. 인근에 2019년 입주한 2개 아파트가 있다. 바로 래미안아트리치와 휘경SK뷰다.

최고 가격에서 약 20% 하락지점인 10억 원 초중반 대에 중층 매물이 있었다. 래미안라그란데보다 1억 원 이상 저렴하고 보유기간을 감안하면 수익 회수도 짧다. 2025년 1월 입주예정인 래미안라그란데의 비과세 및 일반과세로 매도할 수 있는 시기는 2027년 1월인 데 반해, 래미안아트리치의 경우 매수하고 2년을 보유 후 매도할 수 있는 시기는 2025년 하반기로 그 시점이 빨리 도래한다.

래미안라그란데 대신 휘경SK뷰를 매수했다고 가정하면 입지와 가격에서 비슷한 신축에서의 생활을 누리면서 매도시기도 래미안아트리치 매수 가정과 같은 콘셉트로 가져갈 수 있다.

광명4구역을 재개발한 광명센트럴아이파크를 12억 7천만 원(전용 84m²)에 공급했던 때 준신축 지표아파트인 철산래미안자이 전용

래미안아트리치 매물 상황

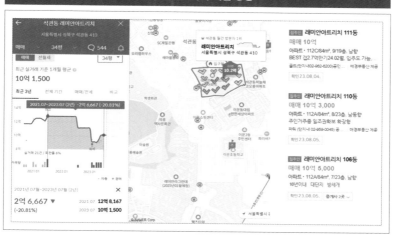

휘경SK뷰 매물 상황

철산래미안자이 매물 상황

■ 철산래미안자이(33평) ✕
■ 철산래미안자이(43평A) ✕

시세견인단지 추가 | 전체삭제

● 매매 ○ 전세 ○ 월세 | ☐ 거래량

16억
14억
12억
10억
8억
6억
4억
2억
0
2018/9 2019/6 2020/3 2020/12 2021/9 2022/6 2023/3

철산래미안자이 112동
매매 10억
아파트 · 110A/84㎡, 17/31층, 남동향
33, 투자매물, 비확장형, 깨끗하고깔끔하고관리잘된집,
빌솜 공인중개사사무소 : 매경부동산 제공
확인 23.08.31.

철산래미안자이 104동
매매 10억 9,000
아파트 · 110A/84㎡, 30/31층, 남동향
15년이내 대단지 방세개 화장실두개
확인 23.09.06. 중개사 2곳 ⌄

철산래미안자이 107동 ↓
매매 11억~11억 5,000 ↓
아파트 · 110A/84㎡, 21/31층, 남동향
15년이내 대단지 방세개 화장실두개
확인 23.09.05. 중개사 6곳 ⌄

철산래미안자이 110동
매매 12억
아파트 · 142A/115㎡, 33/34층, 남향
43 부분확장,북쪽인 조망대좋, 채광통풍좋은 입주마을,철산신
우신N2 공인중개사사무소 : 부동산뱅크 제공
확인 23.08.25.

철산래미안자이 110동
매매 12억
아파트 · 142A/115㎡, 33/34층, 남향
15년이내 대단지 급매 대형평수
확인 23.08.24. 중개사 5곳 ⌄

철산래미안자이 117동
매매 12억 5,000
아파트 · 142A/115㎡, 8/34층, 남서향
15년이내 대단지 급매 대형평수
확인 23.09.01. 중개사 4곳 ⌄

84㎡ 11억 원 전후 매물이 대안이 될 수 있다. 또는 40평형대 중대형 평형과 가격이 만나는 일시적 시점이 올 때가 있다. 위 경우라면 평당가격 환산 시 3억 원 정도의 차이를 벌려야 하는 34평과 43평의 가격 차이를 불과 1억 원 차이로 저렴하게 매수할 수 있는 기회도 온다.

 감당하기 힘들 정도의 가파른 상승을 보인 분양가격에 공급까지 쪼그라든 현재 청약 상황에서는 분양가상한제가 적용된 택지지구의 아주 일부의 반값 아파트나 상대적으로 저렴한 투기과열지구(강남·서초·송파·용산)에서 분양하는 정비사업 분양을 청약 초고스펙으로 당첨될 수 없다면 청약을 포기하고 매수에 적극 나서는 것이 돈과 시간을 아끼고 내 집 마련 시점을 앞당기며 투자수익률까지 높일 수 있는 대안이 될 것이다.

월용이가 보는
2024년

로또청약은 없어졌다, 그래도 신축아파트를 똑똑하게 사는 방법은 아직도 유효하다. 앞서 설명한 '청약 옆, 이웃단지 신축 살펴보기' 외에 3가지 방법을 제시한다.

첫째, 입주장에 산다. 신축아파트를 싸게 살 수 있는 가장 좋은 방법이다. 신축아파트의 입주기간은 통상 두 달이다. 이 기간에 대부분의 실거주자 입주, 전·월세 임차인의 입주가 이뤄진다. 이 과정에서 여러 가지 이유로 인해 입주하지 못하는 매물들이 쏟아진다. 취득세 중과, 분양가 대비 40~60%의 낮은 전세가율 등의 이유, 결국 돈 때문이다. 입주시킴과 동시에 더 많은 자금이 필요하다면 이를 준비하지 못하는 매도인들의 사정으로 인해 급매가 출회되고 입주기간이 지나 급매성 매매, 전월세가 사라지면 그때 제값을 찾아가게 된다.

둘째, 2급지 중대형을 산다. 상급지나 중급지에서 신규 분양을 하고 초기에 미분양이 일부 발생해도 점차 시간이 지나면 계약률이 높아진다. 100% 계약이란 것은 그 가격이 주변에서 인정을 받았다는 뜻이고 이는 인근 가격들의 상승을 견인한다. 그 상황을 미리 상상하고 주변 단지의 중대형 평형의 호가를 살핀다. 이미 2급지 중소형 평형이 어느 정도 가격이 올라 그리 싼 가격이 아닌 것을 확인했다면 분명 같은 단지 내 또는 옆 단지에서의 중대형 평형의 호가는 눌림목 구간에 있을 것이다. 42평을 34평에 조금 더 얹은 가격에 살수 있게 된다. 운이 좋으면 같은 가격에 매수할 수 있다.

셋째, 2기 신도시 막바지 청약과 매수를 동시에 고민한다. 2기 신도시 중에서도 콕 집어서 봐야 할 세 지역이 있다. 검단신도시, 운정신도시, 고덕신도시다. 이 3개 신도시의 신규 분양가는 올랐지만 다른 민간택지에 비해서 적은 수준이다. 시세보다 분양가가 밑이라는 것이다. 이들 지역에서 2024년 분양까지는 아직 청약으로 가성비가 남아 있다. 만약 당첨이 힘들거나 1주택이라면 매수를 고민해도 된다. 'again 2020'을 기억한다. 2020년 가격이라면 충분히 저렴하고, 서울을 비롯한 수도권 핵심지 가격의 높은 반등세에 비해 그 정도가 미미하거나 오르지 않았던 아파트가 분명 존재한다.

나는 왜
임장의 여왕이 되었을까?

앨리스허 허미숙

- 대한민국 지역분석 전문가
- 행투네 대표
- 저서 『부동산 투자로 진짜 인생이
  시작됐다』
- 유튜브 '앨리스허TV'

부자가 되기 위한
부동산 투자

부자가 되고 싶었다. 그것도 매우 빨리. 돈 걱정 없이 아이들을 키우고 싶었고 아이들에게 다양한 경험의 기회를 주고 싶었다. 내가 원할 때 언제든 어디로든 여행을 갈 수 있는 삶을 살고 싶었다. 물건을 살 때 가격표를 보지 않고 살 수 있는 여유. 부모님이 뭐가 필요하다 하면 한 번의 망설임 없이 뭐든 바로 사드릴 수 있는 능력자. 나는 그런 플렉스를 하고 싶었다. 그래서 항상 돈을 긍정했고 단기간에 부자가 되기 위해 부동산 투자를 시작했다.

부자가 되고 싶다고 누구나 다 바로 부자가 되는 것이 아니다. 무턱대고 열심히만 하기보다는 부자가 되는 '방법'을 배워야 하고 꾸준하게 실행하는 '의지'가 필요하다.

짧은 기간 안에 남의 지식을 내 것으로 만들기 위해 몇 권의 부동산 책을 여러 번 정독했고 멘토로 삼고 싶은 분들의 부동산 강의를 수없이 수강했다. 빠른 시간에 학습 효과를 높이는 방법의 하나가 바로 시청각 효과다. 앞서 성공한 사람들의 강의를 듣고 나에게 맞는 방법을 찾아서 그것을 꾸준하게 할 수 있는 루틴을 스스로 만들어야 한다.

설렁설렁 1년에 한두 채를 사서 2년 이상을 기다려야 하는 장기 투자만으로는 빠른 시간에 부자가 될 수 없기에 내가 가진 투자금으로 가능한 많은 집을 사고 싶었다. 그러기 위해 내가 선택한 투자 방법은 전세레버리지 투자였다.

갖고 있는 투자금으로 단기간에 많은 집을 사고자 하니 한 채당 최소한의 투자금을 들일 수밖에 없었다. 적게는 500만 원 많게는 3천만 원으로 집을 한 채 살 수 있다니! 1년 뒤 혹은 2년 뒤에 한 채당 2천만 원씩만 올라도 5채면 1억 원이다. 투자이든 투기이든 중요하지 않았다. 나에겐 한 줄기 빛이었고 새로운 인생을 꿈꿀 수 있는 희망이었다.

투자를 위한
임장의 시작

내가 가야 할 길이 보이고 목표가 보이는데 어떻게 게을러질 수 있겠는가. 나의 목표는 대한민국 전국을 내 발로 직접 밟아보는 것이다. 가야 할 곳은 수없이 많고 나의 시간은 한정적이다.

2014~2015년에는 서울의 변두리 지역(노원구·성북구·강서구 등), 인천 연수구, 수도권(평촌·산본·부천·용인·수원 등) 지역에서도 충분히 소액의 투자금으로 살 수 있는 아파트들이 있었다. 마음만

먹으면 충분히 시간을 쪼개서 임장을 다녀올 수 있는 곳이었다. 그러나 2016년 미세한 상승이 시작되자 갭은 벌어졌고, 나는 소액 투자의 원칙을 고수하고자 지방 및 광역시로 내려갈 수밖에 없었다.

임장을 나가면 하루 종일 아파트를 걷고 부동산 중개사무소를 다니는 고된 일정이었다. 오가는 길이라도 편해야 오래 할 수 있을 듯해서 나에게 작은 사치를 부린 것이 KTX를 타고 내려가서 쏘카(차량렌트)를 이용하는 것이었다. 한 번 지방 임장을 다녀오면 왕복 기차 비용과 쏘카 비용, 식대만 해도 최소 20만 원이다.

하루에 최소 20만 원을 쓰고 내려가서 그냥 설렁설렁 보고 올 수 없었기에 새벽같이 일어나서 새벽 기차를 타고 하루 종일 입에 단내가 나도록 해당 지역을 샅샅이 뒤지며 임장을 다녔다. 점심 먹는 시간도 아깝고 점심값도 아까우니 가장 간단하면서 저렴한 김밥 한 줄, 해장국 한 그릇이 나의 오랜 임장 음식이었다.

가는 지역마다 걷고 또 걷고 부동산 중개사무소에 들어가서 수없이 똑같은 말을 되풀이하면서 귀동냥을 했다. 습관이 되고 나의 창고에 지식이 쌓이는 시간만큼 어느새 나는 부동산 소장님들과 주고받는 대화의 수준이 높아져 있었고 그 지역을 분석하는 예리한 눈을 갖게 되었다.

누구에게나 처음은 어렵고 우왕좌왕하며 좌표가 없다. 나 역시 중개사무소 문을 열고 들어가는 것이 두려워 문 앞에서 서성이기도 했다. 용기를 내어 들어갔어도 버벅거리다가 공부하고 오라는 소리를 듣고 쫓겨나기도 했었다.

처음에는 아파트를 봐도 대체 어디가 좋은 건지, 가서 무엇을 봐야 하는지, 전혀 감이 오지 않으니 '이거 시간 낭비 아닐까?' 반신반의하게 된다. 어찌 첫술에 배부르랴! 가고 또 가야 한다. 한 지역을 여러 번 가다 보면 거주하는 지역주민보다도 내가 더 그 지역을 훤히 꿰뚫어 보는 혜안을 갖게 된다.

"아, 이 동네 암울하구나. 여기 더 떨어지겠구나."
"지렁이도 밟으면 꿈틀하는 가격이구나. 바닥이구나."
"어라? 여기 돈 되겠다. 당장 사야겠다."
"물밀듯이 들어오네. 얼른 팔아야겠는걸."

지금은 초보자 버전으로 중개사무소에 들어가도 내 입에서 나가는 말 한마디 한마디에 부동산 소장님들의 기가 눌린다고 한다. 내 뒤에서 광채가 날 정도라는 농담을 듣기도 한다. 부동산 투자를 하면서 반 무당이 되고 작두를 타는 일이 얼마나 신나는 일인지 직접 경험해보길 바란다.

시작은 내 집 앞 마당, 10년 대계를 세워보자

오랜 세월 회사생활에만 몰두해오느라 내 집 앞마당도 어딘지

몰랐던 내가, 전국을 다니면서 해장국을 먹어온 지 10년이다. 서재에 가득한 내가 직접 만든 전국지도가 바로 나의 역사다. 매주 전국 부동산 현장을 다니면서 쌓은 실전 투자 지식은 돈으로 환산할 수 없는 가치이며, 그것이 바로 거침없는 자신감으로 이어진다.

내가 사는 지역을 시작으로 내가 아는 지역을 조금씩 넓혀 가보자. 시작은 내 집 앞마당이지만 10년 대계를 세워보라. 아는 지역이 많아질수록 나의 선택지도 많아질 것이다. 그 안에서 소액 투자를 위한 '흙 속의 진주'를 찾는 일은 절로 이루어진다.

나는 "최소 일주일에 한 번씩 임장을 나가리라. 수요일은 지도를 만들고 목요일은 무조건 새벽에 집을 나갈 것이다."라고 다짐했다. 나와의 약속을 지키기 위해 나의 계획을 만천하에 알리고 블로그에 임장기를 썼다. 남들은 내가 무엇을 하는지 관심도 없었겠지만, 한두 명의 응원만으로도 충분했다. 나를 알아주고 함께하는 사람들이 있으면 더없이 힘이 되고 오래 달릴 수 있다.

1년 임장 계획을 먼저 세워야 한다. 이번 해에는 서울을 내 손 안에 넣으리라! 서울이 25개구인지도 몰랐던 내가, 서울 25개구의 지도를 직접 만들어서 내 발로 다 걸어보기까지 꼬박 1년이 걸렸다.

올해는 대구를 내 손에 넣어보리라! 인구 250만 명의 수성구, 중구, 달서구, 북구, 동구, 남구, 서구, 달성군까지 모두 돌아보는 데 몇 달의 시간이 걸렸다.

올해는 부산을 내 손에 넣어보리라! 인구 350만 명의 해운대구, 수영구, 동래구, 연제구, 금정구, 부산진구, 북구, 남구, 사상구, 사하

서울특별시 지도

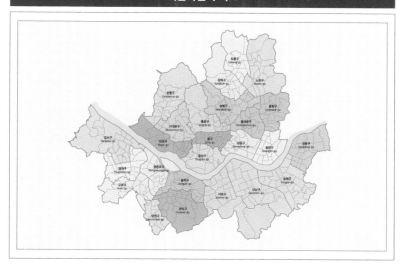

출처: 서울연구원(data.si.re.kr)

대구광역시 지도

출처: 대구광역시(daegu.go.kr)

PART 3. 흔들리지 않는 자신만의 투자 전략을 세워라

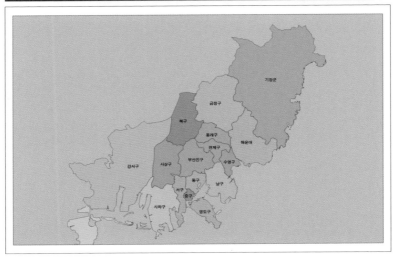

부산광역시 지도

출처: 부산연구원(data.bdi.re.kr)

구, 영도구, 강서구, 기장군, 동구, 서구, 중구 등 부산에 살지 않으면서 한 번씩 모두 돌아보기엔 버거운 대한민국 제2의 도시다.

당장 이번 주에 가볼 지역, 이번 달에 갈 지역, 분기 안에 내 손에 넣을 지역, 1년 동안 가볼 지역 등 세분화된 계획을 세우고 딱 2년만 운동화 끈을 동여맨다면 어느새 나는 부자가 되어 가는 부의 추월차선에 올라타고 있을 것이다. 내가 그러했듯이 말이다.

의지가 약하다면 부동산 투자 친구를 만들어라. 열정이 넘치는 부지런한 사람이면 더없이 좋다. 계획을 세우고 요일을 정해서 무조건 밖으로 나가라. 설렁설렁 걷기가 아닌 시작부터 단단히 준비하고 오래달리기를 해야 한다.

어떻게 시작해야 할지 모르겠다면
지도를 만들어라

부동산 기초반 정규 과정 중 지도 만들기 수업이 있다. 수업 시간에 열심히 지도 만드는 방법을 이야기하면, "이걸 왜 해야 하나. 귀찮다." 하시던 분들이 임장노트를 선물로 받기 위해 열심히 지도를 만들어 들고 오셔서 스스로 너무 뿌듯해하신다.

지도를 만들기 전과 지도를 만들고 난 후의 변화는 해본 사람만이 알 수 있다. 남이 만들어준 지도는 아무 소용이 없다. 내가 직접 자르고 붙여서 만든 종이 위에 빨강, 분홍, 파랑, 초록의 깨알 같은 글씨로 임장 갈 지역을 미리 공부하고 머릿속에 그 지역의 시세를 집어넣는 과정이야말로 진정한 손품이다.

그렇게 직접 만든 지도를 들고 현장에 가서 걸으면서 여기가 왜 좋은지, 대체 왜 비싼 건지, 앞으로 어떻게 발전될 것인지, 돈 되는 아파트는 과연 어디인지, 스스로 보고 느끼고 판단하고 분석하면서 어느새 전문가가 되어 가는 것이다.

부동산 투자에는 정말 다양한 종목이 있다. 분양권 투자, 재개발·재건축 투자, 전세레버리지 투자, 월세 투자, 경매 투자, 상가, 토지, 꼬마빌딩까지 투자의 스펙트럼을 넓힐 수 있는 기본 바탕에는 지역분석이 있다. 한 지역을 내 손바닥 위에 올려놓고 훤히 들여다볼 수 있을 정도가 되면, 돈의 흐름이 보인다. 대체 앞으로 어디가 돈이 되는 지역이 될 것이고 사람들의 동선이 어디로 모이게 될지,

여기가 오르고 나면 그다음에는 어디가 오르게 될지. 그 길목에 가서 나는 사놓고 기다리고 있으면 된다. 그것이 바로 선점이다.

지금 모두가 가리키는 그곳이라면 이미 때는 늦었을 수 있다. 아무도 관심이 없을 때 조용히 바닥에서 사서 무릎 혹은 운 좋으면 허벅지 정도까지만 먹고 나오는 전략이라면 평생을 투자할 지역들은 수없이 많다.

매수를 하기 전에 먼저 예상 수익률을 계산하고 "이 정도의 투자금으로 나는 이 정도만 되면 매도하겠다."라는 매도 계획까지 세우고 들어간다면 안전마진 안에서 움직이는 투자가 가능하다. 물론 그러기 위해서 무엇보다 싸게 사는 것이 가장 중요하다. 싸게 사면 크게 잃을 일이 없다. 싸게 살 수 있는 기회를 잡는 것, 그것이 바로 부동산 투자 성공 법칙이다. "나도 임장의 여왕이 되고 싶다!"라는 의지가 불끈 샘솟는다면 이제 지도를 직접 만들어보자.

임장 지도 만들기
실전편

● 스내그잇으로 지도 캡처 후 출력하기

경기도 안양시 동안구 임장지도를 만들어보자. 화면 캡처 프로그램인 스내그잇(Snagit)을 이용하려고 한다(30일 무료 이용 가능, 프로그램 구입 7만 원).

1. 다음지도(카카오맵)를 띄워 놓는다

2. 안양시 동안구를 치면 빨간색 테두리로 동
   안구가 표시된다.

3. 아파트 동호수까지 보이게 확대하면 지도
가 너무 커지므로 아파트 이름까지만 보이도록 확대 내지 축소한
다. 스내그잇에서 'Start/Stop' 버튼으로 안양시 동안구 지도를
캡처해서 엑셀로 옮긴다.

4. 엑셀에 옮겨진 안양시 동안구 지도를 출력할 때 다음과 같이 설
   정한다.

   * 여백: 사방으로 0.5mm / 확대축소 배율: 70~80%

   * 지역이 너무 넓거나 크면, 구별로 나눠서 만들거나 같은 생활권으로
     쪼개어서 만들면 좋다.

5. 이어 붙일 부분의 한쪽 면 여백을 칼로 자르고 풀칠해서 붙인다.

● **지도에 입지를 찾아서 표시하기**

종이를 오리고 붙인 지도가 완성되면 이제 지도에 갖가지 입지
들을 찾아서 표시해야 한다.

① 교통수단(지하철, 고속도로 및 특별교통수단)을 찾아서 표시한다

아파트 가격을 올리는 가장 큰 요인 중 하나가 바로 교통이다. 아
주 단순하게 말하자면, 강남에 얼마나 접근하기 쉬운가에 따라서 집
값의 순위가 결정된다고 해도 과언이 아니다. 요즘 가장 핫한 교통

엑셀 출력 설정

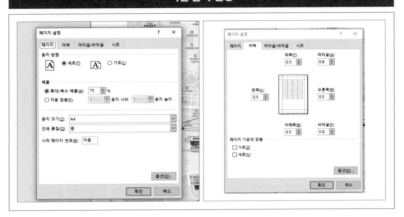

지도 출력 후 붙이기

앨리스허TV 유튜브 채널
#148 스내그잇으로 임장지도만들기, 사전임장 지도만들기 꿀팁대방출 1, 2편

이슈가 GTX인 이유는 그동안 교통 소외지역이었던 곳에 강남 내지 도심으로 30분 안에 도착이 가능한 지하철이 들어오기 때문이다. 교통혁명이라고 할 정도다. 교통이 발달되어 있는 곳은 그만큼 많은 사람의 수요가 있고, 수요에 의해 집값은 결정된다.

② 중심 상권을 찾아서 지도에 표시한다(백화점, 마트, 병원, 상업시설 등)

네이버 지적도를 이용하면 지도에 토지이용에 따라 색깔이 표시된다. 임장 가고자 하는 지역을 지도에 띄워놓고 지적도를 클릭하면, 어디가 중심상업지인지, 공업지역인지, 주거지역인지, 자연녹지인지를 한눈에 볼 수 있다.

중심상업지역이 분홍색으로 표시되니 이곳이 어디인지 지도에

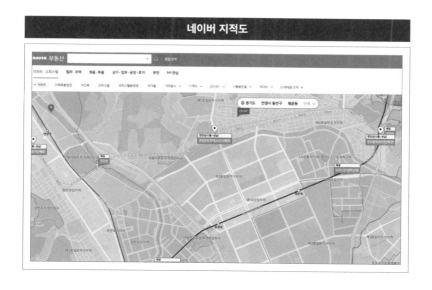

네이버 지적도

찾아서 표시한다. 대부분 사람은 중심상업지역으로 모이게 되고, 상권이 발달한 지역에 편의성이 우수할 수밖에 없다. 백화점, 마트, 병원 및 먹자·놀자 상권이 발달된 중심상업지역을 도보권으로 이용할 수 있는 지역은 당연히 주거 만족도 및 선호도가 높은 지역이다.

처음 가보는 지역에 중심상권을 먼저 파악하면, 대장지역을 찾는 데 큰 도움이 된다. 서울의 강남을 예로 보면 바로 이해할 수 있을 것이다. 물론 여기에 학군(학원가)이 추가된다면 더없이 좋은 환경이 되는 것이다.

③ 랜드마크 아파트 찾아서 표시한다

랜드마크 아파트는 보통 그 지역을 대표하는 가장 비싼 아파트다. 일반적으로 그 지역 부동산 가격의 기준이 된다.

해당 지역에 분양예정인 아파트가 있다면, 랜드마크 아파트와 분양예정 아파트의 입지를 먼저 비교한다. 분양예정 아파트 입지가 훨씬 더 좋다면 분양가격 책정 시, 현재 랜드마크 아파트의 시세와 비슷하거나 높게 책정된다. 반대로 입지가 조금 빠진다면 랜드마크 아파트의 시세보다 낮은 분양가격을 책정할 것이다. 재개발이나 재건축되는 아파트의 일반분양 가격을 산정할 때도 마찬가지다.

그 지역 부동산 시세의 기준이 되는 랜드마크 아파트는 꼭 가봐야 한다. 무조건 새 아파트라고 해서 랜드마크가 되는 것은 당연히 아니다. 왜 그 아파트가 랜드마크가 되었는지 직접 가서 보고 주변 입지를 분석해보는 것이 바로 지역공부다.

④ 해당 지역 주요 아파트들의 입주년도와 세대수를 표시한다

아파트별 입주년도를 지도에 표시하면 해당 지역에 오래된 아파트가 많은지, 신축이 많은지 알게 된다. 신축이 대세인 요즘은 1년이라도 나중에 지어졌다면 가격이 더 높게 형성된다.

입주년도가 더 오래된 아파트임에도 불구하고 가격이 높게 형성되어 있는 경우도 볼 수 있다. 연식 대비 가격이 더 비싼 아파트는 그렇지 못한 아파트보다 입지가 좋기 때문이다. 입지가 곧 가격을 형성하는 좋은 예를 발견할 수 있다.

임장을 가고자 하는 지역에 수많은 아파트가 있다. 입주년도와 세대수를 표시하는 것은 시간이 다소 걸리더라도, 그 지역을 속속들이 파악할 수 있는 가장 좋은 방법이다. 네이버 부동산을 보면서 인내심을 갖고 표시해보자.

아파트 세대수는 1천 세대는 되어야 조경과 커뮤니티 시설도 제법 갖출 수 있고 매매 및 전세 회전이 원활하게 돌아간다. 사전조사 단계에서 아파트 세대수도 적어두면 현장에 나가서 아파트 간 시세 비교할 때 많은 도움이 된다.

신축아파트를 선호하는 가장 큰 이유 중 하나가 조경과 커뮤니티다. 넓은 잔디밭, 중앙광장, 석가산 조경과 티하우스, 실개천, 물놀이터, 산책로 등 아파트단지 자체가 삶의 휴식처가 된다. 커뮤니티 시설에는 수영장, 사우나, 골프연습장, 필라테스, 주민카페, 게스트하우스, 심지어 조·중식 식당까지 있다. 처음에 전세로 살다가 실거주가 만족도가 높으면 대출을 받아서 매수하는 경우가 얼마나 많은

가. 실수요자가 탄탄히 받치고 있는 아파트는 하락장에서도 크게 두려울 필요가 없다.

나의 임장지도 만드는 노하우도 계속 진화한다. 어떻게 하면 그 지역을 한눈에 볼 수 있을까 고민하던 중, 입주년도별로 색깔을 칠해보았다. 예를 들어 신축(분양권)은 핫핑크, 2020년대 5년 이내 신축아파트는 주황색, 2010년대 10년 차 정도 아파트는 초록색, 2000년대 아파트는 나의 관심 밖의 아파트이었기에 색깔을 칠하지 않았다. 반면 현재 내가 가장 중요시하는 아파트 연식은 재건축 연한 30년이 넘은 아파트들로 파란색을 칠했다.

색깔 작업이 끝난 후 지도를 보면 그 도시의 나이를 한눈에 알 수 있다. 핫핑크나 주황색이 많이 보이면 이제 갓 태어나고 있는 도시이고, 파란색이 많이 보이면 재건축으로 젊어질 수 있는 도시이고,

나의 임장지도

색깔이 많이 보이지 않으면 그 도시의 노후화는 심각한 수준이다.

핫핑크나 주황색이 많은 지역은 이제 시세를 리드하는 중심지역이 될 것이고, 노후화가 심각한 지역은 점점 더 힘을 잃어갈 것이다. 즉 사전조사 단계에서부터 어느 지역을 중점적으로 임장을 가야 하는지 알게 된다.

⑤ 주요 아파트들의 시세를 찾아 적는다(매매가격 및 전세가격)

이제 본격적으로 아파트 가격을 조사해서 지도에 표시해야 한다. 네이버 부동산에서 주요 아파트의 매매가격과 전세가격의 매물 시세를 찾아서 적는다. 국민평수 84m²(33평), 중층 기준으로 적는다.

시세를 적다 보면 자연스럽게 가장 비싼 아파트도 알게 되고, 매매가격과 전세가격의 차액도 알게 된다. 이 지역의 대략적인 평균 가격도 알게 된다. 그러다 보면 이상하게 시세보다 비싸게 느껴지는 아파트, 반대로 시세보다 싸게 느껴지는 아파트도 보인다. 그런 것들을 표시해두었다가 현장에 나가서 왜 그런지 이유를 찾아보는 것도 투자 포인트가 된다.

⑥ 신규 분양아파트를 찾아서 적는다

너도나도 신축아파트에 관심이 많은 요즘, 그 지역에 새로 분양하는 아파트는 반드시 관심을 가져야 한다. 특히나 완공 후 그 지역의 랜드마크가 될 만한 분양아파트는 필히 지도에 표시한 후 직접 현장에 가서 입지 분석을 미리 해두면 좋다.

전매가 가능한 물건들은 피가 얼마나 붙었는지, 혹여 마이너스 피는 아닌지 시세도 함께 확인해 지도에 적어두면 그 지역의 부동산 흐름을 쉽게 파악할 수 있다. 랜드마크가 될 만한 입지의 분양아파트는 향후 그 지역의 시세를 이끌어 갈 것이 분명하니 지속적으로 분양권 가격 변화에 관심을 두어야 한다.

2023년 대구에는 마이너스피가 5천만 원에서 1억 원 가까이 되는 분양권들이 곳곳에서 쏟아져 나왔다. 지금의 상황만 놓고 보면 한숨이 절로 나오지만, 이 위기를 누구는 절호의 기회로 이용하고 있다. 대구뿐만이 아니라 부산도 미래가치가 뛰어난 지역임에도 불구하고 미분양이 속출하고 있었다. 이 역시 머지않아 뜨거운 분위기로 반전될 지역 중 하나이니 미분양이 났다는 소식을 듣자마자 버선발로 달려가야 할 지역 중 하나였다. 내가 분양권 투자를 하지 못하더라도 그 지역의 흐름을 파악하는 데 큰 도움이 되는 지표다.

⑦ 재개발·재건축 지역을 찾아서 표시하기

부동산 경기가 바닥일 때는 재개발 및 재건축 사업이 활발하게 진행되기가 힘들다. 부동산 PF대출 이자가 만만치 않고 건축비까지 상승하게 되면 그 부담은 고스란히 조합원 몫이 될 수밖에 없다. 분양가를 높이는 것도 한계가 있다 보니 건설사도 조합도 굳이 급하게 사업을 진행할 이유가 없어진다. 이런 상황이 장기화되면 공급이 부족해질 수밖에 없고 신축아파트 품귀현상도 일어나게 된다. 부동산 상황이 좋아지면서 분양권 열기가 뜨거워지고 그다음 상승 랠리를 이어갈 항목은 정비사업이다.

임장을 가려고 하는 지역에 재개발 내지 재건축 정보를 지도에 표시해보자. 해당 지역에 진행되고 있는 정비사업은 어디 있는지, 단계가 어느 정도까지 진행되고 있는지, 지도에서 찾아서 표시하고 실전 임장에서 반드시 들려보아야 한다. 이들의 사업이 원만히 진행되어 일반분양을 하게 되면, 분양가격은 인근의 가장 비싼 아파트 시세를 기준으로 책정하게 된다. 입지가 좋은 지역이라면 향후 지역의 최신축이 되면서 새로운 랜드마크가 될 것이다.

그렇기에 재개발 내지 재건축이 어렵고 복잡하다고 등한시할 것이 아니라, 최소한 내가 공부하고자 하는 지역에 어떤 사업이 진행되고 단계가 어디까지 진행되었는지는 반드시 알아두어야 한다. 물론 사업성도 좋고 향후 미래가치가 높은 정비사업이라면 최소한의 투자금으로 매수할 수 있는 전략도 짜볼 수 있다.

⑧ 임장동선 짜기

내가 직접 만든 종이지도 위에 사전 조사한 내용들을 꼼꼼히 표시했다면 이미 반 이상은 그 지역이 내 머릿속에 들어와 있다. 내가 만든 지도를 펼쳐놓고 어디부터 갈것인가 임장 동선을 짜보자.

아파트 가격대를 기준으로 크게 1군, 2군, 3군으로 나누어보자. 랜드마크 아파트 내지 신축아파트가 많은 지역을 1군, 그다음으로 가격대를 형성하는 동네는 2군, 오래된 구축이 많은 동네가 3군이 된다.

랜드마크 아파트가 있는 가장 중심지역인 1군부터 임장을 시작하는 것이 그 지역의 흐름을 이해하기 좋다. 크게 블록으로 나누어 차로 돌면서 큰 숲을 먼저 본다. 도로망, 상권형성 여부, 주변 환경 등을 살핀 후 랜드마크 아파트에 주차한 후 도보로 인근 주요 아파트까지 가볍게 다 돌아본다.

그리고 마지막에 반드시 들러야 할 곳은 부동산 중개사무소다. 이렇게 블록 단위로 임장을 하기 위한 동선을 짜서 이제 실전 현장으로 나가보자.

준비를 위한 2024년
위기를 기회로 만들자

"내가 밟은 땅은 돈이 된다."

2023년 한 해를 버티기 매우 힘들었던 분들이 많았다. 흡사 10년 전 2013년을 보는 듯했다. 2024년은 어떤 시장이 펼쳐질 것인가. 세계경기와 맞물린 혼돈의 부동산 시장, 그 누구도 미래를 정확하게 예측할 수는 없을 것이다. 다만 내가 자신 있게 말할 수 있는 것은 반드시 봄은 온다는 것이다. 준비된 자만이 봄이 오고 있음을 알 수 있다.

30% 하락이라는 수치가 현재 자산을 보유하고 있는 사람들에게는 견디기 힘든 현실이지만, 내 자산을 지키기 위해서는 새로운 봄

이 올 때까지 버텨야 한다. 반대로 새롭게 시작하고자 하는 분들에 겐 얼마나 희망적인 숫자인가. 지금 시작하면 30%라는 안전마진이 생기는 것이다. 많이 떨어진 만큼, 그리고 오래 눌려진 시간만큼 새로운 상승 랠리가 이어질 것이다. 그때를 대비해서 나는 오늘도 현장으로 달려간다.

우리는 2024년을 그 어떤 해보다도 분주하게 보내야 한다. 대한민국 부동산이 3년 전 가격으로 돌아가 있는 지금, 이 위기를 기회로 이용하기 위해서는 가능한 많은 선택지를 내 손안에 넣어 두어야 한다. 내가 아는 지역이 많을수록 선택의 범위는 넓어지고 내가 가진 투자금으로 최고의 가성비를 낼 수 있는 지역과 물건에 집중할 수 있는 힘이 생긴다.

선택과 집중을 위해서는 비교와 분석이 필요하다. 비교를 위해 최소한 A와 B가 있어야 한다. 좁은 범위에서는 A물건과 B물건 중 어느 것을 살까? 범위를 넓혀 A아파트와 B아파트 중 어디 아파트가 더 좋을까? A지역과 B지역 중 어느 지역이 더 많이 오를까? 내가 직접 내 발로 걸으면서 보고 듣고 느껴보는 2024년을 만들어보자.

이를 위한 2024년 임장 계획을 세워보자. 어디부터 갈 것인가?

하얀 종이 위에 마인드맵을 먼저 그린다. 나의 목표가 무엇인지(똑똑한 내 집 마련, 1년에 한두 채, 다주택자, 전업투자, 소액 용돈벌이 등), 나의 투자금이 얼마인지, 나의 관심 종목은 무엇인지(분양권, 전세 투자, 정비사업, 경매 등), 이렇게 적은 나의 상황에 따라 각자 가고자 하는 지역이 달라질 것이다.

참고로 나는 소액 투자 전문가이기에 머릿속에는 항상 어떻게 하면 최소한의 투자금으로 최고의 가성비를 낼 수 있는 물건을 살 것인가를 연구한다. 2024년, 나는 수도권과 광역시를 샅샅이 내 발로 다시 걸어보려 한다. 소액의 투자금으로 새것과 새것이 될 놈들을 집중적으로 공략하는 한 해가 될 것이다.

이 글을 읽으시는 독자분들 또한 분주한 2024년을 보내시길 바란다. 현장에서 만나기를!

2024년 꼭 가봐야 할
서울 임장 지역 5곳

휠휠 박성혜

- 플랩자산연구소 대표
- 저서 『입지센스』, 『그럼에도 나는 아파트를 사기로 했다』
- 네이버 '부자지도' 카페 운영
- 유튜브 '부의센스'

부동산 현장답사를 일컬어 '임장'이라고 말한다. 부동산 입지를 확인할 때 손품이나 입품만으로는 부족한 정보를 발품, 즉 임장을 통해 확인할 수 있다.

내 집 마련이나 투자를 위한 정보를 모으기 위해서도 틈틈이 현장을 밟는 사람들을 볼 수 있다. 지도와 데이터로 보는 지역과 발로 밟아 직접 만나보는 지역은 전혀 다른 모습을 하고 있는 경우가 종종 있다. 지표상으로는 저평가 지역이라고 느꼈던 매력적인 지역이 지역의 전반적인 분위기와 환경, 체감상 노후도나 경사 등이 심해 현장에서 아쉬운 부분으로 눈에 띄기도 한다. 또한 평소에는 관심이 없던 지역이었는데 신축아파트가 대거 들어서며 환경이 몰라보게 달라진 곳을 만날 수도 있어 시야를 넓히는 데 도움을 준다.

우리는 집과 회사를 오가며 행동반경이 좁아져 서울에 살면서도 생각보다 서울을 모를 수도 있다. 부동산 투자에서 의사결정 시 꽤 괜찮은 선택지를 손에 쥐고 있다면 조금 더 현명한 판단을 할 수 있는 가능성이 높다. "똑같은 돈을 가지고 왜 누군가는 상급지로 올라가고 누군가는 하급지에 머무르고 마는가." 이 질문에 대한 답을 얻기 원한다면 더 많은 지역을 알아가기 위한 밀도 있는 임장을 권한다.

2024년 꼭 가봐야 할 임장 지역으로 송파구의 송파 남부, 영등포구의 당산과 양평, 강서구의 염창과 가양, 강동구의 천호, 은평구의 재개발 구역의 총 다섯 지역을 꼽아보았다. 재건축·재개발 정비사업으로 지역의 변화가 많은 곳, 기축 단지의 밀집 지역으로 시세의 변화가 미미하나 한번은 발로 밟으며 가치를 재평가해보면 좋을 만한 곳, 지역 내 시세를 이끄는 곳은 아니지만 인근 지역의 개발로 인해 함께 입지가치가 상승할 수 있는 지역으로 안내하고자 한다.

1. 송파구
송파 남부

서울에 내 집 마련을 하거나 갈아타기에 관심이 있는 사람이라면 누구나 한 번쯤 송파구를 마음에 담아봤을 것이다. 서울 내에서 인구가 가장 많은 구이며 그 관심에 걸맞게 거래량 또한 높은 순위에 오르는 곳이기도 하다. 위로 잠실에서 아래로 거여·마천, 위례까지. 신축, 기축, 재개발, 택지지구 등의 다양한 입지와 상품을 만날 수 있다. 송파구는 크게 북부, 중부, 남부로 나눌 수 있다.

송파 북부는 잠실로 대표되는 엘리트레파(엘스·리센츠·트리지움·레이크팰리스·파크리오), 아선(아시아선수촌), 잠5(잠실5단지), 진미크(진주·미성·크로바), 장미 등 굵직한 네임드 아파트로 주거벨트

를 이룬다. 송파 중부는 가락동 방이동의 신축, 재건축 단지로 구성되어 있으며, 송파 남부는 문정동과 장지동, 거여·마천동, 위례신도시로 빼곡하다. 송파구는 잠실의 업무 및 상업시설로부터 위례의 주거지역까지 입지 진폭이 큰 지역이다.

이 중에서 송파 남부 지역 중에서 수도권 제1외곽순환도로 안쪽으로 자리한 문정동과 장지동, 가락동 일부의 재건축 단지를 둘러보자. 가락 농수산물 시장과 올림픽훼밀리타운을 지나면 10년 전과 비교해 천지개벽한 문정동 법조타운을 만나게 된다. 서울동부지방법원과 검찰청, 지식산업센터와 오피스텔, 상권이 즐비하다. 가든파이브와 아울렛, 동남권 물류센터 등 탄천을 끼고 대규모의 업무·상업 복합지구가 들어찼다. 문정동을 지나 위례까지 송파의 남부권이 펼쳐져 있다.

빽빽하게 들어찬 외관으로 회자되는 송파대로변의 문정동 아파트단지는 상업지역에 위치해 편의시설을 누리기에 좋다. 지난 10년간 송파구에서 위례와 더불어 가장 많은 변화가 있었던 곳이다. 빼곡한 비닐하우스로 채워졌던 송파의 남부지역이 문정동 법조타운과 유통단지, 위례신도시로 변했다. 2007년부터 입주한 송파파인타운1~13단지는 장지동의 대규모 주거지로 자리 잡았다. 인근 문정동 136번지 재건축은 힐스테이트e편한세상 문정으로 1,265세대로 최근 일반분양을 진행했다. 많은 사람의 관심에 걸맞게 높은 경쟁률로 청약이 마감되었다.

송파구 가락동의 재건축 4총사 프라자, 미륭, 극동, 삼환 아파트는 나란히 조합설립인가를 받았다. 송파구의 핵심지인 가락동 재건축을 놓고 건설사에서 수주 경쟁을 벌이는 모습도 현장에서는 만날 수 있다. 문정동의 현대1차, 오금동의 상아1차, 우창 아파트도 재건축 절차를 진행 중이다. 재건축 외에도 리모델링을 추진하는 문정동의 건영, 시영 아파트가 있다. 교통과 학군, 환경 등 입지가치가 우수한 송파 남부에 새 아파트로의 변신을 준비하는 재건축 추진단지 현황은 아래 표와 같다.

성동구치소부지는 현재 구치소 건물이 철거되고 공공주택으로 변모할 준비를 하고 있다. 공공분양을 기다리는 이들의 눈이 구치소부지를 향하고 있다. 개롱역 인근의 상아1차 재건축은 사업시행인가와 시공사 선정까지 완료한 단지로 오금동 재건축의 시작을 알리

가락동 주변 주요 재건축 추진 단지					
지역	단지명	준공연도	현 가구 수	계획 가구 수	진행 단계
가락동	프라자	1985년	672	1,068	조합설립인가
	삼환	1985년	648	1,101	조합설립인가
	극동	1984년	555	1,070	조합설립인가
	미륭	1986년	435	612	조합설립인가
	우성1차	1986년	838	967	정비계획안 심의 통과
문정동	현대1차	1984년	514	842	조합설립인가
오금동	상아1차	1984년	226	405	사업시행인가
	우창	1985년	264	미정	2차 정밀안전진단 통과

고 있다. 성동구치소부지 바로 옆으로 소규모 세대의 현대5차 아파트는 2025년 입주 예정이다. 오금공원을 둘러보고 3호선과 5호선이 지나는 오금역에서 귀가하는 코스다. 임장 경로를 따라가다 보면 송파구의 교통, 환경, 상권뿐 아니라 기축 주거지의 변화를 준비하는 모습을 한눈에 보고 느낄 수 있을 것이다.

현장에서 재건축 단지의 진행 단계와 매매가, 전세가를 알아보고 실거주가치 혹은 투자가치를 분석해보자. 관리처분인가 이후의 입주권 상태라면 매매가와 프리미엄, 분담금, 총매매가와 초기 투자금액을 면밀히 살펴야 한다. 인근 신축단지와 비교하면서 지역을 둘러보면 보다 밀도 있는 임장을 할 수 있을 것이다.

2. 영등포구
당산, 양평, 문래

영등포구 당산동은 2호선과 9호선 황금노선이 교차하는 곳이다. 여의도와 인접해 있어 일자리 접근성도 좋아 주거지로 선호도가 높다. 2호선과 9호선이 만나는 당산역, 2호선과 5호선이 만나는 영등포구청역, 2호선과 1호선이 만나는 신도림역 등 편리한 철도망을 갖추고 있다. 촘촘히 들어선 공장과 지식산업센터, 주거지역이 혼재하고 있으며, 더현대 서울, IFC몰, 신세계백화점, 롯데백화점, 타임스퀘어, 코스트코 등 우수한 쇼핑 인프라를 갖춘 영등포의 입지가치

총거리 5.7Km
수요신강+120분

* 주거지역과 준공업지역이 은재린 영등포구 은재린 당산동, 양평동, 문래동의 대장단지. 문래동의 재개발, 재건축 재개발 단지별 단지를 돌려봅니다. 황금노선인 2, 9호선의 더블역세권
당산역 직주근접과 목동학원가의 이용, 양평역 인근의 정비사업인 영등포자이디그니티, 양평13,14구역 및 리모델링 단지의 문래동 대장단지를 만나보세요.

① 당산역 10번출구
② 당산레미안 센트럴아이파크
③ 유원제일1,2 현대1,2,3,6
④ 자이 디그니티
⑤ 양평13,14구역 중흥S클래스
⑥ 문래현대 e편한세상듀클라스
⑦ 문래 힐스테이트
⑧ 문래 자이
⑨ 문래역

를 발로 밟으며 짚어보자.

당산역 주변은 당산삼성래미안, 당산센트럴아이파크로 대표되는 기축과 신축의 대장단지가 자리하고 있다. 편리한 교통과 우수한 교육 여건으로 여의도 다음으로 높은 시세를 형성하고 있다. 매매가 대비 전세가의 비율을 나타내는 전세가율도 높아 주거지로 인기가 높음을 실감할 수 있다. 이 외에도 재건축을 진행하는 단계로 조합 설립을 완료한 유원제일2차와 철거 진행 중인 유원제일1차가 재건축 이후의 변화를 기다리게 한다. 주거지역과 준공업지역의 혼재로 다소 산만한 거리의 모습은 아쉽지만, 이 또한 다양한 얼굴을 가진 영등포구의 매력이 아닐까.

선유도역 인근의 양평동은 아직 건재한 롯데제과공장을 볼 수 있으며, 이 외에도 물류센터와 지식산업센터가 자리하고 있다. 양평역 인근의 재개발 정비사업인 양평12구역은 일반분양 완료 후 2026년 입주를 기다리고 있다. 양평13, 14구역은 공공재개발로 정비사업을 추진하고 있다. 양평12구역의 이웃인 중흥S-클래스는 이미 공장을 재건축해 신축아파트로 입주했다.

문래동으로 내려오면 서부간선도로를 끼고 리모델링을 추진하는 다수의 단지가 있으며 아래로는 문래동4가 구역이 자리해 있다. 서울 서남권의 중심축으로 지하철 1·2호선 환승역인 신도림역, 2호선 문래역, 도림천역과 가까워 교통의 요충지라 할 수 있다. 문래동 4가 도시환경정비사업은 2023년 4월 조합설립인가를 받아 사업에 박차를 가하고 있다.

대부분이 단층의 오래된 철공소나 근린생활시설, 단독주택 등으로 이뤄져 있다. 이곳은 준공업지역이라 일반주거지역보다 용적률을 높게 적용받는다. 재개발을 통해 지하 2~지상 28층, 1,114가구 규모의 아파트와 지하 2~지상 17층 규모의 지식산업센터(지식산업센터 842실+근린생활시설 199실)를 조성할 계획이다. 아파트는 용적률 299%, 지식산업센터는 459%가 적용될 예정이다. 현장의 수많은 건설사 플래카드가 알짜입지임을 증명하고 있다.

구역 내에 근린생활시설이 많은데 주택이 아니기 때문에 다주택자가 매입해도 취득세 중과 등 다주택과 관련된 규제를 받지 않는 부분도 많은 투자자의 관심을 받았던 이유이기도 하다. 인근 문래동 1, 2가 구역의 문래창작촌은 젊은이들이 많이 찾는 카페 등이 들어서면서 낙후됐던 이미지를 벗고 새로운 상권으로 관심을 받고 있다. 문래동 기축 단지의 양 대장 격인 문래힐스테이트와 문래자이는 문래역 인근의 대규모 단지로 실수요자들의 꾸준한 관심을 받고 있다.

문래창작촌 건너 문래고가차도를 넘어서면 2025년 개통되는 신안산선 도림사거리역, 신풍역을 만날 수 있다. 문래동을 넘어 다음 임장 지역으로 신길뉴타운으로 발걸음을 이어 가는 것도 좋은 임장 리듬이라 생각된다.

준공업지역과 주거지역의 혼재된 모습을 볼 수 있는 곳. 지식산업센터와 문래동의 중소규모 단지의 오밀조밀한 모습에 정감을 느낄 수 있는 발걸음이 될 것이다. 당산과 문래를 둘러보면 생태적으로 비슷한 입지 환경을 지닌 영등포뉴타운이 궁금해질 것이다. 발걸음을 더 디딜 수 있다면 영등포뉴타운의 신축, 재개발 진행구역의 현장에 직접 임해보는 것도 좋다.

3. 강서구
염창, 가양

　서울의 서쪽에 위치한 자치구인 강서구. 북으로는 마포구와 경기도 고양시, 동으로는 영등포구, 남으로는 양천구, 서로는 인천광역시 계양구와 경기도 부천시, 김포시에 접한다. 서울에서 서초구에 이어 두 번째로 면적이 넓은 구이며 인구는 56만 명으로 송파구 다음으로 많다. 마곡지구의 개발과 9호선의 개통으로 실거주 및 직주근접으로 인기 지역으로 변모한 강서구의 입지가치를 직접 눈으로 확인해보자.

　임장 코스는 강서구의 한강변 염창동과 가양동이다. 염창동은 중소규모 단지의 민영아파트가 많고 가양동은 택지지구로 반듯반듯하며 대규모 단지로 조성되어 있다. 아쉽게도 한강을 등지고 있는 수많은 아파트를 보면 '한강 프리미엄'이라는 말이 등장한 지 그리 오래지 않음을 알 수 있다. 쓰레기 매립지로 사용되었던 난지도가 맞은편 마포구의 노을공원과 하늘공원으로 변모해 이제는 한강과 더불어 가양동의 복도 조망을 아름답게 만들어주는 요소로 작용하고 있다. 가양동의 서쪽으로는 마곡동, 남으로 등촌동이 자리해 강

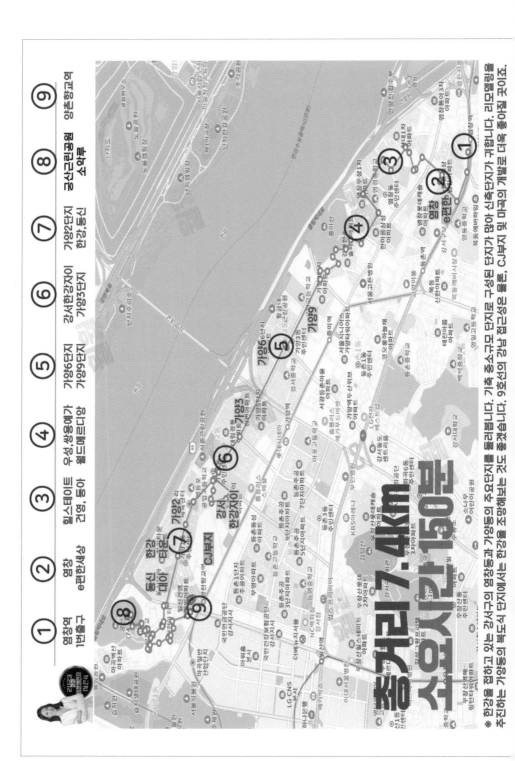

총거리 7.4km
소요시간 150분

① 염창역
1번출구

② 염창
e편한세상

③ 힐스테이트
건영, 동아

④ 우성,쌍용예가
월드메르디앙

⑤ 가양6단지
가양9단지

⑥ 강서한강자이
가양3단지

⑦ 가양2단지
한강,동신

⑧ 궁산근린공원
소악루

⑨ 양촌향교역

※ 한강을 접하고 있는 강서구의 염창동과 가양동 주요단지를 둘러봅니다. 기축 중소규모 단지부터 단지로 구성된 단지가 많아 신축단지가 귀합니다. 리모델링을 추진하는 가양동의 북로식 단지에서는 한강을 조망하는 것도 좋겠지만 9호선의 강남 접근성은 물론, C4부지 및 마곡의 개발로 더욱 좋아질 곳이죠.

서구의 주거 및 업무지로서의 다양한 요소를 형성한다.

가양동 코엑스라고 불리는 CJ 공장부지 개발사업은 2023년 6월 건축협정인가를 통과하며 본궤도에 올랐다. 가양동 CJ 공장부지 개발사업에 커뮤니티형 상업시설인 '스타필드 빌리지'가 입점한다. 총사업비 4조 원에 달하는 CJ 공장부지 개발사업은 지하철 9호선 양천향교역 인근 11만 2,587m² 부지에 삼성동 코엑스(연면적 46만 m²) 1.7배 크기의 업무·상업·지식산업센터를 조성하는 사업으로 2025년 착공이 목표다. 이 외에도 이마트 가양점 부지도 현재 철거를 완료하고 전용면적 84m² 이상 500세대의 고급 오피스텔로 탈바꿈될 예정이다.

마곡지구의 개발로 인해 강서구의 중심축이 마곡으로 쏠린 가운데 기존의 강서구 도심 내의 개발사업의 진행이 강서구 내 주거환경에 의미 있는 변화로 느껴진다.

임장 경로를 따라가면 강서구 한강변 아파트 가양2·3·6·9-2단지의 재건축 추진현황을 살펴볼 수 있다. 가양동 일대는 1992년부터 진행된 가양택지지구 건설사업의 일환으로 2단지부터 9단지(9-1·9-2단지)까지 대단지 아파트가 들어섰다. 9개 단지 가운데 4·5·7·8·9-1단지는 임대 아파트고, 최근 재건축 사업 움직임이 있는 곳은 분양 아파트인 2·3·6·9-2단지다. 가장 늦게 지어진 9-2단지를 포함해 2·3·6단지 모두 재건축 가능 연한을 넘겼다. 입지별 차이는 있지만 단지 모두 지하철 9호선 역세권인 데다 한강변에 위치해 가양동에서도 좋은 입지로 평가된다. 일대에서는 9호선 급행

열차가 지나는 가양역 역세권 3단지와 6단지 아파트가 대장단지로 꼽힌다.

가양동 아파트는 꽤 좋은 입지임에도 그동안 재건축이 쉽게 추진되지 못했다. 단지가 모두 중층 아파트인 데다 용적률이 높은 점이 문제였다. 현재 가양동 재건축 추진 단지들의 용적률은 평균 192~212% 정도로 높다. 게다가 10~20평대 소형 평형으로 구성되어 있다 보니 가구당 평균 대지지분이 작은 편이다.

가구당 평균 대지지분은 조합원들이 평균적으로 소유하고 있는 대지지분을 나타내는 지표다. 지분이 작으면 일반분양도 적고, 지분이 크면 일반분양도 많이 나올 수 있어 사업성을 가늠하는 척도가 된다. 평균 대지지분이 15평 이상으로 나타난다면 기존 물량에서 15~20% 정도 신규 물량이 나올 것으로 추정되어 사업성이 있다고 판단한다. 가양동 재건축 추진 단지들의 가구당 평균 대지지분은 8.2~10.3평 정도다.

재건축을 추진하는 단지치고는 크게 유리한 부분이 없는 편이라 한때 리모델링으로 추진하려는 움직임도 있었다. 하지만 최근 정부가 재건축 규제를 하나둘씩 풀어주면서 가양동 단지들도 재건축으로 사업 방향을 바꿨다. 한강변 강변3단지가 가장 발 빠르게 움직였다. 총 1,556가구 규모 강변3단지는 최근 재건축 예비안전진단을 통과하고 정밀안전진단을 위한 준비를 하고 있다.

염창동은 여의도와 목동이라는 걸출한 주거 상급지 인근의 한강변 지역이다. 입지 설명만 놓고 보면 집값이 무척 비싸야 할 것 같은

가양동 한강변 재건축 추진 단지				
단지명	준공연월	가구 수	현재 용적률	가구당 평균 대지지분
가양2단지	1992년 11월	1,624	195%	29.04m²
강변3단지	1992년 12월	1,556	212%	27.06m²
가양6단지	1992년 11월	1,476	192%	33.99m²
가양9단지(9-2)	1993년 2월	1,005	196%	29.04m²

데 꼭 그렇지는 않다. 9호선 급행역인 염창역에 내려서 염창동을 걷다 보면 아쉬운 점이 눈에 보인다. 신축아파트의 부재와 중소규모의 아파트단지, 조금은 어수선한 도로망이 한강 프리미엄과 우수한 교통망이라는 장점을 희석시키는 면이 있다. 염창역 앞에 위치한 이 지역 유일한 신축단지가 독보적으로 비싼(?) 이유를 현장에서 느껴 보자.

강서구의 한강변인 가양동, 염창동은 9호선 개통으로 여의도와 강남 등 일자리 접근성이 좋아진 점과 양질의 일자리가 모여 있는 마곡지구의 인접 지역이라는 것을 큰 강점으로 꼽을 수 있다. 또한 한강 조망이 가능한 단지가 많은 점도 이 지역의 미래가 기대되는 이유다. 하지만 신축의 부재로 시세를 이끌 수 있는 단지가 부족하고, 재건축을 예정하고 있는 구축들도 대지지분과 용적률을 고려해 볼 때 사업성이 좋지 않다는 점은 아쉽게 느껴진다. 그럼에도 서울의 황금라인인 9호선, 대체 불가능한 한강, 마곡이라는 막강한 일자리는 매력 요소임은 분명하다.

4. 강동구
천호동

강동구의 초입 천호동이다. 상권이 번성한 천호역 인근, 5호선과 8호선이 교차하는 교통망이 좋은 지역으로 인구 밀도가 높은 곳이다. 천호뉴타운과 천호·성내 재정비촉진구역으로 주거지의 변화가 일어나고 있다. 지도로는 볼 수 없는 천호동의 속살로 지도를 따라 가보자.

천호역에서 보는 천호동의 첫인상은 현대백화점과 인근 대형 상권이다. 많은 사람이 오가며 생기가 넘치는 거리는 동네에 대한 궁금증을 불러일으킨다. 천호역을 중심으로 공사현장의 많은 크레인을 볼 수 있다. 초고층 건물이 올라가고 있는 현장 옆으로는 강풀의 만화 거리와 주꾸미 골목이 어우러져 있다.

천호동의 대장 아파트는 단연 강동역 초역세권의 래미안강동펠리스다. 강동역과 지하철로 연결된 이곳은 천호동의 집값 평균치와 크게 차이가 나는 시세 리딩 단지다. 천호동 일대에 처음으로 생긴 대단지 아파트이며, 입주한 지 6년 차이지만 아직 대장 자리를 지키고 있다. 아파트 뒤편으로는 정돈되지 않은 골목상권이 초고층 신축 단지와 대비되는 모습이다. 인근의 올림픽파크포레온과 격차를 두고 시세 연동이 될 곳이다.

천호뉴타운은 현재 2구역 입주를 시작으로 1구역, 3구역이 일반 분양을 완료하며 뉴타운의 퍼즐을 맞춰가고 있다. 천호1구역을 재

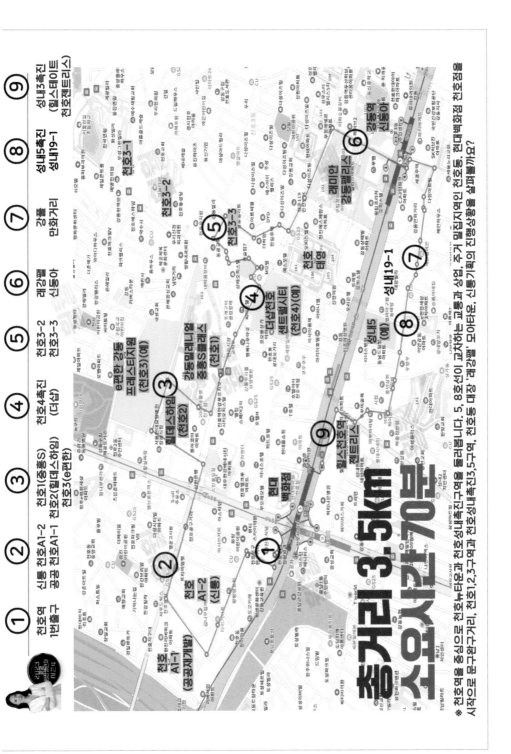

① 전호역
1번출구

② 신흥
공공 전호A1-2

전호A1-1

③ 전호1(중흥S)
전호2(힐스더하임)
전호3(e편한)

④ 전호4촉진
(더샵)

⑤ 전호3-2
전호3-3

⑥ 래강팰
신동아

⑦ 강볼
만화거리

⑧ 성내5촉진
성내19-1

⑨ 성내3촉진
(힐스테이트
전호켄트리스)

총거리 3.5km
전호시간70분

※ 전호역을 중심으로 전호뉴타운과 전호성내촉진구역을 돌더봅니다. 5, 8호선이 교차하는 교통과 상업, 주거 밀집지역인 전호동. 전대박화점 전호점을 시작으로 문구완구거리, 전호1,2,3구역과 전호성내촉진3,5구역, 전호동 대상 '래강팰' 모아타운, 신흥기획의 진행상황을 실펴볼까요?

천호뉴타운 1~3구역 사업 진행 현황				
구역명	단지명	면적	총가구 수	입주시기
천호1구역	강동밀레니얼중흥S-클래스	38,509m^2	999	2024년 9월
천호2구역	힐데스하임천호	9,900m^2	188	2022년 7월
천호3구역	e편한세상강동프레스티지원	22,630m^2	535	2026년 1월

주요 천호·성내 재정비촉진지구 추진 단지				
구역명	단지명	면적	총가구 수	입주시기
천호4구역	더샵강동센트럴시티	17,394m^2	670	2025년 상반기
성내3구역	힐스테이트천호역젠트리스	6,718m^2	160	2024년 3월
성내5구역	디에이치프라퍼티원	7,049m^2	407	2024년 10월

자료: 강동구청

개발한 강동 밀레니얼 중흥S클래스는 천호동의 모든 인프라를 누릴 수 있는 단지로 천호뉴타운 중 가장 규모가 크고 입지가 좋다. 2024년 9월 입주 예정이며 현재 분양권 전매가 가능한 단지이나 매물이 많지 않다. 천호2구역을 재개발한 힐데스하임천호는 천호뉴타운 중 가장 먼저 입주한 단지이나 188세대로 단지 규모가 작은 것이 아쉽다. 시세는 아직 입주하지 않은 천호1구역에 비해 낮게 형성되어 있다. 천호3구역을 재개발한 e편한세상강동프레스티지원은 총 535세대로 2026년 1월 입주 예정이다. 그 외 천호뉴타운 구역에서 해제되었던 12·4·5·6구역도 통합 모아타운으로 다시 추진하는 움직임이 있다.

천호뉴타운과 인접한 천호3-1구역, 3-2구역, 3-3구역 일대는 구릉지 언덕에 노후된 단독·다세대 밀집 지역이다. 낡은 주택가가 빼곡히 모여 있어 천호동에서 집값이 제일 저렴하다. 래미안강동팰리스와 2차선 도로를 사이에 두고 있지만 동네가 극과 극으로 대비되는 곳이다. 천호3-2구역과 천호3-3구역은 재개발이 확정되어 신속통합기획(이하 신통기획) 안이 확정되었고, 천호3-1구역은 정비계획 수립 중이다.

이번에 결정된 정비계획에서는 천호3-2구역과 인접한 3-3구역 간 조화를 이루는 개발을 유도하기 위한 통합적 가이드라인을 마련했다. 향후 재개발을 통해 공공보행통로를 조성해 이동 편의성을 높이고 주민들의 커뮤니티 활동을 촉진할 계획이라고 한다. 이번 정비사업을 통해 이 일대 주거벨트가 같이 형성되면 시너지는 대폭 커질 것으로 보인다. 천호3-2구역은 총 420세대, 최고 23층으로, 천호3-3구역 총 568세대, 최고 24층으로 개발될 예정이다.

천호동 개발의 다른 한 축은 천호·성내 재정비촉진지구다. 천호·성내 재정비촉진지구는 천호역에서 강동역 구간의 준주거 및 상업지역이다. 현재 성내 3구역, 성내 5구역, 천호 4구역이 정비사업을 진행 중이다.

향후 천호·성내 정비사업이 완공되면 이 일대에 약 3천 가구 규모의 신흥 주거지가 형성되는 것이다. 추가로 나머지 존치관리구역과 존치정비구역도 노후도가 매우 높기 때문에 정비사업이 진행된다면 이 일대 더 많은 변화가 예상된다.

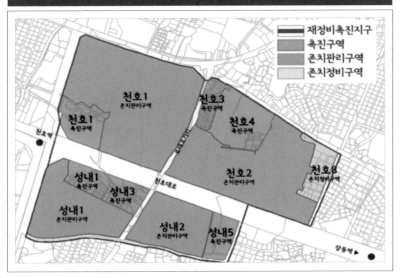

재정비촉진지구
촉진구역
존치관리구역
존치정비구역

천호1
존치관리구역

천호3
촉진구역

천호4
촉진구역

천호1
촉진구역

천호역

천호2
존치관리구역

천호8
존치정비구역

성내1
촉진구역

성내3
촉진구역

천호대로

성내1
존치관리구역

성내2
존치관리구역

성내5
촉진구역

강동역 ▶

자료: 강동구

　　천호·성내 촉진4구역을 개발한 더샵천호센트럴시티는 최고 38층 주상복합, 총 670세대(오피스텔 323실, 오피스 272실)로 최근 일반분양을 완료했다. 천호동 로데오거리를 끼고 있고, 천호역과 강동역 역세권 단지로 천호동의 모든 인프라를 누릴 수 있는 곳이다. 성내3구역 힐스테이트천호역젠트리스는 최고 45층, 총 182세대 주상복합(아파트 160세대, 오피스텔 182실)으로 천호역 초역세권단지로 2024년 3월 입주 예정이며 천호역의 스카이라인을 바꾸어 놓았다. 성내5구역을 개발한 디에이치프라퍼티원은 최고 42층, 총 408세대 주상복합으로 2024년 준공 목표로 공사가 한창 진행 중이며 후분양

예정이다. 천호역과 강동역을 모두 이용할 수 있는 단지로 성내동의 저층 주거지 사이에서 단연 돋보이는 곳이다. 이 외에도 천호8구역과 성내19-1구역 등이 정비사업구역으로 더디지만 새 아파트로 바뀔 채비를 하고 있다.

한강변의 천호A1-1구역과 천호A1-2구역은 각각 공공재개발과 신통기획으로 개발이 추진된다. 인근 유적 풍납토성 경관을 고려해 일부 면적이 높이 규제를 적용받는다. 구역 면적의 약 3분의 1 정도가 '역사문화환경 보존지역'으로 묶여 8~14층 높이 규제를 적용받고, 규제를 적용받지 않는 부분은 층수를 완화해 한강변 40층 아파트로 추진한다.

이 일대는 천호역 더블역세권과 한강시민공원 등 우수한 인프라를 보유한 구역으로 한강과 가까운 입지적 강점을 살려 통합적 검토를 통해 공공재개발(천호A1-1)과 민간재개발(천호A1-2)이 서로 윈윈하는 자연·역사·문화가 어우러진 쾌적한 주거단지로 만들 계획이라고 한다. 천호동은 문구 완구거리, 공구거리, 주꾸미 골목, 로데오 상권 등 다양한 리테일과 상권의 합을 볼 수 있는 곳이며 전체적으로 저층 노후주거 밀집지역으로 신통기획, 재개발 정비사업 등이 활발히 추진되고 있다.

주거지로서는 살짝 아쉬운 인근 환경과 상권, 학군이나 강남 접근성 및 을지로, 종로 등 핵심 일자리 지역의 접근성이 좋은 곳. 과거 상업지구의 역할에 더 집중되었던 천호동이 이제 한강 조망권을 품은 신축 주거지로서 잠실과 둔촌 사이에서 향후 어떤 주거지로 평가될지 기대된다. 임장 코스가 짧아 임장 체력이 아쉬운 분들도 한 번 따라가볼 만하다.

5. 은평구
재개발 3총사

은평구는 종로구, 서대문구, 마포구와 인접한 지역이다. 서울의 서북권 끝자락이라는 느낌이 강했지만 고양시 덕양구의 주거벨트가 은평구의 뒤편으로 들어오면서 배후수요가 생겨났다. 독바위역에서 불광역, 연신내역으로 이어지는 6호선은 모아타운, 3080+, 신통기획 등 다양한 형태의 정비사업으로 지정되었으며 지정을 추진하는 곳이 많다. 이 지역을 걸어보면서 유난히 많은 다세대주택에 놀랄 것이다. 강서구, 송파구와 더불어 은평구는 서울의 3대 다세대 밀집지역이다.

은평구의 미래 입지가치를 논할 때 GTX-A 노선을 빼고 이야기하는 것은 불가하다. 2024년 GTX-A 개통으로 서울역까지 빠르게 닿을 수 있고, 2028년 이후 삼성역까지 10분 이내에 닿을 수 있다고 하니 가히 교통 혁명이라 할 수 있다. 이번 임장은 은평구의 재개발 정비사업을 중심으로 둘러보기로 하자. 은평구의 일명 재개발 3대장은 대조1구역, 갈현1구역, 불광5구역이다.

대조1구역은 재개발 3대장 가운데 가장 속도가 빠른 구역으로

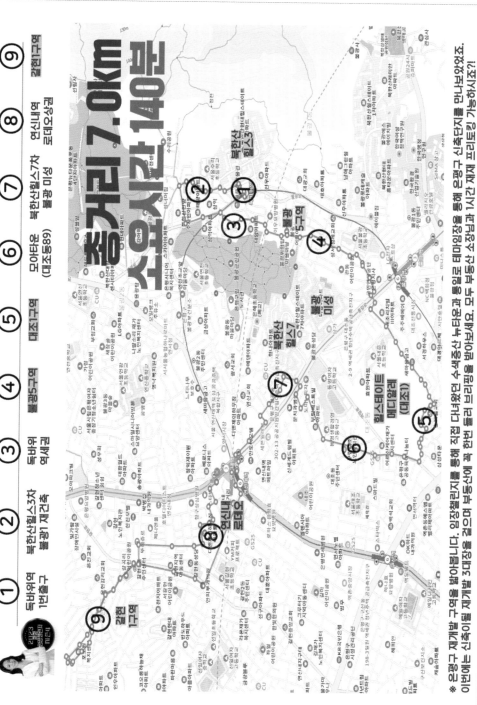

총거리 7.0km 은평구 미사가 140분

①	②	③	④	⑤	⑥	⑦	⑧	⑨
독바위역 1번출구	북한산힐스3차 불광1 재건축	독바위 역세권	불광7구역	대조1구역	모아타운 (대조동89)	북한산힐스7차 불광 미성	연신내역 로데오상권	갈현1구역

※ 은평구 재개발 구역을 밟아드립니다. 임장철린지를 통해서 직접 다녀왔던 수색증산 뉴타운을 통해 은평구 신축단지를 만나보았었죠. 이번에는 신축이될 재개발 3대장을 걸으며 딱 한번 둘러 브리핑을 받아보세요. 모두 부동산 소장님과 1시간 재제 프리토킹 가능하시죠?!

은평구 재개발 3대장			
구분	대조1구역	갈현1구역	불광5구역
면적	111,665m²	238,966m²	117,939m²
용적률, 건폐율	243%, 25%	230%, 33%	235%, 20%
동수, 층수	28동, 25층	32동, 22층	32동, 24층
시공사	현대건설	롯데건설	GS건설

세대수	조합원	1,478	2,679	1,507
	일반	605	817	505 (설계 변경으로 늘어날 듯)
	임대	368	620	374
	계	2,451	4,116	2,387
	일반/조합원 비율	40.9%	30.4%	33.5%

힐스테이트메디알레로 건축 중이다. 2,451세대로 2026년 1월 입주 예정이다. 현재 조합원 동호수 추첨을 완료했으며 올 하반기 분양을 준비하고 있다. 인기 많은 국민평형인 84m²의 일반분양은 없다고 한다. 불광역과 역촌역이 가까워 3호선과 6호선을 이용하기에 편리하다. 불광역 주변의 상권과 연신내역 상권까지 이용하기에 두루 편리하다. 신축, 역세권, 초품아(초등학교를 품은 아파트단지), 무엇보다 은평구에서 보기 드문 평지라는 점이 매력적인 곳이다.

59m² 조합원분양가 5.09억 + 프리미엄 4.0억 = 총매매가 9.59억
84m² 조합원분양가 6.4억 + 프리미엄 5.0억 = 총매매가 11.4억

갈현1구역은 북한산시그니처캐슬로 총 4,116세대로의 변화가 예정되어 있다. 연신내역에서 로데오 상권을 따라 급경사를 올라가면 갈현1구역을 만날 수 있다. 98% 이주가 진행되어 철거 직전의 음산한 느낌이 맴돈다. 3호선, 6호선, GTX-A 트리플노선인 연신내역과 가깝고, 갈현초, 선일여중고, 대성고가 통학 거리에 있다. 연신내역에서 구산역으로 이어지는 학원가와도 가까워 은평구 내의 학군지를 형성할 수 있을 곳으로 예상된다.

$59m^2$ 조합원분양가 4.82억 + 프리미엄 2.7억 = 총매매가 7.52억
$84m^2$ 조합원분양가 6.19억 + 프리미엄 3.0억 = 총매매가 9.19억

분담금 납부 조건도 입주 후 전액 납부, 일명 '0-0-100%'라 초기 부담 외에는 입주 시까지 추가 비용은 들지 않는다는 장점도 있다. 그러나 시간이 지남에 따라 이러한 조건 또한 변경될 가능성이 있다.

불광5구역은 북한산자이더프레스티지로 세대수 총 2,387세대로 GS건설에서 시공 예정이다. 재개발 3대장 중 속도가 가장 더뎌 현재 관리처분인가를 앞두었다. 불광역과 독바위역의 초역세권으로 3호선과 6호선을 이용하기에 수월하다. 불광역 인근의 NC백화점 및 상권 이용이 편리하며 초품아에 북한산국립공원, 불광근린공원이 인접한 숲세권 아파트로 조성될 예정이다.

59m² 조합원분양가 5.53억 + 프리미엄 2.8억 = 총매매가 8.33억

84m² 조합원분양가 6.95억 + 프리미엄 3.5억 = 총매매가 10.45억

분담금 납부 조건도 0-0-100%로 수요자 입장에서 장점이 있다.

은평구 재개발 3대장 중 대조1구역이 사업속도와 연신내역을 도보로 걸어갈 수 있는 등의 입지가치, 초품아에 평지 등 돋보이는 장점으로 현재 매매가가 가장 높게 형성되어 있다. 역세권 및 주변 환경 등을 고려하면 불광5구역의 입지가 가장 좋아 보인다. 갈현1구역은 연신내 인근의 대규모 신축단지라는 점과 매매가의 가성비 면에서 주목해야 할 곳이다.

정비사업지 임장 전 이것만은 꼭!

정비사업지의 임장은 왠지 두렵다. 부동산 중개사무소에 들르지 못하고 망설이게 된다. 기본적인 정비사업의 메커니즘을 알고 가야 한다. 부동산중개소 소장님은 부동산 선생님이 아니다. 하나부터 열까지 모든 것을 현장에서 다 배울 수는 없다. 매수를 하려고 하는 진성 고객은 기본적인 정보를 알고 온다.

부동산에서 소장님과 1시간 자유롭게 이야기를 나눌 수 있으면 정비사업 임장보다 재미있는 곳은 없다. 재개발·재건축 물건의 총

매매가와 초기 투자금액을 분석해보고 인근 신축단지와 그 가치를 비교해보는 작업을 할 수 있으면 '나만의 강남' 선택의 폭이 넓어진다. 서울 신축아파트의 85% 이상이 정비사업으로 공급되는 것을 알아야 한다. 서울에 더 이상 아파트를 지을 땅이 없다는 말이다. 재건축·재개발이 어려운 초보들을 위해 '재·재 프리토킹 공식'을 간단히 소개하겠다.

(헌집)매매가 + 추가분담금 = (새집)총매매가

조합원분양가 + 프리미엄 = (새집)총매매가

(헌집)매매가 − 권리가 = 프리미엄

권리가 + 추가분담금 = 조합원분양가

이 간단한 공식만 알면 소장님과 재개발 물건을 놓고 마음 편히 이야기 나눌 수 있다.

은평구 재개발 3대장 코스를 임장 후 "오늘 하루 보람 있었다"로 끝낼 것이 아니라 재개발의 매매가와 인근 녹번역 인근 신축단지, 수색증산뉴타운의 신축단지와 매매가를 비교해보자. 개별구역의 진행 단계에 따라 투자가 가능한지 각자의 상황을 살펴보는 것 또한 중요하다. 실거주인지 투자 목적인지 투자 기간은 단기인지 장기인지 등의 특수성을 고려해 임장 지역과 상품을 살펴보다 보면 조금 더 나에게 맞는 임장 방법을 찾아갈 수 있다.

부동산 투자를
지속하기 위한 임장

   많은 사람이 내게 임장하는 법을 알려달라고 한다. 100명이 임장을 하면 아마 100개의 임장 방법이 나올 것이다. 임장 방법은 지극히 개인적이고 개별적이다. 임장을 행하는 실질적인 결이 중요한 것이 아니다. 그러나 임장을 준비하는 방법과 포인트에는 정답이 있다. 바로 사전 준비를 잘해야 한다는 것이다.

   임장만큼 아는 만큼 솔직히 보이는 것이 있을까. 지역을 잘 모르고 가면 볼 수 있는 게 적을 수밖에 없다. 손품과 입품의 수고로움이 있어야 효율적인 임장을 할 수 있다. 낯선 지역이라면 덩어리를 크게 나눠서 생각하고 분석하자. 예를 들면 송파 북부의 잠실, 중부의 방이·오금, 남부의 가락·문정·장지·거마·위례로 나누고 거기서 각 섹터별 특징과 개별단지를 분석하자.

   임장은 단순히 지리적인 위치와 지역의 분위기만을 보기 위함이 아니다. 손품만 팔아도 80% 이상의 정보를 다 알 수 있다. 그러나 임장을 다녀보면 안다. 임장의 필요성을. 현장에서만 얻을 수 있는 정보는 무엇인지 말이다.

   임장 시에는 반드시 부동산에 들러 지역과 상품에 대한 브리핑을 받는다. 손품으로는 알 수 없는, 지역을 가장 잘 아는 소장님을 통해 얻을 수 있는 정보가 있다. 다시 오지 않을 것처럼 고난의 행군을 하지 말자. 20km 걸어야 잘한 임장은 아니라는 것이다. 조금씩 시간 날 때 끊어서 하는 생활 임장이 기억에 더 오래 남는다.

임장은 우리가 부동산을 평생 함께하기 위해 하는 소풍이었으면 좋겠다. 2024년은 5곳의 임장지역을 넘어 생활 임장을 실천해보면 어떨까. 부동산이 보다 입체적이고 친근하게 다가올 것이다.

 유튜브
훨훨의 임장챌린지

별 볼 일 없는 토지로
큰 수익 얻는 경매 테크닉

온짱 박재석

- 전 (주)해태음료 총무·법무팀장
- 온짱이 하는 경매이야기 카페지기
- 현 (주)온베스트먼트 대표이사
- 저서 『너는 월급쟁이 나는 경매부
  자』, 『그것들의 경매』

어찌 보면 부동산 투자 분야에 있어서 '똥'은 여기저기 널려 있다. 평생 월급쟁이로 살아온 중장년 제자가 올림픽선수기자촌 아파트를 경매를 통해 낙찰받고 소유권을 취득하는 과정 역시 결과로만 보면 너무 부러운 일인데, 보통의 사람들에게는 똥 같은 분야로 보일 수도 있다. 일반매매로 평범하게 취득을 한 것이 아니라, 경매라는 일반적이지 않은 통로를 통해서 취득을 했기 때문이다. 이에 반해 대부분의 사람들은 눈에 확실히 보이는, 안전한 투자만 하려고 하니 늘 수익과 거리가 먼 투자, 또는 회수하는 데 있어 오랜 시간이 걸리는 투자를 하고 살아가는지도 모른다.

'똥 같은 토지' 나이키 땅이 어때서?

부동산 경매에 관심이 있는 연령대는 다양하다. 수강생 중에는 26세의 청춘도 있고, 필자의 어머님과 비슷한 연령대인 40년대생도 간혹 있다. 30대 중반부터 40대 후반까지가 가장 많이 보이나, 성공의 연령대는 굳이 나이로 정할 이유가 없다고 생각한다. 단지 젊은

경기도 고양시 토지 경매 사례

2019타경12950 · 의정부지법 고양지원 · 매각기일 : 2021.04.07(水) (10:00) · 경매 2계(전화:031-920-6312)

소재지	경기도 고양시 일산서구 구산동 604-2 [도로명검색] [D지도] [지도] [주소 복사]						

				오늘조회: 1 2주누적: 2 2주평균: 0 [조회동향]			
물건종별	대지	감정가	76,632,000원	구분	매각기일	최저매각가격	결과
					2020-07-15	76,632,000원	변경
토지면적	전체: 206㎡(62.32평) 지분: 103㎡(31.16평)	최저가	(49%) 37,549,000원	1차	2020-09-23	76,632,000원	유찰
				2차	2020-11-04	53,642,000원	유찰
건물면적		보증금	(20%) 7,509,800원		2020-12-09	37,549,000원	변경
				3차	2021-01-27	37,549,000원	매각
매각물건	토지지분매각	소유자	김○○	매각 57,750,000원(75.36%) / 19명 / 미납 (차순위금액:50,000,000원)			
개시결정	2019-10-28	채무자	김○○				
사건명	강제경매	채권자	한국자산관리공사				

나이에 투자하기 위해서는 투자금이 있어야 하는데, 타고난 갑부집 자녀가 아닌 우리가 과연 처음부터 20억, 30억 원의 아파트에 투자할 수 있을까? 그렇다 보니 지방의 갭투자 등을 하면서 조금씩 자본금을 키워 나가는 것이고 필자처럼 특수물건에 관심을 가지고 세월을 친구 삼아 성과를 내다 보면 어느덧 수십억 원짜리 물건이 친근한 시점이 다가오기도 한다.

위 경매물건 또한 큰 투자금을 가지지 않고 할 수 있는데, 감정가격은 7,600만 원 정도로 책정되었다. 토지면적에 보면 전체 206m²(62.32평)라고 적혀 있는데, 그 아래에 붉은색 글자로 103m²(31.16평)라고 적혀 있다. 즉 '지분경매' 물건이다. 해당 물건을 기준으로 보면 한 사람이 부동산 전체를 모두 소유하고 있는 것이 아니라, 두 사람이 각각 50%씩 소유하고 있는 상태에서 남편의 지분이 경매로 나온 것이다.

감정가격 대비 49%까지 유찰*이 되다 보니 적은 돈으로 투자수익을 내고 싶은 사람들이 입찰경쟁을 펼친다. 총 19명이나 경기도 고양시에 있는 고양지방법원에 아침부터 모여서 경쟁했다. 감정가 7,663만 원에서 49%까지 유찰되어 3,754만 원에 경매를 시작한다고 하니 다들 거리가 멀어도 몰려오는 것이다. 1등은 5,775만 원을 썼고, 2등(차순위)은 5천만 원을 썼다.

경매에서 낙찰을 받으면 자신이 입찰할 때의 입찰보증금(10%)은 법원에 보관해둔다. 그리고 법원이 지정한 날에 잔금(90%)을 납부하면 소유권을 취득하게 된다. 그런데 3차 매각에서 1등을 한 낙찰자는 '미납'을 했다. 낙찰자가 법원에 납부한 10% 입찰보증금(375만 원)을 포기하고 낙찰을 받지 않은 것이다. 이런 경우는 거의 일어나지 않지만, 또 찾아보면 가끔 보이기도 한다. 그만큼 어설픈 경매지식으로 입찰하는 사람들이 많다는 뜻이다. 낙찰받고 나서 잔

• 매각기일에 입찰자가 없는 경우 유찰이라고 한다. 즉 매각기일에 매수하고자 하는 사람이 없어 매각되지 아니하고 다음 매각기일로 넘어가게 되는 경우를 말한다. 통상 최저매각금액에서 20% 저감한 가격으로, 다음 매각기일에 다시 매각을 실시하게 된다. (출처: 대한민국 법원 법원경매정보)

금 준비가 안 되거나 낙찰받은 부동산 물건에 보이지 않는, 또는 감당할 수 없는 문제가 발생해 자신의 보증금을 포기한 것이다.

특별한 문제가 있어서 미납을 했다면 필자도 더 이상 이 물건을 쳐다보지 않겠지만, 아무리 봐도 문제가 없다. 즉 꽤 괜찮은 물건이고 앞으로 저 지역의 발전도 상당히 기대되는 곳이라 부동산을 가지고 있다면 수익이 기대되는 토지임에는 분명하다.

누구나 관심을 가진 대한민국의 GTX-A 노선, 킨텍스에서 해당 물건의 위치는 정말 가깝다. 네이버 지도에서 거리 측정을 해보면, 4.2km다. 자전거 타고 가면 18분, 승용차로는 5분 이내 거리다.

주변이 벌판과 논, 밭 등으로 되어 있더라도 저기는 계획관리지역 토지다. 그리고 주변에는 이미 많은 주택과 창고, 공장이 들어서서 각자의 삶과 사업을 잘 운영하고 있다. 지도에서 빨강색 동그

라미 안에 붉은색 '나이키' 모양의 땅이 보이는가? 저 나이키 땅의 1/2지분이 경매로 나온 것이다.

필자가 이렇게 말하니 좋아 보일 순 있지만, 독자들 눈에는 가치가 없는 땅으로 생각될 수도 있다. 하지만 현장을 가 보면 다르다. 인근의 자유로 등 신설된 도로를 활용해 승용차로 내려가 보고, 다시 대로로 올라가다 보면 정말 이 물건은 돈이 되겠다는 생각을 할 수 있다. 서울에서 가까워도 너무 가깝고, 도로도 잘 발달했다.

이 토지는 어떻게 활용할 수 있을까? 연구생 인석이 주목한 것은 자동차 경정비 가게였다. 서울을 둘러싼 경기도권에, 외제차 정식 서비스센터에 근무하다가 독립해서 조그마하게 경정비 가게를 여는 기사님에게 딱 좋은 토지였다. 자동차 경정비가 가능한지를 사방팔방으로 건축사 사무실을 찾아다니며 가도면까지 뽑아서 왔다.

우리는 바로 입찰 준비를 했다. 앞서 입찰에서 1등이 낙찰을 받고도 미납한 터라, 다시 시작되는 경매에서는 우리가 승자가 될 것은 뻔했다. 대중의 심리는 미납이 한 번 뜨면 움츠러들기 마련이기 때문이다. 앞서 19명의 입찰자가 있었지만 다시 시작된 경쟁에서는 4명으로 줄어들었다. 이 4명은 고수 중에서도 고수들 아닐까?

이미 첫 번째 입찰에서 대략적인 낙찰가격이 노출되었기에 두 번째 시작하는 입찰에서는 입찰가가 늘 고민이다. 경매를 13년째 하고 있지만 입찰가는 신의 영역이다. 이걸 인간이 할 수 있다고 까불까불해서는 망신당하기 일쑤다. 늘 겸손한 마음으로 '나만의 수익률'에 근거해서 입찰하면 되는 것이지, 굳이 2, 3등의 가격에 낙찰

경매 낙찰 결과

2019타경12950 • 의정부지법 고양지원 • 매각기일 : 2021.04.07.(水) (10:00) • 경매 2계(전화:031-920-6312)

소재지	경기도 고양시 일산서구 구산동 604-2						
물건종별	대지	감정가	76,632,000원			오늘조회: 1 2주누적: 2 2주평균: 0 (조회동향)	
				구분	매각기일	최저매각가격	결과
토지면적	전체: 206㎡(62.32평) 지분: 103㎡(31.16평)	최저가	(49%) 37,549,000원		2020-07-15	76,632,000원	변경
				1차	2020-09-23	76,632,000원	유찰
				2차	2020-11-04	53,642,000원	유찰
건물면적		보증금	(20%) 7,509,800원		2020-12-09	37,549,000원	변경
				3차	2021-01-27	37,549,000원	매각
매각물건	토지지분매각	소유자	김○○		매각 57,750,000원(75.36%) / 19명 / 미납 (차순위금액:50,000,000원)		
				4차	**2021-04-07**	**37,549,000원**	
개시결정	2019-10-28	채무자	김○○		매각 : 53,500,100원 (69.81%)		
					(입찰4명,매수인:용인시 주)온베스트먼트 / 차순위금액 42,100,000원)		
사건명	강제경매	채권자	한국자산관리공사		매각결정기일 : 2021.04.14 - 매각허가결정		
					대금지급기한 : 2021.06.10		
					대금납부 2021.06.10 / 배당기일 2021.07.08		
					배당종결 2021.07.08		

자료: 옥션원

이후에라도 마음 쓸 이유가 없다. 1등을 한 필자와 2등은 1천만 원 이상 차이가 났지만 앞만 보며 나아가면 된다.

땅의 절반만 낙찰받았기에 나머지 절반을 가지고 있는 분을 만나야 하고, 앞으로 어떻게 할지도 협의해야 한다. 이런 협의는 그냥 일상으로 생각하고 경매에 임해야지, 협상도 하기 전 혼자서 고민하는 것은 어리석은 일이다. 일단 만나면 방향을 잡게 되고, 그 방향이 협상일지 아니면 소송일지는 만나봐야 판단된다.

아니나 다를까. 나머지 절반을 가지고 있는 상대에게서 거의 연락이 오지 않았고, 이미 연락처를 알렸지만 계속해서 반응이 없었다. 당연히 법원에 소송을 시작했다. 소송은 변호사나 법무사를 선임하면 기본이 400만 원, 거기에 성공사례금이 붙으면 또다시 400만~500만 원 정도 할 것이니 남는 게 하나도 없을 수도 있다. 그러니 셀프 소송으로 진행한다. 관련 내용은 인터넷만 찾아봐도 다 나온다. 처음에는 다소 어려울 수도 있지만 곧 익숙해질 것이다.

첫 재판에서 필자가 주장한 내용이 특별히 법리를 벗어날 만한 부분이 없었기에 재판장님께서도 상대방의 의견을 물었고, 상대방 또한 다른 법리가 없으니 협의를 하자는 말 정도 밖에 나오지 않았다. 후일로 조정기일은 잡혔으나, 필자는 법정을 나오자마자 상대방에게 이야기 좀 하자고 붙잡았다. 상대방은 바로 매수하겠다고 말씀하셨고, 필자는 시세를 반영하되 시세보다는 훨씬 저렴한 가격에 드리겠다고 말했다. 법원에서 협의한 이후에도 상대방의 자금 문제로 난항을 겪기도 했지만 매수하겠다는 의지는 강력했다.

필자의 낙찰가는 5,350만 원. 충분히 다른 수단과 통로를 통해서 신용대출을 일으켜 잔금을 납부할 수 있었으며, 월 대출이자는 14만 원 정도였다. 그 당시 카카오대출 등 인터넷 신용대출도 활발히 지원되었고 생각만큼 대출이자가 높지도 않았다. 만약 한두 명이 공동으로 해서 낙찰을 받는다면 각각 절반 정도씩 금리가 저렴한 신용대출을 이용하면 큰돈이 없어도, 일반 은행의 담보대출 없이도, 이런 물건은 입찰이 가능하다.

부동산 매매계약서

매도인과 매수인 쌍방은 아래 표시 부동산에 관하여 다음 계약내용과 같이 매매계약을 체결한다.

1. 부동산의 표시 경기도 고양시 인산서구 ██ ██ (1/2 지분)

소재지 (건물의 표시)			上 1층		(동 호)
토 지	지 목	대		면 적	██ ㎡ (평)
건 물	구조·용도	無		면 적	㎡ (평)

2. 계약내용

제1조 위 부동산의 매매에 있어 매수인은 매매대금을 아래와 같이 지불하기로 한다.

매매대금	금	팔천오백만원정 (₩85,000,000) 원정	단가 (㎡ 당)	
계약금	금	팔백오십만원정 (₩ 8,500,000) 원정은 계약시에 지불하고		
중도금	금	X 원정은 년 월 일에 지불하며		
	금	원정은 년 월 일에 지불하며		
잔 금	금	칠천육백오십만원정 ₩76,500,000 원정은 2022년 9월 30에 지불한다.		

제2조 매도인은 매매대금의 잔금 수령과 동시에 매수인에게 소유권이전등기에 필요한 모든 서류를 교부하고 등기절차에 협력하며, 위 부
동산의 인도일은 2022년 9월 30로 한다.

제3조 매도인은 위 부동산에 설정된 저당권, 지상권, 임차권 등 ███████████████████ 전세권 등의 등기상의 권리가 있을 때에는 잔금 수수일까지 그 권리의 하자 및 부담 등을 제거하여 완전한 소유권을 매수인에게 이전한다. 다만 승계하
기로 합의하는 권리 및 금액은 그러하지 아니하다.

제4조 위 부동산에 관하여 발생한 수익의 귀속과 제세 공과금 등의 부담은 위 부동산의 인도일을 기준으로 정하되, 지방세의 납부의무
및 납부책임은 지방세법의 규정에 의한다.

제5조 매수인이 매도인에게 중도금(중도금이 없을 때에는 잔금)을 지불할 때까지는 매도인은 계약금의 배액을 상환하고, 매수인은 계약
금을 포기하고 이 계약을 해제할 수 있다.

제6조 중개수수료는 본 계약체결과 동시에 당사자 쌍방이 각각 지불한다. 중개업자의 고의나 과실없이 본 계약이 무효·취소 또는 해약
되어도 중개수수료는 지급한다.

특약사항 : 1. ██
2. ██
3. 잔 ██
4. 매 ██

본 계약을 증명하기 위하여 계약당사자가 이의없음을 확인하고 각자 서명, 날인한다. 2022년 월 일

매도인	주 소	경기도 용인시 ██		
	주민등록번호	██	성 명	(주)온베스트건설 ██ 전 화
매수인	주 소	경기도 ██		
	주민등록번호	██	성 명	██ 전 화
중개업자	사무소소재지			
	사무소명칭	X	㊞	X ㊞
	대 표			
	등록번호	전 화		전 화

5. 잔 ██
██

280

최종 매각을 8,500만 원에 하게 되었고, 법인으로서 법인세를 납부하고 남는 최종 금액은 2,200만 원 정도였다. 총투자금을 아무리 많이 잡아도 대략 500만 원인데, 세금을 제외하고 수익금 2,200만 원이 남았으니 수익률은 340% 정도 되지 않을까?

최종 매각으로 끝날 줄 알았던 이 물건은 이상한 운명의 저주로 다시 경매가 진행되는 일이 벌어졌고, 이번에는 절반(50%)만 경매가 진행되는 것이 아니라 필자의 지분에 상대방의 지분까지 합해서 100% 지분이 경매로 진행되었다(상대방이 매수하겠다는 날에 자금 문제로 잔금을 최종 납부하지 못해 필자가 필자의 지분 50%와 상대방의 지분 50% 모두를 경매를 신청함. 이미 법원의 판결문은 받아둔 상태였으며 그 판결문은 통상 모두의 지분을 경매로 매각 후 매각된 금액에서 각자의 지분만큼 배당금을 받고 마무리되는 내용임).

여기서 전체 지분을 필자가 낙찰받고 소유권을 취득한다면, 이미 50%의 지분은 필자가 보유하고 있으니 나머지 절반에 대한 금액만 납부하면 전체 소유권을 취득하게 되는 것이다. 상당히 유리한 조건에서 다시 법원에 가서 입찰을 시도했으나, 상대방이 아주 높은 금액에 경매 입찰을 하는 바람에 필자는 아쉽게도 2등을 했다.

하지만 상대방이 높은 금액에 입찰했으니, 그 낙찰가격의 절반(50%)은 소유권을 가진 필자가 배당금으로 돌려받는 것으로 투자를 마무리하게 되었다. 투자 결과를 최종 정리해보면, 상대방의 약속 미이행에 따른 10% 매매 계약금 수령에 대한 이득금과 전체 경매물건 입찰 과정에서 너무 높게 가격을 써서 필자의 최종 수익은

2,573만 원으로 확대되었고, 수익률은 세후 414%가 되었다.

하나의 물건만을 가지고 재테크의 방향을 결정하고 인생을 올인하기에는 세상은 너무 위험하다. 각자가 잘할 수 있는 곳으로 방향을 결정하고 매진해야 한다. 문제는 모든 새로운 방향의 재테크를 다 위험하다고 가만히 앉아서만 수 년째 고민하고 있다면, 세상이 문제가 아니라 자기 자신에게 문제가 있음을 자각해야 한다.

특별히 어려운 논리도 아니다. 나의 권리를 침해당한다면 요구를 하고, 요구가 받아들여지지 않는 경우 법리로 해결하면 된다. 그 과정에서 남이 모르는 조금의 다른 스킬을 배우고 익혀서 나의 재테크에 적극 활용해 수익을 내는, 아주 상식적이면서도 내 인생에서 가까이 있는 기술을 다들 '어렵다'라는 선입견으로 평생 모르고 살아가고 있는 것이다.

1년에 저런 물건을 5개, 10개, 심지어 20개씩 한다면, 과연 우리 인생에는 어떤 일이 일어날까? 저런 물건이 그만큼 없다고? 그렇지 않다. 오늘도, 내일도 늘 선수들은 낙찰받아가고 있고 열정적으로 해결해서 수익을 내고 있다. 아는 만큼 보이고, 아는 만큼 살아가게 되는 것이다.

삼성디지털프라자를 막는
'똥' 같은 땅

추운 겨울, 가로수에는 나뭇잎 하나 안 붙어 있지만 필자의 마음 속은 봄에 피어날 엄청나게 아름다운 꽃들로 가득 차 있었다. 살면 서 뭔가에 이토록 집중하고 꿈을 꾸며 행복해할 수 있을까? 내 머릿 속에 먼저 그어 본 길들이 현실에서 그대로 일어날 때의 그 행복과 가치를 과연 세상 어느 것이 만족시켜줄 수 있을까?

나의 삶에 '삼성'과 관련이 될 일은 없을 거로 생각했다. 삼성디 지털프라자는 그저 전자제품이나 구입하러 가는 곳이었다. 그런데 이번 경매물건으로 깊숙이 얽히게 되었다.

삼성의 건물이 있는 땅이 아니라 큰 도로에서 그 건물로 들어오

해당 경매물건의 사진과 지도

 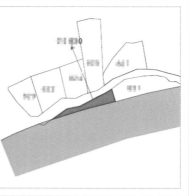

물건용도	토지	감정가	**345,320,000 원**	재산종류	압류재산(캠코)
세부용도	대지	최저입찰가	(100%) 345,320,000 원	처분방식	매각
물건상태	낙찰	집행기관	한국자산관리공사	담당부서	
토지면적	178㎡ (53.845평)	건물면적		배분요구종기	2021-01-18
물건상세	대 178㎡				
위임기관		명도책임	매수인	조사일자	0000-00-00
부대조건					

는 진입도로의 일부 땅이 공매로 나왔다. 말은 이렇게 쉽게 하지만 진입도로의 땅 소유자가 바뀌게 되면 진입하는 데 상당히 곤란할 수도 있지 않을까? 모든 투자는 여기에서 시작된다. 삼성디지털프라자는 대로변에 있어야 하고, LG전자 베스트샵도, 롯데하이마트도 마찬가지다. 그리고 이 매장들은 어떤 지역을 가더라도 인근에 몰려 있는 것을 우린 오래전부터 볼 수 있었다.

지적도를 보면 국가 및 지방자치기관의 큰 도로에서 삼성디지털프라자로 들어오는 땅들의 모양을 쉽게 볼 수 있다. 붉은색으로 표시된 '똥' 같은 토지가 필자가 낙찰받은 토지다. 저 토지를 지나서 대로변 정반대에 있는 4개의 땅 위에 삼성디지털프라자 건물이 지어져 있었다.

입찰가격은 감정가격인 3억 4,532만 원에 시작했다. 대한민국 감정평가사분들의 감정평가가격에 대해서 논할 이유도, 달리 어떤 의견을 내놓을 실력이 필자에겐 없다. 어찌 보면 그분들의 수많은 이론과 법칙에 따라서 산출되는 감정가격이 경매나 공매를 하는 사람들에게는 큰 도움이 될 수 있다. 이 물건도 마찬가지였다. 대로변에 붙어 있긴 하지만, 대로변에 붙어 있는 가치만을 판단하지, 그것이 삼성디지털프라자의 출입을 막는다는 가치까지 감정가격에 포함할까?

필자처럼 전문적으로 부동산 경매나 공매를 하는 사람들은 당연히 감정평가사와 다른 시각을 가지고 있고, 접근 방식도 다르다. 단순한 땅의 가치를 판단하는 것이 아니라, 이 땅이 영향력을 미치는 점유자 또는 관계자, 이 땅으로 하여금 사업을, 수익을, 혜택을 입는 자들이 누군지를 확인한다. 얼마 뒤 이루어질 협상 테이블에도 미리 앉아보고 어떤 말을 해야 할지, 어떤 제안을 하는 것이 나에게 유리할지까지 현장답사를 가보고 상상해보는 것이다. 그런 작은 두려움과 행복, 그리고 나타나지 않는 현장의 가치 조각들을 모아서 결국은 입찰 여부를 결정하고, 최종 입찰가를 선정한다. 과연 이런 물건은 입찰가를 어느 정도로 써야 할까?

필자는 경매 당일, 입찰마감시간 직전까지 현장에 머물러 있었다. 판단이 서지 않았고 과연 얼마를 입찰해야 할까 하는 고민에서 빠져나올 수가 없었다. 너무나 가지고 싶고 다시는 이런 물건을 구경할 수도 없을 듯한데, 나의 욕심에 이 물건을 놓친다면 얼마나 안타까울까 하는 생각으로 입찰 마감시간까지 떠날 수가 없었다.

16시 50분. 입찰마감시간 10분을 남겨두고 주변 커피숍에 들어가 전자 입찰서를 써내려갔다. 처음 입력한 가격은 4억 2천만 원이었다. 그러나 마감시간 소리가 킹콩의 발소리처럼 들려오고 주위의

경매 낙찰 결과

∥ 상세입찰결과

물건관리번호	▓▓▓▓▓▓		
재산구분	압류재산(캠코)	담당부점	▓▓▓▓▓▓
물건명	▓▓▓▓▓▓▓▓▓		
공고번호	▓▓▓▓▓	회차 / 차수	005 / 001
처분방식	매각	입찰방식/경쟁방식	최고가방식 / 일반경쟁
입찰기간	▓▓▓▓▓	총액/단가	총액
개찰시작일시	▓▓▓▓▓	집행완료일시	▓▓▓▓▓
입찰자수	유효 9명 / 무효 0명(인터넷)		
입찰금액	450,000,000원/ 414,419,900원/ 391,000,000원/ 355,320,000원/ 351,000,000원/ 351,000,000원/ 350,821,000원/ 350,000,100원/ 346,110,000원		
개찰결과	낙찰	낙찰금액	450,000,000원
감정가 (최초 최저입찰가)	345,320,000원	최저입찰가	345,320,000원
낙찰가율 (감정가 대비)	130.31%	낙찰가율 (최저입찰가 대비)	130.31%

모든 소음은 하나도 들리지 않는 무아지경에 올랐을 때, 노트북의 백스페이스키를 누르는 나를 발견했다. 2자를 5자로 고친 것이다. 최종 4억 5천만 원을 입력한 뒤 입찰보증금을 송금하고 노트북을 닫았다. 다음 날 오전 11시, 발표만 기다리면 된다.

최종 입찰자는 총 9명이며, 필자가 1등(최고가매수인)이 되었다. 2등과의 차이는 고작 3,558만 원 차이였다. 여기서 3천만 원이 넘는 금액을 '고작'이라고 한다 해서 필자가 돈이 많다거나 저 정도의 돈을 저렴하다고 생각하는 것은 아니다. 앞으로 내가 이 땅으로 가치를 볼 것에 비하면 3천만 원을 감히 고작이라는 단어를 써도 된다는 의미를 표현한 것이다.

앞서도 봤지만 땅의 모양이 말 그대로 '똥' 같다. 과연 토지를 전문적으로 배우고 아는 분들에게 저 땅의 가치를 물어본다면 과연 뭐라고 하겠는가? 저걸 땅이라고 받았냐고 할 거 같다. 그러나 필자는 토지나 공법 등 이론에 입각한 삶을 살지 않았다. 오직 현장에서 일어나는 일에 집중했고, 현장의 가치를 중시했다. 현장에서 입찰하는 물건과 연관되어 있는 권리관계, 땅 때문에 답답한 사람들, 그리고 이 땅을 사줄 사람, 이 땅이 없으면 안 되는 사람을 늘 찾고 연구했다. 모든 투자의 원칙은 이론과 공법이 아니라, 내가 낙찰받는 땅의 가치다. 책에 있는 이론의 가치가 아니라 현실에서 빛날 수 있는 숨어 있는 가치가 발견되면 물불 가리지 않고 입찰하고 낙찰받아 가고 있다.

필자의 투자금은 3,100만 원이다. 임차인에게는 임차보증금으로 2억 원을 수령했다. 낙찰받고 소유권을 취득하면서 대출을 일부 받았다. 임차보증금을 거액으로 받으니, 월세는 당연히 저렴해졌다. 최초 월세는 높게 받으려 했으나, 삼성에서 근무하는 과장님의 열정과 인간적인 진정성에 필자는 팬이 되고 말았다. 물론 삼성과의 협상 과정이 쉽지만은 않았다. 하지만 회사 다닐 때를 생각해봤다. 퇴사를 하고 13년을 경매 분야에서 산전수전을 다 겪어봤지만, 월급쟁이가 회사를 다닐 때의 스트레스보다 경매가 훨씬 덜 하고 매력적이며 수익률은 상상을 초월한다. 협상 과정에서 삼성이 꼼짝도 못할 사진 한 장을 제시하려고도 했었는데, 의외로 잘 마무리되었다. 만약 필자의 요구를 계속해서 받아들이지 않는다면 필자는 해당 땅에

賃貸借 契約書

(나대지 임차용)

임 대 인		㈜은베스트먼트
임 차 인		████ █████
임차 목적물	소재지	███ ███ █████
	세부사항 및 면적	178㎡
임차 금액	보증금	일금이억원정(W 200,000,000)
	임차료	매월 일금삼백만원정(W3,000,000/VAT 별도)
계약기간		████ █ █████ ████ 2023년 2월██일까지

타이어 수리센터를 할까도 생각했었다.

생각보다 투자금이 상당히 적게 들어갔고, 대출이자가 2023년 10월 기준으로 계산해보면 말도 안 되게 상승했어도 수익률은 상당하다. 늘 이렇게 살아간다. 소액으로 작은 투자를 하든 큰 금액으로 수억 원을 투자하든, 회수되는 투자금은 다시 투자로 이어지고 회수되는 수익금은 다시 또 다른 물건의 투자금으로 들어간다.

오늘 우리가 하는 일의 회수되는 가치는 어느 정도일까. 각자에게 주어진 일상을 열정적으로 산다고 생각하겠지만 어느 것 하나 진득하게 집중해 결과물을 만들어내기가 어려운 세상이다. 퇴사 후

13년간 경매를 하고 있지만, 아직 배울 게 너무 많다. 세상의 변화를 보고 있노라면 잠이 오지 않는다. "이제껏 이것도 몰랐단 말인가!" 하며 경기를 하듯 또 배우고 익히고 나아가려 애쓰고 있다.

과연 우린 지금 뭘 하고 있는 것인지, 제대로 집중해서 가치를 만들어내고 있는 것인지, 1~2년이면, 3년이면 그 가치가 가치에 더해져 세상이 놀랄 만한 결과물을 만들어낼 수 있는지 한 번쯤 심각하게 생각해봐야 할 것이다.

필자가 스토리텔링으로 말하는 경매 이야기는 우리 주변에서 늘 살아가는 이야기이며, 누군가는 집안의 사정으로 실제 경험하기도 하는 그런 흔한 이야기다. 그것을 대하고 다루는 일도 어찌 보면 우리 상식의 범위 안에서 다 해결된다. 처음 시작하고 이해하는 데 다소의 시간이 걸릴 뿐, 우린 이미 부동산을 익히 잘 알고 있고 잘 다룰 수 있다. 수많은 재테크 분야에서 어떤 부분을 집중적으로 해나갈지는 스스로 선택하는 것이다. 이번 글을 통해서 독자 여러분의 경매 시야를 다소나마 넓혀드렸다면 필자로서 보람이 될 것 같다.

온짱이 보는 2024년
특수물건 관점에서의 토지와 공장, 창고는 기회

지금 시중에는 많은 이야기가 떠돌고 있다. 건설 시행사들의 PF 대출 이자상환 능력이 감당 밖인데도 불구하고 나라의 경제위기를 방어하기 위해서 주채권은행들이 상환 기간을 늘려준다는 말이 심심찮게 들린다. 가끔 보이는 관련 기사들은 휘발성 있게 순식간에 사라질 때도 많고, 모두가 느끼기는 하는데 그 회사와 직접 관련된 관계자가 아니면 실제 맞는지 알 수도 없는 시절이다.

너무 높은 금리에 은행들만 배 불리고 있다는 말도 여기저기서 들린다. 2.8%대의 대출금리가 6%대가 된다면 어떤 중소기업들이, 개인사업자들이 살아남을 수 있을까? 건설을 위한 PF대출의 금리는 또 일반대출의 금리와는 차이가 날 테고, 연체되기 시작하면 금리 압박을 감당할 수 있는 기업은 점점 희박해질 것이다. 많은 문제가 눌렸다가 동시에 터져 나올 때, 의외로 '특수물건'을 하는 경매인에게는 기회가 될 수 있다.

남의 고통이 투자자의 기회냐고 치부한다면 할 말은 없으나, 개인 투자자보다도 더 크고 위대한 조직들은 금융위기가 휩쓸고 간 바닥에서 다 인수합병해 다시 출발하는 모습을 우린 역사적으로 많이 봐왔다. 기회가 되는 투자처에 개인 투자자들도 시각을 넓혀야 한다는 의미로 말씀을 드린다.

서울을 감싸고 있는 화성시와 용인시를 가 보면 수많은 공장과 창고에서 서서히 공실이 발생하고 있다. 올겨울은 어떨까? 내년 연초 겨울과 봄은 어떨까? 경기도 양주와 남양주 등도 마찬가지일 것이다.

하지만 아무리 경기가 안 좋고 공실이 늘어나며 폐업을 많이 한다고 해도 잘 돌아가는 공장과 창고는 큰 영향 없이 운영되는 것을 알 수 있다. 즉 자신에게 적합한 공장과 창고, 토지는 아무리 비수기여도 매각되고 임대되는 현실을 우린 알고 있어야 한다. 평소 20억 원에 낙찰되던 공장과 창고는 13억 원에, 또는 10억 원 이하에도 낙찰받을 수 있는 기회가 온다. 대출이자 6~10개월 정도 낸다고 생각하고 투자하면, 결국 수많은 투자를 위해서 여기저기 뛰어다니며 조각난 투자처로 인해 머리 아플 이유도 없을 것이다.

강남의 아파트도 그렇고, 경기도권의 공장과 창고, 핵심지역에 있는 조그만 토지들, 모두가 싫어하는 지하 근생을 골프연습장이나 수영장 등으로 변화시키는 마법과도 같은, 그리고 이미 알고 있는 재테크가 우리의 2024년을 기다리고 있을 것이다. 남들이 보기에 '똥' 같은 물건들은 우리 주변에 나타날 것이고 많은 기회를 줄 것이기에, 늘 남과 다른 생각으로 경매에 임한다면 좋은 수익을 주는 2024년도가 될 것이다.

투자 사례로 보는
빌딩 투자의 기회

빌사남 김윤수

- 18세 공인중개사 자격증 취득
- ㈜BSN 대표
- ㈜BSN빌사남부동산중개법인, BSN 건축사사무소, ㈜BSN 종합건설
- 유튜브 '빌사남TV'
- 저서 『빌사남이 알려주는 꼬마빌딩 실전투자 가이드』

우리는 왜
투자 사례를 검토해야 할까?

우리가 시험을 보기 전 지난해 기출문제를 보고 앞으로 나올 시험 문제를 예측하는 것처럼 빌딩 투자 사례를 분석하는 것은 앞으로 투자하는 데 있어서 실패 확률을 줄일 수 있는 가장 중요한 방법입니다.

대부분 처음 투자하기 때문에 매물이 나와도 좋은 매물인지 판단하기가 어렵습니다. 그런데 이미 매각된 사례를 보면 내가 찾는 금액대가 어떤 모습의 건물인지 판단할 수 있고, 매수인이 어떤 점을 보고 매입을 했는지 분석하면 내가 보지 못했던 부분을 찾을 수도 있습니다. 특히 매입하고 난 뒤 변화된 모습을 보면 더욱 깨닫는 게 많습니다.

필자는 이 일을 시작하고 10년이 지난 지금도 매일 매각된 사례들을 보며 시장의 흐름을 파악하고, 혹시나 못 본 부분이 있는지 분석하고 답사를 합니다. 다시 말해 빌딩 투자 사례 분석은 빌딩 투자에 있어 가장 기본 중의 기본이라 할 수 있습니다.

그래서 이번에는 빌딩 투자 사례를 몇 건 소개해보고자 합니다.

비슷한 시기에 비슷한 금액대로 각각 거래되었지만 투자 결과는 달랐습니다.

● 사례 1

2018년 서울 유명 대학가 상권 초입에 위치해 유동인구도 많고 임차인 구성도 좋고 임대수익이 매입가 대비 약 5% 정도 발생하는 건물이 148억 5천만 원에 거래되었습니다. 대지는 52평, 연면적은 333평이고 대지 평당가로 봤을 때 평당 약 2억 8천만 원이었습니다. 당시 근처에서 최고가로 매입하긴 했지만, 지역 메인에 위치하고 안정적인 임대수익을 보고 투자했습니다.

비슷한 시기 청담동 명품거리 이면 코너에 위치한 대지 216평, 연면적 약 743평 정도 되는 건물이 145억 원에 거래되었습니다. 대지 평당가로 봤을 때 약 6,700만 원 정도 됩니다. 노후된 건물로 관리가 잘 되지 않아 임대수익은 앞선 대학가 건물보다 낮았지만, 대지면적은 4배, 연면적은 2배 정도 컸습니다.

5년이 흐른 지금 시세는 어느 정도 올랐을까요? 주변 시세를 참고해 살펴보겠습니다. 대학가에 있던 건물은 5년 동안 주변에서 더 비싸게 매각된 사례가 없었습니다. 현재 시장에 나온다고 하더라도 종합적인 여건상 매입가에서 차익을 크게 보기 어려울 것으로 예상됩니다.

반면 청담동에 있던 건물은 주변 거래가 지속적으로 있었고 가격도 상승해 대지 평당 2억 원까지 올랐습니다. 대지면적 216평에

2억 원이면 대략 430억 원이 넘을 것으로 예상됩니다. 또한 주변 임대 시세도 크게 올라 리모델링을 할 경우 임대수익도 높아질 것으로 예상됩니다.

● 사례 2

2018년 종로 먹자상권에 유명 프랜차이즈가 입점해 있어 입지도 좋고 임대수익도 약 4% 나오는 건물이 81억 원에 거래되었습니다. 대지는 24평, 연면적은 141평이고 대지 평당가 3억 3천만 원 정도 되었습니다.

비슷한 시기 강남구청역 인근 빌딩이 84억 5천만 원에 거래되었습니다. 대지면적 약 112평, 연면적 345평이고 대지 평당가 7,500만 원 정도 되었습니다. 건물이 노후되어 종로 건물보다 임대수익은 낮았지만, 대지면적은 약 5배, 연면적은 2.5배 정도 더 컸습니다.

5년이 지난 현재 종로 건물은 상권침체로 일부 층 공실이 발생했습니다. 한 개 층 면적이 20평 초반으로 들어올 수 있는 임차 업종도 제한적이라 지금 시장에 나온다면 차익을 많이 거두긴 쉽지 않아 보입니다.

반면 강남구청역 인근 건물은 주변 거래도 많고 시세가 지속적으로 상승해 시장에 나왔을 때 최소 200억 원 이상 될 것으로 예상됩니다.

총 4건의 사례를 보면서 우리가 알아야 할 사실이 2가지 있습니다.

첫 번째는 환금성입니다

필자는 빌딩 투자의 환금성을 가장 중요하다고 강조합니다. 수요가 공급을 초과하는, 매수인이 풍부한 지역에 투자해야 한다고 생각합니다. 거래가 많은 지역은 가격이 계속 오르는 지역이기도 합니다. 앞선 사례들은 당장의 임대수익과 유명 임차인만 보고 판단하는 실수를 했습니다.

두 번째는 면적과 개선 가능성입니다

지금 당장은 건물이 노후되어 임대수익이 적어도 충분히 개선 가능한 여건이 되고 면적까지 크다면 금상첨화입니다. 건물이 낡고 임대수익이 낮으면 당연히 매매가도 낮을 수밖에 없습니다. 만약 저렴하게 매입해 리모델링을 하게 되면 많은 가치상승을 발생시키고, 이는 면적에 비례합니다.

그래서 빌딩 투자를 할 때 면적의 중요성을 알아야 합니다. 당장 임대수익이 발생되지 않지만, 용적률을 이득 봤거나 용적률에 여유가 있는지 등을 분석해 숨은 가치를 발굴할 필요성이 있습니다.

당장의 모습에만 현혹되지 말고 본질로 돌아가서 입지와 면적, 땅의 가치 파악 등 기본적인 분석을 하는 것이 빌딩 투자의 가장 기본이라 생각합니다. 이번에는 빌딩 개발 사례를 살펴보겠습니다.

사진으로 보는
빌딩 개발 사례

리모델링: 연희동 프로젝트

대지면적: 330m²(약 99평)

연면적: 930m²(약 281평)

설계: BSN 건축사사무소

시공: BSN 건설

빌딩관리: BSN CARE

특징: 용적률이 남아 있어 1개층을 증축. 계단 중간에 화장실이 있었는데, 그 부분에 엘리베이터를 설치하고 화장실을 내부에 만듦.

리모델링 개발 사례

공사 전

공사 후

리모델링 개발 사례

공사 전

공사 후

리모델링: 역삼동 프로젝트

대지면적: 534m²(161평)

연면적: 1,073m²(약 330평)

지하 1층~지상 4층

설계: BSN 건축사사무소

중개: BSN 부동산중개법인

특징: 2022년 제11회 강남구 아름다운 건축상 수상, 상가주택 리모델링한 사례. 내력벽 철거에 비용이 많이 드는데, 내력벽 철거를 최소화하고 문 설치를 위한 개구부만 철거해 개방감과 연결동선을 확보. 외관은 타공판을 설치해 깔끔한 디자인을 연출.

신축 개발 사례

공사 전

공사 후

신축: 성수동 프로젝트

대지면적: 221m²(67평)

연면적: 1,063m²(322평)

지하 2층~지상 8층

설계: BSN 건축사사무소

중개: BSN 부동산중개법인

특징: 성수동 준공업지역으로 용적률 약 400% 받음, 외벽 롱브릭 마감, 아치형 창문.

공사 전

공사 후

신축: 신사동 프로젝트

대지면적: 229m²(70평)

연면적: 600m²(181평)

지하 1층~지상 5층

설계: BSN 건축사사무소

중개: BSN 부동산중개법인

특징: 쇼룸 및 사옥 용도로 사용 예정이었던 건물로, 전면 파사드
는 여러 가지 볼륨의 커튼월 입면이 각각의 쇼윈도로 보여질 수
있는 디자인 콘셉트로 계획. 측면 계단실 부분의 매시브한 볼륨
은 수직 커튼월로 답답함을 해소했고 유리 내부로 비추는 계단
구조물을 디자인 요소로 활용.

2024년 빌딩 전망과
투자 전략

2023년 빌딩 시장 상황은 1~2월에 빌딩 담보대출 금리가 가장 높아 거래량이 가장 적었다가 3월부터 담보대출 금리가 내려가고 금리 인하에 대한 기대감으로 거래량이 상승했습니다. 그러나 4분기 들어 금리 인하에 시간이 예상보다 더 소요될 것이라는 분위기가 형성되어 매수인들의 관망세가 길어져 거래량이 줄어들 것으로 보입니다.

2024년 역시 고금리 기조가 계속 이어질 것으로 예상되어 빌딩 시장에 많은 거래를 기대하긴 어려워 보입니다. 2023년 2, 3분기처럼 일정 시기에 잠깐 괜찮을 수도 있으나 전체적인 거래량은 2023년과 비슷하거나 더 적을 것으로 예상됩니다.

시장 전망은 어둡지만, 위기 속 기회가 있듯이 현금이 있는 투자자들에겐 투자하기에 좋은 시기입니다. 지난 2년 전만 해도 매입한다고 하면 갑자기 안 판다고 하거나 금액을 올리는 등 매도인 협상이 안 되는 경우가 많았는데, 지속된 금리 인상으로 이자 부담이 어려운 상황에 놓인 매물들은 금액 조정이 되거나 금액 이외 조건을 맞추는 등 매도인과 협상을 어느 정도 기대해볼 만합니다.

또한 전체적으로 어려운 경제 상황들로 기업도 투자하거나 투자받기 어려워 사업 규모를 축소하거나 확장을 멈추었기 때문에 임대 시장이 침체되어 있습니다. 기존에 있던 임차인들이 임대료를 미납

하는 일도 발생하는데, 매입 당시 대출 비율이 높은 경우에는 간혹 급매로 나오는 경우가 있습니다.

지금 같은 시점에는 대출의 비중을 낮추어 매입 계획을 세우는 것이 좋습니다. 물론 풍부한 현금을 가지고 있는 투자자라면 매입하기에 너무 좋은 시기입니다. 다만 투자할 때 주요 지역에 투자한다고 생각하고 그중에도 환금성이 높은 지역을 위주로 찾는 것이 중요합니다. 또한 거래가 많은 지역과 금액 구간을 잘 분석할 필요가 있습니다.

예를 들어 빌딩을 옷이라고 생각하면 어느 동네에 어떤 수요층에게 어떻게 포장해서 판매를 해야 하는지를 생각해봐야 합니다. 내가 판매하고 있는 옷 단가로 제일 판매가 잘 되는 지역에 매장을 내야 실패 확률이 줄어들죠. 그리고 이런 지역을 찾았을 때 확실한 목적을 가지고 성급하지 않게 분석한다면 좋은 지역에 좋은 빌딩을 매입할 기회라 생각합니다.

또한 빌딩을 매입하는 것은 토지와 건물을 같이 매입하는 것이기에 건물보단 토지의 가치가 정말 중요합니다. 그렇기 때문에 공부서류와 현장을 확인해 지금 건물이 이 토지를 최대한 활용한 것인지 숨은 가치를 파악할 필요가 있습니다.

종합적으로 정리해보자면 매입 계획 시 대출의 비중을 낮추어 생각하고 현금이 많은 투자자에게는 더없이 좋은 기회의 시장입니다. 최우선으로 환금성이 높은 지역에 투자하고 건물보다 토지의 가치를 항상 눈여겨보시기를 바랍니다.

상승하는 건설비용,
갓성비 건물리모델링 방법

토미 김서준

- 국내 1호 부동산+리모델링 전문가
- 저서 『리모델링으로 재테크하라』
- 블로그(blog.naver.com/rockclub20)
- 유튜브 '리모의 신'
- 도시로 재생연구소(www.dosiro.net)
  소장

상승하는 건설비용과
기후변화

최근 미국 뉴욕주에서는 2026년부터 지어지는 7층 이하 신축건물에 가스레인지, 가스보일러 등의 화석연료를 사용하는 가전제품의 사용을 금지하는 법안을 통과시켰습니다(고층 건물은 2029년부터 금지 예정). 플라스틱 사용을 자제하는 정도의 캠페인 차원이 아니라 탄소배출을 실제로 규제하는 기후법을 법제화한 것입니다. 석탄 및 천연가스 등 화석연료 사용으로 온실가스 배출량이 매년 증가하고 있으며 인류의 삶을 위협하고 나와 내 이웃의 일상 속의 일이 되고 있습니다.

기후변화는 모든 산업에 영향을 주는데, 특히 건축환경과 기후위기는 지금까지의 상식을 깨고, 전혀 다른 패러다임의 기후설계를 도시와 건축물에 요구하는 상황이 되었습니다. 폭염, 홍수, 산불, 극한기후로 인해 각 지역과 환경에 맞춰 지어왔던 건축물들은 이제 또 다른 미래 설계를 필요로 하는 시대가 된 것입니다.

기후변화에 대응하는 건축물은 홍수를 대비한 침수를 방지해야 하며, 극한 온도차를 대비한 단열보강, 지진과 건물노후화를 대비한

구조보강, 좀 더 나아가서 자체 에너지 생산능력도 요구되는 시대를 맞이한 것입니다. 이제부터 지구에서는 전 세계적으로 매장량이 한정된 연료를 대체할 에너지 사업이 각광받을 것입니다.

최근 코로나19와 이스라엘-하마스 무력충돌, 우크라이나-러시아 전쟁의 장기화 등으로 인한 글로벌 경기의 긴장감이 2024년 또한 자재원가와 이자율 상승의 피로감, 국제유가의 변동성 등을 피할 수 없게 될 듯합니다.

신규 건설 프로젝트에 있어서 고금리로 인한 자금조달의 어려움은 신축사업에 있어서 큰 위험입니다. 원자재 가격폭등과 이자율 인상, 자금시장 위축, 부동산 프로젝트 파이낸싱(PF) 사업장의 유동성 축소는 아파트 분양가와 기본형 건축비 분양가의 상승으로 이어질 수밖에 없습니다. 서울과 수도권의 분양시장 분위기와 가격 경쟁력이 떨어지는 단지의 미분양 소식은 양극화 기조를 뚜렷하게 알려주고 있습니다. 최근 정부는 '주거안정을 위한 주택공급 활성화 방안'을 통해 미착공 PF 사업장이 착공 전환될 수 있도록 PF 보증 한도를 늘려주는 등의 대책을 내놓았지만 일시적인 지원만으로는 역부족인 상황일 듯합니다.

그렇다면 '골목건축'이라고 할 수 있는 일반인이 접하는 소규모 건축공사는 이 위기를 어떻게 극복하면 좋을까요? 특히 내 인생에 한번 도전해보고 싶은 신축, 리모델링을 하려는 일반인들에게 상승된 건축비용은 그야말로 부담으로 다가올 수밖에 없는 시기입니다.

변화하는 의식주와
부동산

한국은 65세 이상 연령층이 총인구의 20% 이상을 차지하는 초고령 사회의 진입을 앞두고 있습니다. 초고령 사회는 경제, 문화, 정치 등 여러 가지 예측하지 못한 갈등과 변화의 시대를 의미하기도 합니다. 할아버지부터 손자까지 모이면 베이비부머와 X세대, MZ세대가 함께 공존하게 되는 것입니다.

의식주에서 주(主)를 차지하는 부동산은 이러한 변화되는 문화를 반영합니다. 가족 수의 변화, 세대분리, 문화적 차이는 부동산 시장에 그대로 반영되어 부동산 상품의 다양한 공급과 변신을 요구하고 있습니다. 예전보다 혼자 집을 얻는 사람이 많아졌고, 실내 인테리어 수준을 좀 더 디테일하게 요구하고, 집주인의 신용문제를 꼼꼼히 살펴보며, 가전제품의 수는 더 많아지고 있습니다.

미디어, 가치관, 문화, 소비 등 거의 모든 것에서 세대 간 차이가 벌어지고 있습니다. 베이비부머 임대인은 MZ 임차인의 특성을 모르면 난감할 일이 많아질 것입니다. 기성세대의 전통과 안정성 대비 젊은 세대의 혁신과 유연성, 취향의 균형을 찾아야 합니다. 정보시장은 어떤가요. 과거에 비해서 마케팅과 소비, 정보의 양은 많아지고 찾기 편해졌지만, 내가 필요한 정보는 좀 더 디테일하고 전문성을 요구하고 있습니다.

상가건축을 계획하고 있는 건축주라면 이러한 다양한 세대 간의 간극을 잘 이해해야 똑똑한 임대생활을 운영할 수 있습니다. 노후된 건물을 매입하거나 매입예정인 분이라면 단열과 방수를 잘 이해해야 건물을 잘 관리할 수 있습니다.

변수가 많은 부동산 환경에서 지속가능한 경쟁력을 갖추기 위한 갓물주의 성장과 도약을 위한 몇 가지 방법을 제안해보려고 합니다. 고금리 시대에 불가피하게 신축이나 리모델링 등의 건축을 해야 하는 일반인에게 건축비용을 절감하고 체계적으로 계획을 세우는 방법이 될 수 있을 것입니다.

건물의 수명연장을 위한 갓성비 건축프로세서

● 건물의 잔존가치 비교

건물 매수 전부터 리모델링, 용도변경, 대수선, 신축 등을 비교해 수익률과 함께 운용하도록 한다면 막연한 투자보다 객관적이고 합리적인 비교법을 가질 수 있게 됩니다. 다음에 나올 표를 참조해주세요(표 1~3).

표 2를 보면 신축하는 경우가 잔여가치가 가장 높습니다. 그러나 초기 투입비용이 많이 들고 건축 원자재 가격과 이자율이 상승하는 시기에는 적합하지 않은 선택이 될 수 있습니다. 만일 저금리 시기나 토지를 저렴하게 매입한 경우, 건설 원자재 가격이 안정적인 시

기, 상속받은 토지나 건물을 보유한 경우 등에는 표 2에서 토지 구입비용 없이 신축건축비용만 적용해서 계산해보는 등의 응용을 해볼 수 있습니다.

● 건물의 감가상각과 잔존가치

감가대상금액 = 취득원가 - 잔존가치

건축물을 철거하고 새로운 건축물을 건설하는 경우 건설에 드는 비용과 비교해 효용이 현저하게 증가하는 경우, 분양이나 건축허가 등의 시장에서 활발한 거래가 이루어지겠지만 토지비와 건축비가 증가하는 경우 효용의 가치는 낮아지게 됩니다. 지역에 따라 다르겠지만 토지의 가격은 시간이 지나면 상승한다는 전제하에, 유형자산 중 건물은 시간이 지날수록 감가상각이 낮아지기 때문입니다. 건물의 최초 연식, 즉 준공년식 대비 감가상각으로 인한 건물의 잔존가치가 낮아지고 있는 경우, 그 건물을 리모델링해 건물 경과년수를 조절하는 방법이 있습니다.

이때 신축하는 경우와 건물을 리모델링하는 경우를 비교해보는 표를 만들어보았습니다. 건축비용, 수선비용은 건물에 투입되는 직접적인 투자비용입니다. 건물은 현재의 수익률, 미래의 수익률, 인근 시세, 인근 개발요건, 건물의 노후도, 건물의 유지상태 등에 따라 변할 수 있습니다. 경제성, 즉 수익(임대료와 수요시장)은 항상 유동적으로 될 수 있다는 점을 유의해야 합니다.

부동산을 매입할 때는 3~5년 뒤를 내다보아야 하고, 매도할 때는 지금 매도하는 건물보다 더 나은 투자대상인지 고심해야 합니다. 매입 시 건물수익률도 중요하지만, 시대와 금리는 항상 유동적이고, 건물의 역할, 컨디션에 따라 매도해야 하는 경우, 신축, 대수선, 용도변경해야 하는 경우 등 건물주 스스로 변신시켜야 하는 경우도 필요한 것입니다.

33년 된 건물을 가지고 비교한 표를 살펴보겠습니다. 지역에 따라 토지비 상승률이 틀리므로 토지 시세는 별도, 건물관리에 따라 내용년수가 증감될 수 있다는 점은 미리 알립니다.

표 1: 노후건물 감가상각표

10억 원을 주고 매입한 건물의 잔여가치는 1억 7,500만 원이다. 매년 2.5%의 건물가치 감소가 일어난다는 것을 가정할 때 다음 해 건물 잔여가치는 1억 3,125만 원으로 하락한다(1억 7,500만 원 - 1억 7,500만 원×2.5%=1억 3,125만 원). 건물의 임대소득세가 커서 감가상각을 비용처리하는 경우, 소득세는 일시적으로 줄어들 수 있지만 향후 양도세가 많이 나올 수 있으므로 반드시 담당 세무사와 상담해 세무설계해야 한다.

표 2: 건물 감가상각표: 신축하는 경우

25억 원을 주고 매입해 10억 원의 신축을 한 건물의 잔여가치는

표 1_노후건물 감가상각표

구분	금액(만 원)	기준	비고
건물 구입비용	100,000		
준공년도	1990년		
산정년도	2023년		
건물구조(준공기준)	철근콘크리트 조		
내용년수	40년	국세청 내용년수 기준	
경과년수	33년		산정년도-준공년도
연 감가상각률	2.50%		1/내용년수(정액법)
잔가율	17.50%		잔여 7년
잔여 가치	17,500		

표 2_건물 감가상각표: 신축하는 경우

구분	금액(만 원)	기준	비고
토지 구입비	250,000	1평당 5천*평수	
신축 건물비	100,000		
준공년도	2024년		
산정년도	2057년		
건물구조(준공기준)	철근콘크리트 조		
내용년수	40년	국세청 내용년수 기준	
경과년수	33년		산정년도-준공년도
연 감가상각률	2.50%		1/내용년수(정액법)
잔가율	17.5%		잔여 7년
잔여 가치	61,250		

표 3_건물 감가상각표: 리모델링하는 경우			
구분	금액(만 원)	기준	비고
건물 구입비용	100,000		
준공년도	1990년		
산정년도	2023년		
건물구조(준공기준)	철근콘크리트 조		
내용년수	40년	국세청 내용년수 기준	
리모델링 공사 실행비	20,000		현장에 따라 상이함
변경된 취득원가	120,000		
변경 내용년수	60년	리모델링 후 변경된 내용년수	관리에 따라 변경됨
경과년수	33년		기존 동일 년수
기존 잔가	17,500		남은 잔존가치
자본적지출 후 연 감가상각률	3.70%		1/잔여년수(정액법)
잔가율	31.25%		잔여 27년
잔여 가치	37,500		

※ 자본적지출은 리모델링 비요 등 경제적 효익을 얻기 위한 추가 지출액을 말함

6억 1,250만 원이다. 건물의 잔여가치는 단연 신축이 으뜸이다. 표에서 응용할 수 있는 방법은 토지 구입의 시기다. 도심에서의 토지 구입은 오히려 고금리나 불황에 저렴한 물건이 나오기도 하니 시장을 항상 모니터링하자.

표 3: 건물 감가상각표: 리모델링하는 경우

10억 원을 주고 매입해 2억 원의 리모델링을 한 건물의 잔여가 치는 3억 7,500만 원이다. 노후된 건물은 리모델링 행위도 중요하지만 꾸준한 건물관리도 중요하므로 지속적인 건물관리 비용으로 자본적 지출을 염두에 두어야 한다.

● **진단하기**

건물의 용도가 결정되었다면 그 용도에 맞춰 큰 그림을 그려야합니다. 즉 상가건물이라면 업종을 구체적으로 정해지지 않았더라도 내외부 기본 디자인과 시공이 가시적으로 드러난 건물을 예비임차인들이 선호하는 편입니다. 건물의 단점이 그대로 노출되어있거나 노후된 상태로 임대 시장에 나와 있다면 임차인은 보증금과 임대료를 사정없이 깎아내릴 것입니다. 건물의 수선내용을 구상할 때는 건물의 외관, 주변 조경, 용도별 설비배선 계획, 공용공간의 기본 디자인 정도만 마련해도 건물의 가치를 50% 이상 상승시키는 일이 됩니다. 건물의 상태를 정확히 인지하는 것은 건물시공의 로드맵에 있어서 가장 중요한데, 현재의 문제점과 향후 사업성을 정확히 계획하기 위해서입니다.

● **구조설계하기**

주택을 상가로 용도변경하는 경우나 노후된 주택건물을 리모델링하는 경우, 원하는 용도나 디자인에 맞춰서 취약한 구조를 보강해

구조보강 전

구조보강 후

출처: 노후건물재생 연구소 도시로

야 하는 경우 조심해야 할 사항이 많습니다. 다른 공정에 비해 건물의 안전을 담당하는 만큼 중요한 프로세서입니다.

무단으로 주요 구조부를 해체하거나 손상 시 건물에 무리가 될 수 있으니 주의하세요. 구조설계사무실을 통해 구조설계를 의뢰해 향후 20~30년 정도는 거뜬히 내다볼 수 있는 지속가능한 건물로 거듭날 수 있습니다.

● 대수선과 리모델링, 신축 선택하기

대수선 비용이 신축 비용의 절반 정도라고 가볍게 생각했다가는 낭패를 겪을 수 있습니다. 대수선은 신축보다 어렵고 시간이 걸립니다. 실제 허가와 시공과정에 들어가면 신축보다 까다롭고 복잡한 경우가 많이 발생합니다. 일단은 도심에서 민원이 많아지고, 새로 만드는 것에 비해 기존의 것을 유지하면서 신축만큼의 품질을 저가의 비용으로 만드는 일이 어렵기 때문입니다. 그러므로 대수선 비용이 신축 비용의 70% 정도를 육박한다면 신축을 하는 것이 나을 수 있습니다.

반면에 신축 대비 대수선의 방법이 효율적이라면 대수선을 선택하는데, 이때는 시장의 요구사항을 적용해야 합니다. 가령 마포구 연남동이나 성수동의 저층건물의 경우 굳이 엘리베이터가 업종의 선호도에 있어 중요하지 않은 상권이 있습니다. 즉 불편함을 감수하더라도 핫플의 유명한 요리를 먹으러 오는 손님은 건물의 화려한 시설을 보러 오지 않습니다. 그러므로 엘리베이터와 증축비용, 확장비용을 반드시 투입해야 하는 건물과 그렇지 않고 현재 임대가 투입금 대비 잘되고 있는 건물은 비용을 투입하기 전에 미래 증감될 전체 임차료를 계산해서 분석하고 시공계획을 짜는 것이 좋습니다.

전체 투입비용 대비 효율이나 수익성이 떨어진다면, 건물의 노후도를 개선시키는 리모델링 방법을 선택할 수 있습니다. 여기서 리모델링 비용은 신축 비용의 50% 미만으로 예산을 잡는 것이 좋겠습니다.

● 용도변경하기

7.10 부동산 대책 이후 건물에 주택이 하나라도 포함되면 주택 수로 간주되므로 주택매입 시 취득세 부담, 대출 거부, 종합부동산

지방세법 개정 후 취득세율(2020년 8월 12일 이후 취득분부터 적용)			
1주택	2주택	3주택 이상	상가
1~3%	8%	12%	4.6%

용도변경하기

용도변경 전

용도변경 후

출처: 노후건물재생 연구소 도시로

세 납부 등의 부담이 커졌습니다. 주택을 상가로 용도변경하면 상가 취득세 4.6%를 적용받고 종합부동산세에서도 제외됩니다. 주택 대비 대출에서도 유리하게 적용받을 수 있습니다. 단, 2022년 10월부터는 주택매도자의 비과세가 불가하게 되었다는 점에 유의해야 합니다.

● 철거계획 세우기

리모델링이나 대수선에 있어서 철거 공정이 아주 중요합니다. 건물의 숨겨진 구조물, 설비라인 등을 보고 건물의 계획을 세울 수 있고 기존 건물의 문제점을 적나라하게 알 수 있기 때문입니다. 미리 세워놓은 계획에도 설계변경을 할 수 있는 공정입니다. 만약 노후된 건물의 계획과 예산이 불투명할 때는 부분적인 철거 이후 전체 가이드를 잡아보는 것도 방법이 될 수 있겠습니다.

● 건물을 재탄생시키는 설비

건축물의 혈관과도 같은 설비 상하수도관과 전기 배선 설계는 향후 건물의 생애와 에너지의 효율을 결정짓습니다. 노후된 건물이라도 매립되어 있던 과거 배선작업을 신규로 설치함으로써 건물은 새로 태어날 수 있습니다. 그리고 설비 재배치는 기존 건물의 하자나 문제점을 해결함으로써 새로운 건물을 탄생시키는 방법입니다.

바닥과 벽 속에 꼭꼭 숨겨진 각종 배관은 어디서 어떻게 터졌는지 알 수 없도록 점검과 교체가 어렵습니다. 배관은 미세한 틈이라도 시간이 지나면 틈이 구멍으로 커지면서 누수로 이어집니다. 실내의 거의 모든 결로와 곰팡이 문제가 외부 방수나 건물 내의 누수로 인해 벌어지는 일이 많습니다.

건물에 있어서 물 관리, 특히 겨울철의 온수 관리가 아주 중요합니다. 도시가스를 사용하는 건물은 온수 파이프가 동파되지 않도록 항상 점검하며 전기온수를 사용하는 건물은 누수와 기계 관리에 주의해야 합니다. 서울시에서 진행하는 지원사업도 있으니 관심을 가져도 좋겠습니다.

- 서울시 집수리닷컴(jibsuri.seoul.go.kr)
- 에너지효율화사업(brp.eseoul.go.kr)
- 옥내급수관 교체공사비(1in.seoul.go.kr)

● 단열과 재료

기후변화 시대의 건물은 어떻게 생존해야 할까요. 온도차와 침수, 가뭄과 홍수가 동시에 발생하며 예측할 수 없는 외부환경 요소로 인해 1990년대 이전에 지어진 노후건물, 혹은 하자가 많이 발생하는 최근 2000년대 이후 건물에서도 발견되는 취약점은 건물외벽 부실과 노후배관 문제입니다. 30년 전에 지어진 콘크리트 구조와 40년 전 지어진 연와조 건물은 현재의 기술력 대비 단열성이 취약할 수밖에 없습니다. 그러므로 노후된 배관 관리와 단열, 방수는 건물 리모델링의 핵심이라고 해도 과언이 아닙니다.

단열은 방수를 만나면 강력해집니다. 건물 내외부의 방수, 외단열과 내단열의 보강, 단열창호 등의 사용으로 건물의 수명을 상승시킬 수 있습니다. 또한 에너지소비효율등급 1~3등급 기준의 자재를 사용함으로써 단열 효과를 높이고 미래를 대비할 수 있습니다. 소규모 건물의 단열은 외부의 취약점을 보완하는 것이 중요합니다. 단열의 순서도 외부에서 내부의 순서로 계획해야 합니다. 건물의 컨디션과 환경이 달라서 건물마다 특성에 맞는 시공 방법이 제안되어야 하며 현장에 맞는 전문작업자가 시공하는 것이 중요합니다.

2024년 건축과 부동산 트렌드

코로나19의 터널을 지난 이후 고금리, 고물가, 인플레이션, 디플레이션을 겪고, 이제 경제불황 속에서 물가상승이 동시에 발생하는 스태그네이션의 시기까지 임박했습니다. 개인과 기업, 자영업, 모두 높아진 이자 부담으로 인해 소비는 줄어들고 제품비용은 상승하는 상황이 부동산 시장에도 가중되고 있습니다.

한때 빚을 내서 집을 사는 것이 당연한 것처럼 여겨졌던 시기가 있었으나 그때는 집값이 무한정 상승하던 때였습니다. 지금은 아닙니다. 주택세 보유 부담과 이자 부담으로 다주택자도 투자에 피로감을 느낄 수 있습니다. 무주택, 1주택자는 집값이 더 떨어지지 않을까 하는 조바심에 집 구입의 시점에 확신을 못 하고 있습니다. 상가 구입을 위해서 담보대출과 임대료 산정이 되어야 하지만 경기침체로 인해 언제 임차인이 원하는 가격에 들어올지 불투명합니다. 이러한 리스크를 끌고 가야 할 시기입니다.

모두가 어렵고 힘든 시기지만, 필자는 위기 속의 빛나는 '기회'에 대해 이야기해보려고 합니다. 고금리 시기는 이자비용을 견디지 못하는 급매, 경공매가 많이 나오는 시기이며, 평소 원하던 지역의 물건을 저렴하게 구입할 수 있는 시기이기도 합니다. 자영업자에게는 권리금이 없는 점포에 좋은 조건으로 임대계약할 수 있는 기회도 있습니다.

부동산은 심리싸움입니다. 매수심리가 꺾이는 시기에는 급한 매도자 역시 매수자의 조건을 협상할 수밖에 없습니다. 어려운 시기일수록, 부동산 상승기 때 구경하기 어려운 핵심지역, 시세보다 저렴한 물건, 급매나 경·공매, 폐업 등으로 나오는 시세보다 저렴한 부동산을 고를 수 있는 대담함 역시 꾸준한 공부와 진찰력에서 나옵니다.

경제곡선은 항상 업 앤드 다운(up&down)을 반복한다는 것을 잊지 마세요.

2024년 투자자별 포지션	
무주택자	평소 눈여겨봤던 지역의 매물이 (감당할수 있는) 최저가로 나오는지 점검하라
1주택자	일시적2주택 비과세조건(대체주택 포함) 활용
다주택자	대출의 원금상환을 다른 주택의 전세금 등으로 상환후 안정적 고정지출 관리 물건의 수를 늘리기보다 세금관리와 고정지출에 주의할 것
은퇴(예정)자	실제 임대수익 대비 세금비율 체크할 것. 확정되지 않는 광고성 수익률에 현혹되지 않을 것

● 건설산업 혁신은 가능할까

아파트 건설 현장에서 잇따라 드러난 부실시공은 시공품질과 과정의 신뢰성 회복의 문제를 남겼습니다. 노후건물의 급속한 증가는 규모별 적절한 시공사와 가격을 찾지 못해 소비자의 선택에 어려움을 주고 있습니다. 신축을 하지 못하는 상황의 소규모 건축물의 대수선과 리모델링의 시공에 있어서 토지 구입비용에 육박하는 시공비와 건설물가를 감당한 수익률은 없습니다.

신축보다 훨씬 어려운 설계와 프로세서, 시공 방법 등을 감내하며 노후된 시설과 기능을 개선할 수요가 많아지고 있지만 그것을 뒷받침할 적절한 중간 매체가 없는 상황입니다. 일반적으로 종합건설사는 소규모 건물의 시공이 이익이 남지 않아서 기피하며, 소규모 건물주는 예산 등을 감안해 실력이 검증되지 않은 업체에 시공을 맡겼다가 혼쭐이 나기도 합니다.

최근 건설산업에서는 혁신의 바람을 요구하고 있습니다. 시공품질의 불신과 부실시공, 건설원가 등에 대한 사회적 시선이 따가워졌기 때문입니다. 전문건설사는 사업 물량 대부분을 종합업체의 하도급에 의존해 저가하도급 등 불공정 관행이 양산되는 형태는 지속적으로 개선해야 할 사항입니다. 하지만 단기간에 해결될 문제는 아니라고 봅니다.

최근 인테리어 관련 대기업과 자재회사 등에서는 고객의 문제인 하자나 지연 발생, 시공 미이행 등을 시스템적으로 대응하는 서비스를 내놓았습니다. 고객들이 업체로부터 일정 기간을 지정해 '시공

출처: 노후건물재생 연구소 도시로

책임보장제도'를 적용받을 수 있도록 해서 그동안의 인테리어 업체와의 불공정, 하자 등의 고질적 문제를 해결하고 그동안 일반시장에서 문제가 많았던 소규모 민간 인테리어 시장에 도전장을 낸 것입니다.

이러한 상황 속에서 중소규모 시공사는 어떤 모습으로 발전되어야 할까요? 그리고 소규모 건물주는 어떤 선택을 해야 할까요?

실력 있는 시공사를 고르는 노하우는 마케팅을 많이 하는 업체보다 유사 실적을 다수 보유한 시공사이며 건물의 문제점을 직시하고 다양한 시공과 현장에 맞는 방법을 제시할 수 있는 업체라고 할 수 있겠습니다. 직영건축을 고민하고 있는 건물주라면 각 단종별 스터디를 하면서 준비하기를 당부드립니다. 로드숍 업체의 신용과 품질이 의심스럽다면 대기업의 서비스를 활용하시는 것도 방법이 되겠습니다.

● 갓물주 되기

이제 건축시장은 고비용 산업이 되었습니다. 이로 인해 사서 쓰는 것보다 고쳐서 쓰거나 중고를 선호하는 소비 트렌드가 건축에도 예외 없이 적용될 수 있습니다. 이미 상가 임차인들은 직영이나 셀프시공을 선택하고 있습니다.

신축 비용을 투입해 건물의 수익률이 보장되는 건물은 신축 결정을 하지만, 무작정 고비용의 대출이자를 감행하면서 수익률이 불투명한 방법을 강행할 수만은 없습니다. 대안으로 대수선을 비교해보거나 리모델링을 선택할 수도 있지만, 이 역시 신축만큼 비용이 들고 수익률이 만족스럽지 않거나 감가상각비용이 예상치보다 낮다면, 꼭 필요한 요소만 건물주가 직영으로 발주하는 것도 생각해볼 수 있겠습니다.

상가건물을 매입할 예비건물주들은 토지나 주택건물 선택 시 외곽이나 비인기지역, 순수주택가 등을 피해야 하며 서울의 인기 지역 주변지, 골목상권이 번져나가는 지역 등을 관심 있게 보며, 평단가가 인근지역 평균 시세 대비 낮게 나오는 매물을 주시하세요.

최근 핫플이 된 종로구 창신동, 신당동 등은 앞으로도 골목상권의 확장성이 있어 보입니다. 코로나19 이후 국내 여행지의 핫한 숙박업에도 관심을 가져볼 만합니다. 고물가 시대에서도 우리가 부동산 시장을 꾸준히 공부하는 이유는 MZ세대가 만들어가는 신박한 골목상권이 아직도 여기저기 생겨나고, 평일에도 예약이 가득 차는 멋진 장소가 늘어나고 있기 때문입니다. 총인구의 20~30%를 차지할 실버산업의 기회가 있을 수도 있습니다.

오늘도 세상은 변하고 있습니다. '갓물주'는 어쩌다 만들어지지 않습니다. 건물에 스스로 부가가치를 창출해 갓물주가 되어봅시다.

 블로그 노후건물연구소
토미의 리모델링으로 재테크하라

PART 4

달라질 미래를 위한

부동산

핵심 공부법

매수자가 대기 중인
보상 투자의 모든 것

시루 양안성

- 프리미엄 양방향 교육 플랫폼 '시루 캠퍼스' 운영
- 저서 『시루의 대체불가 토지 투자법』
- 블로그(blog.naver.com/siru13118)

보상 투자를
알아보자

보상 투자란 공익사업이 예정 중이거나 진행 중인 물건이 경매나 공매로 나왔을 때, 이를 취득해 보상금을 수령하는 투자 방법이다. 공익사업은 공공의 이익을 증진하기 위해 필요한 사업으로 아래에 해당하는 사업들이다.

> 토지보상법 제4조(공익사업) 이 법에 따라 토지 등을 취득하거나 사용할 수 있는 사업은 다음 각 호의 어느 하나에 해당하는 사업이어야 한다.
> 1. 국방·군사에 관한 사업
> 2. 관계 법률에 따라 허가·인가·승인·지정 등을 받아 공익을 목적으로 시행하는 철도·도로·공항·항만·주차장·공영차고지·화물터미널·궤도(軌道)·하천·제방·댐·운하·수도·하수도·하수종말처리·폐수처리·사방(砂防)·방풍(防風)·방화(防火)·방조(防潮)·방수(防水)·저수지·용수로·배수로·석유비축·송유·폐기물처리·전기·전기통신·방송·가스 및 기상 관측에 관한 사업
> 3. 국가나 지방자치단체가 설치하는 청사·공장·연구소·시험소·보건시설·문화시설·공원·수목원·광장·운동장·시장·묘지·화장장·도

축장 또는 그 밖의 공공용 시설에 관한 사업

4. 관계 법률에 따라 허가·인가·승인·지정 등을 받아 공익을 목적으로 시행하는 학교·도서관·박물관 및 미술관 건립에 관한 사업

5. 국가, 지방자치단체, 「공공기관의 운영에 관한 법률」 제4조에 따른 공공기관, 「지방공기업법」에 따른 지방공기업 또는 국가나 지방자치단체가 지정한 자가 임대나 양도의 목적으로 시행하는 주택 건설 또는 택지 및 산업단지 조성에 관한 사업

6. 제1호부터 제5호까지의 사업을 시행하기 위하여 필요한 통로, 교량, 전선로, 재료 적치장 또는 그 밖의 부속시설에 관한 사업

7. 제1호부터 제5호까지의 사업을 시행하기 위하여 필요한 주택, 공장 등의 이주단지 조성에 관한 사업

8. 그 밖에 별표에 규정된 법률에 따라 토지 등을 수용하거나 사용할 수 있는 사업

즉 공익사업에 포함된 부동산을 경매나 공매로 저가에 낙찰받아 사업시행자로부터 보상금을 수령하는 투자가 보상 투자다. 대표적으로 현재 진행 중인 3기 신도시와 국가산업단지가 있다.

정부는 지난 2018년 수도권 일대 남양주 왕숙, 하남 교산, 과천, 안산 장상, 부천 대장, 인천 계양, 고양 창릉에 3기 신도시를 조성한다는 계획을 세웠다. 약 5년이 지난 지금 (약간의 지연은 있지만) 3기 신도시는 순조롭게 진행 중이다. 3기 신도시는 「공공주택 특별법」에 의해 진행하는 공익사업 중의 하나다. 3기 신도시 내에 포함된 물건을 경매나 공매로 취득해 사업시행자로부터 보상금을 수령하

는 게 보상 투자다.

2023년 3월 중순 정부는 국가산업단지 후보지를 발표했다. 경기도 용인과 광주 광산구 등을 포함해 전국 15개소에 4,076m²의 국가산업단지를 만든다는 계획이다. 국가산업단지 역시 「산업입지 및 개발에 관한 법률」에 의해 진행하는 공익사업이다. 이곳에 포함된 부동산을 취득해 사업시행자로부터 보상금을 수령하는 것 역시 보상 투자다.

이 외에도 전국적으로 진행 중인 각종 택지지구 개발, 광주송정역 투자선도지구 사업, 도시첨단산업단지 사업, 도심융합특구, 고속도로 건설, 철도 건설, 동네 마을길 확장공사, 농로 확장공사 등이 모두 공익사업이다. 이런 공익사업이 진행 중인 곳에 부동산을 소유하고 있다면 당연히 보상을 받는다.•

대전 대덕구
토지 사례

사례를 보자. 대전 대덕구에 있는 토지를 경매로 낙찰받은 적이 있다. 면적은 119m²에, 법원 감정가는 1,400만 원 정도였다. 여러

• 보상은 현금으로 받는 수용방식과 새로운 토지로 받는 환지방식이 있는데, 여기에서는 수용방식에 관해서만 이야기하고자 한다.

차례 유찰되어 230만 원 정도에 낙찰받았다.

이렇게 많이 유찰된 데는 이유가 있었다. 이 토지는 7명이 공동 소유를 했는데, 그중 한 명의 지분인 7분의 1만 경매가 진행 중이었다. 7명은 친인척 관계로 같은 종중의 종원이었다. 종중 소유의 토지였던 것이다. 또 하나 이유는 이 물건에 경매 낙찰로 말소되지 않은 가등기가 있었다(가등기는 낙찰 후 셀프소송을 통해 깔끔하게 말소했다). 그런 이유로 7번 유찰이 되었고 8회차 때 내가 단독으로 낙찰받았다.

대략 보름 정도 후에 잔금을 납부하려고 등기부등본을 발급받았더니 의외의 상황이 벌어졌다. 애초 내가 낙찰받은 토지는 237-1번지였는데, 이 토지가 5개의 필지로 분할되어 있었다. 237-1번지부터 237-5번지까지였다. 나를 포함해 다른 공유자 중 그 누구도 토지 분할을 해달라고 별도의 신청을 한 것도 아니었다. 그냥 구청에서 필지를 분할했다.

이렇게 한 필지의 토지가 5개의 필지로 분할되니 당장 문제가 생겼다. 경매로 낙찰받은 토지를 소유권 이전 하기 위해서는 등기신청수수료나 등록면허세, 증지 등의 비용이 들어간다. 그런데 5개의 필지로 분할되면 비용도 5배가 된다. 그래서 애초 계산했던 비용의 5배가 들었다.

그렇게 잔금을 납부하고 얼마 지나지 않아 집으로 공문이 왔다. 낙찰받은 물건 중 일부가 도로 확장공사에 포함되니 보상을 받아 가라는 내용이었다. 도면을 보니 전체 토지 119m² 중 약 30m² 정도가 도로 확장공사에 포함되었다. 포함된 지번이 237-3번지와 237-4번지였다. 마을 안쪽에 있는 토지였는데 마을 진입로가 좁다 보니 대덕구청에서 확장공사를 하고자 하는 것이었다(토지 한 필지 중 일부가 수용되면 측량을 해서 수용된 부분만 별도의 필지로 떼어낸다. 이 토지도 그런 이유로 1필지가 5필지가 됐다).

이렇게 토지 30m²를 포함해 지상에 있는 소나무, 조경수, 대문, 담장 등의 지장물*까지 보상을 받았다. 당시 보상금이 대략 850만 원 정도였다. 나머지 89m²는 지금도 보유 중이다. 처음으로 보상받은 것이었다.

당시 이 경험을 통해 토지보상에 대해 새롭게 생각하게 됐다. 토지 면적으로만 계산하면 평당 6만 5천 원 정도에 낙찰받아 평당 94만 원에 보상받은 셈이기 때문이다. 물론 지장물 가격을 땅값으로 묶어서 계산하기는 했지만 그만큼 큰 성과를 낸 건 사실이다.

2023년과 2024년에 걸쳐 남아 있는 89m²의 토지를 팔고자 하는데, 평당 150만 원 정도는 받을 수 있을 걸로 생각한다. 남아 있는 토지가 27평 정도이니 최대한 보수적으로 생각해도 3천만 원 정도는 될 것으로 본다.

왜냐면 2023년 개별공시지가가 제곱미터당 17만 3,500원으로 약 1,500만 원 남짓이다. 보통 개별공시지가의 2배 정도를 토지 시

---

* 공공사업용지 내의 토지에 정착한 건축물, 공작물, 시설, 입죽목, 농작물 기타 물건 중에서 당해 공공사업의 수행을 위하여 직접 필요로 하지 아니하는 물건으로서 철거 또는 다른 장소로 이전·이설·이식해야 할 물건(출처: 충북개발공사)

세로 보니, 이 물건은 약 3천만 원 정도의 가치를 지닌다. 물론 도시 지역의 경우에는 개별공시지가의 3~5배로도 거래되는 경우가 많다. 그런 점을 감안하면 이 물건의 잔존가치는 최소 3천만 원에서 최대 4,500만 원까지도 생각할 수 있다. 낙찰금액이 230만 원인 걸 감안하고, 이미 보상받은 850만 원을 고려하면 최소 10배 이상의 수익을 낸 것이다.

보상 투자를 위해 알아두어야 할 것들

보상 투자는 꽤 매력적이다. 일반매매로는 나오지 않은 물건들이 경매나 공매를 통해서 나오고 있고, 금액대 또한 저렴한 물건부터 수십억 원에 이르는 큰 물건까지 나오고 있다. 따라서 꾸준한 공부를 통해 본인 상황에 맞게 투자하면 좋겠다.

보상 투자를 하기 위해서는 '손실보상 절차'를 머릿속에 넣고 있어야 한다. 그런데 막상 이를 기억하려고 하니 벌써 머리가 아파온다. 좋다. 그러면 다른 건 다 몰라도 된다. 이 4가지만 기억하자. 바로 사업인정고시, 손실보상 협의, 수용재결, 이의재결이다.

사업인정고시는 공익사업으로 인정을 받기 위한 어떤 고시를 했다는 것을 의미한다. 공익사업으로 인정을 받으면 강제로 수용할 수 있는 권리가 생긴다. 그런 다음 보상을 위한 감정평가를 하

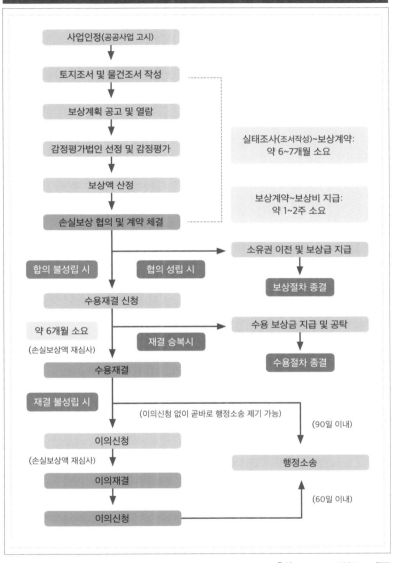

손실보상 절차

사업인정(공공사업 고시)

↓

토지조서 및 물건조서 작성

↓

보상계획 공고 및 열람

↓

감정평가법인 선정 및 감정평가

↓

보상액 산정

↓

손실보상 협의 및 계약 체결

실태조사(조서작성)~보상계약:
약 6~7개월 소요

보상계약~보상비 지급:
약 1~2주 소요

협의 성립 시 → 소유권 이전 및 보상급 지급 → 보상절차 종결

합의 불성립 시

수용재결 신청

약 6개월 소요
(손실보상액 재심사)

재결 승복시 → 수용 보상금 지급 및 공탁 → 수용절차 종결

수용재결

재결 불성립 시

(이의신청 없이 곧바로 행정소송 제기 가능)

(90일 이내)

이의신청

(손실보상액 재심사)

↓

이의재결

↓

이의신청 → 행정소송

(60일 이내)

출처: www.guard1004.com/275

는데, 이 감정평가는 3번까지 할 수 있다. 그래서 손실보상 협의 때 첫 번째 감정평가를, 수용재결 때 두 번째 감정평가를, 이의재결 때 세 번째 감정평가를 한다. 이를 다시 요약해보면 모든 사업은 토지를 강제 수용하기 위해 공익사업으로 인정을 받아야 하며, 실제 보상단계에서는 최대 3번까지 감정평가를 할 수 있다. 이것만 기억하면 된다.

사업인정고시는 대한민국 전자관보(gwanbo.go.kr)나 토지이음 (eum.go.kr), 지자체 홈페이지 등에 고시한 날을 의미한다. 그리고 이날이 보상을 위한 감정평가를 할 때 기준일이 된다. 사업인정고시

사업 종류별 사업인정고시일		
공익사업의 종류	적용법률	사업인정 고시
도시·군계획 시설사업	국토의 계획 및 이용에 관한 법률	실시계획인가 고시일
정비사업	도시 및 주거환경 정비법	사업시행계획인가 고시일
택지개발예정지구	택지개발촉진법	지구지정 고시일
공공주택지구	공공주택 특별법	지구지정 고시일
도시개발구역	도시개발법	토지 세부목록 고시일
산업단지	산업입지 및 개발에 관한 법률	단지지정 고시일
근린공원·민간공원	도시공원 및 녹지 등에 관한 법률	실시계획인가 고시일
도로개설	도로법	도로구역 결정 고시일
역세권 개발사업	역세권 개발 및 이용에 관한 법률	구역지정 고시일
지역개발 사업	지역개발 및 지원에 관한 법률	토지 세부목록 고시일

3기 신도시의 지구지정일			
지구명	면적(m²)	호수(만 호)	지구지정일
남양주 왕숙	1,134	6.6	2019.10.15.
하남 교산	649	3.2	2019.10.15.
인천 계양	335	1.7	2019.10.15.
고양 창릉	813	3.8	2020.03.06.
부천 대장	343	2.0	2020.05.27.

일은 사업의 종류에 따라 다르다. 그래서 어렵다. 하지만 사업종류별 사업인정고시일을 외울 필요는 없다. 정리한 표를 참고하자.

예를 들어보자. 3기 신도시는 공공주택지구에 해당하고, 공공주택지구는 「공공주택 특별법」의 적용을 받는다. 「공공주택 특별법」에서는 지구지정고시일이 사업인정고시일이 된다. 3기 신도시의 지구지정일은 표를 참고하자. 예를 들어 남양주 왕숙의 사업인정고시일은 2019년 10월 15일이다. 이렇게 사업인정고시일은 특정 날짜로 딱 떨어진다.

사업인정고시일이 토지보상의 기준이 된다. 즉 사업인정고시일 기준으로 보상가를 결정하는데, 보상은 감정평가를 통해 이루어진다. 통상 3곳의 감정평가법인 등을 선임하고 토지소유자나 시·도지사 등이 추천하지 않으면 2곳의 감정평가법인 등이 진행해 평균값을 적용한다. 감정평가 방법은 다음과 같다.

감정평가(보상금)=비교표준지 공시지가×면적×시점수정×지역요
인×개별요인×기타요인

　　비교표준지는 해당 토지와 용도지역이 동일한 토지 중에 현실이
용상황, 지목, 지리적 접근성 등을 고려해 선정한다. 부동산공시가
격알리미(www.realtyprice.kr)를 통해 표준지를 검색할 수 있다.

표준지
....

우리나라의 모든 토지를 합치면 대략 3,500만 필지 정도다. 해마다 이
토지들의 공시지가를 산정해야 하는데 이 토지들을 모두 평가하기에
는 비효율적이다. 그래서 대략 7~8개 필지마다 대표성을 띠는 토지를
정해 표준지라고 이름을 붙였다. 그리고 감정평가사들이 이 표준지의
공시지가를 결정한다. 그다음 표준지를 기준으로 공무원들이 나머지
토지들의 공시지가를 결정한다. 이를 개별공시지가라고 한다.
만약 특정 개인이 토지를 소유하고 있다면 그 토지가 표준지일 수도 있
다. 표준지가 아니면 개별토지다.

표준지 공시지가
....

「부동산 가격공시 및 감정평가에 관한 법률」에 따라 국토교통부 장관
이 조사·평가해 공시한 표준지의 단위면적당 가격을 말한다. 실무는
감정평가사분들이 한다. 표준지 공시지가는 국공유지 매수 시 보상기
준이 되고, 금융기관, 보험회사 등의 담보대출 기준이 되며, 개별공시
지가 산정의 기준이 된다.

비교표준지 공시지가의 적용은 사업인정고시일이 있는 해의 1월 1일이 기준이다. 그런데 감정평가를 하는 시기는 이 시점과 차이가 있으므로 이를 보정하기 위해 시점 수정을 한다. 대략 1이 조금 넘는다.

지역요인은 표준지와 해당 토지의 거리를 보완한다. 보통은 1이다. 개별요인은 가로조건, 접근조건, 환경조건, 획지조건, 행정조건, 기타조건을 고려해 결정한다. 도로는 0.33까지도 내려가고, 도로가 아닌 전, 답, 과수원이나 대지의 경우에는 통상 0.8에서 1.2 사이다. 기타요인은 보상선례나 매매사례 등을 살펴 비교표준지 공시지가와 시세와의 차이를 보완해준다. 보통은 1.5에서 2 사이이나 이를 벗어나는 경우도 있다.

사례를 통해
보상 투자 살펴보기

● 경매 사례: 경기도 고양시 덕양구 용두동

사례를 보자. 이 물건은 경기도 고양시에 소재한 임야다. 보통 경매물건을 검토할 때는 현황을 먼저 보고, 그다음 서류를 살핀 다음 마지막으로 권리관계를 검토한다.

지도를 살펴보니 일반적인 지도와는 조금 다른 점이 있다. 우측 주변으로 경계를 표시하는 듯한 점선이 있고, 그 아래에는 '고양창

탱크옥션 **2021타경▊▊**

진행내역: 경매개시 87일 | 배당요구종기일 348일 | 최초진행 112일 | 매각 42일 | 납부 35일 | 배당종결 (624일 소요)

고양지원 13계 (031-920-6325)

임야 토지만 매각이며,지분 매각임 법정지상권/맹지

매각일자 2023.03.29 (수) (10:00)
종국일자 2023.06.14

경기도 고양시 덕양구 용두동 ○○○-○ [새주소검색]

토지면적	595㎡(179.988평)	소유자	이○○	감정가	57,120,000
건물면적	건물은 매각제외	채무자	이○○	최저가	(69.8%) 39,865,000
개시결정	2021-09-28(강제경매)	채권자	장○	매각가	(135%) 77,050,000

오늘: 1 누적: 22 평균(2주): 0 [차트]

구분	매각기일	최저매각가격	결과
	2022-06-15	39,865,000	변경
2차	2023-03-29	39,865,000	

매각 77,050,000원 (134.89%) / 입찰 23명
(2위금액 76,576,576원)

매각결정기일 : 2023-04-05 - 매각허가결정
지급기한 : 2023-05-12
납부 : 2023-05-10

전경도   전경도
1 / 10

출처: 탱크옥션

룽공공주택지구'라고 적혀 있다. 투자를 조금 해보신 분들이라면 지도만 보고도 이 물건이 고양창릉공공주택지구에 포함되는 물건이라는 것을 눈치챌 수 있다.

그런 다음 토지이용계획확인서를 살펴보자. 어느 정도 사업이

경기도 고양시 덕양구 용두동

지목	임야 ❓		면적	2,380 ㎡
개별공시지가(㎡당)	50,000원 (2023/01) 연도별보기			
지역지구등 지정여부	「국토의 계획 및 이용에 관한 법률」에 따른 지역 · 지구등		자연녹지지역 , 준주거지역 , 지구단위계획구역(고양창릉공공주택지구) , 근린공원(저촉) , 주차장(저촉) , 중로1류(폭 20m~25m)(저촉)	
	다른 법령 등에 따른 지역 · 지구등		가축사육제한구역(2019-11-29)(도시지역[주거,상업,공업,녹지(자연취락지구)]및주거밀집지역100m내)<가축분뇨의 관리 및 이용에 관한 법률>, 가축사육제한구역(2019-11-29)(도시지역[주거,상업,공업,녹지(자연취락지구)]및주거밀집지역300m내)<가축분뇨의 관리 및 이용에 관한 법률>, 공공주택지구<공공주택 특별법>, 비행안전제5구역(지원)(수색비행장 표고(19.5m)기준 고도 45m~65m 위임지역)<군사기지 및 군사시설 보호법>, 제한보호구역(전방지역:25km)<군사기지 및 군사시설 보호법>, 공익용산지<산지관리법>, 과밀억제권역<수도권정비계획법>	
「토지이용규제 기본법 시행령」 제9조 제4항 각 호에 해당되는 사항			토지거래계약에관한허가구역	

출처: 탱크옥션

진행된 곳이라면 토지이용계획확인서에 표시가 된다. 그래서 지도와 토지이용계획확인서를 잘 살펴야 한다. 토지이용계획확인서를 보니 중간쯤에 "공공주택지구<공공주택특별법>"이라고 적혀 있다. 앞에서 지도에서 확인한 건 감이라고 한다면, 이렇게 서류에서 확인한 건 증거다. 이로써 이 물건은 고양창릉신도시에 수용되는 물건이라고 확정 지으면 된다.

다음 할 일은 사업인정고시일 찾기다. 왜냐면 모든 보상 물건 분석의 시작이 사업인정고시일에서 시작하기 때문이다. 앞서 표를 참고하면 창릉신도시의 사업인정고시일은 지구지정고시일이다 (2020년 3월 6일). 그런데 다른 사업의 경우에는 사업인정고시일을 어떻게 찾을까?

3기 신도시는 국토교통부에서 진행한다. 이렇게 국토교통부에서 진행하는 사업은 전자관보에서 '지구 지정'이나 '창릉'이라는 키워드로 검색하면 지구지정일을 확인할 수 있다. 시행사가 민간이거나 지자체인 곳은 토지이음이나 지자체 홈페이지 등에서 확인한다.

전자관보에서 '창릉'을 검색해보고 그중 지구지정고시일을 보면 2020년 3월 6일임을 확인할 수 있다. 앞에서 언급한 날짜와 동일하다. 그러면 이 물건은 사업인정고시일인 2020년 비교표준지 공시지가가 보상의 기준이 된다. 비교표준지는 이 물건 인근의 표준지 중 용도지역이 같거나 현실이용상황, 지리적 요인 등이 비슷한 표준지 중 하나가 될 것이다.

여기에 시점과 개별요인, 기타요인 등을 수정해 보상가가 결정된다. 그런데 이 지점에서 한 가지 고민이 생긴다. 실제 감정평가는 감정평가사분들이 하는데 어떤 필지를 비교표준지로 선정할지 잘 모른다는 점이다. 물론 부동산공시가격알리미에서 해당 물건 인근의 표준지 등을 살펴서 비슷한 표준지의 공시지가를 참고하면 되지

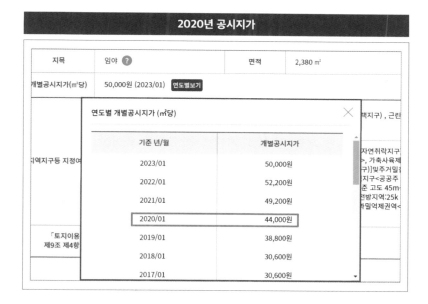

지구지정고시일 확인

기본 검색
입력한 키워드에 대해 메타 및 본문 검색할 수 있습니다.

제목 ∨ 창룡   🔍 검색   ↻ 초기화

고시 총 7건   10 ∨

목차	발행일	관보호수	구분
• 국토교통부고시제2023-315호[공공주택건설 사업계획 승인(고양창룡 S-1BL)]	2023.06.21	20526 호	관보(정호)
• 국토교통부고시제2023-296호[공공주택건설 사업계획 승인(고양창룡 A-4BL)]	2023.06.12	20519 호	관보(정호)
• 국토교통부고시제2022-618호[고양창룡 공공주택지구 지정변경(3차) 및 지구계획 변경(1차) 승인]	2022.11.02	20365 호	관보(별권1권)
• 국토교통부고시제2021-1573호[공공주택건설 사업계획 승인 (고양창룡 S-6BL)]	2022.01.06	20163 호	관보(정호)
• 국토교통부고시제2021-1285호[고양창룡 공공주택지구 지정변경(2차) 및 지구계획 승인]	2021.11.30	20136 호	관보(별권2권)
• 국토교통부고시제2021-846호[고양창룡 공공주택지구의 지정(변경)]	2021.06.29	20032 호	관보(정호)
• 국토교통부고시제2020-245호[고양창룡 공공주택지구의 지정 및 지형도면 등]	2020.03.06	19704 호	관보(정호)

출처: 전자관보

2020년 공시지가

지목	임야 ❓		면적	2,380 ㎡
개별공시지가(㎡당)	50,000원 (2023/01) 연도별보기			

연도별 개별공시지가 (㎡당)   ✕

기준 년/월	개별공시지가
2023/01	50,000원
2022/01	52,200원
2021/01	49,200원
2020/01	44,000원
2019/01	38,800원
2018/01	30,600원
2017/01	30,600원

만, 그것만으로는 충분치 않다. 그래서 나는 그동안의 데이터를 가지고 확률 높게 유추하는 공식을 만들었는데, 대략 다음과 같다.

보상가 = 사업인정고시일 기준 개별공시지가 × 2.0~3.0

즉 앞서 언급한 감정평가(보상금)를 나만의 방법으로 재해석한 것이다. 이를 기준으로 이 물건의 보상가를 유추해보자.

토지이용계획확인서를 보면 이 물건의 2020년 공시지가는 제곱미터당 4만 4천 원이다. 사업인정고시일이 있는 해의 공시지가의 2~3배가 보상가라고 했다. 이를 적용해 경매에 나온 면적 595m²를 적용하면 예상 보상가는 52,360,000~78,540,000원이다.

● 경매 사례: 경기도 수원시 권선구 당수동

이와 같은 방법으로 하나 더 살펴보자.

위성지도를 보니 이 물건 좌측으로 경계를 표시하는 듯한 점선이 보인다. 그리고 1시 방향에 '수원당수2공공주택지구'라고 적혀 있다. 이렇게 지도에서 보더라도 "어쩌면 이 물건은 수원당수2공공주택지구에 포함되는 물건이 아닐까?"라고 생각할 수 있다.

그런 다음 토지이용계획확인서를 보자. 토지이용계획확인서를 보니 예상대로 "공공주택지구(2023-04-27)(당수2)〈공공주택특별법〉"이라고 적혀 있다. 다음으로 전자관보에서 '당수2'라고 검색한다.

경매 **2022타경**▆▆ ▆▆

진행내역 : 경매개시 76일 / 배당요구종기일 211일 / 최초진행 34일 / 매각 33일 / 납부 43일 / 배당종결 (397일 소요)

수원지방법원 2계 (031-210-1262)

전 토지만 매각 법정지상권/농지취득자격증명/맹지

매각일자 2023.05.24 (수) (10:00)
종국일자 2023.08.08

경기도 수원시 권선구 당수동 ▆▆ 새주소검색

토지면적	562㎡(170.005평)	소유자	김병문	감정가	275,380,000
건물면적	건물은 매각제외	채무자	김병문	최저가	(70%) 192,766,000
개시결정	2022-07-07(강제경매)	채권자	신용보증기금	매각가	(85%) 232,889,900

오늘: 1 누적: 507 평균(2주): ▆ 차트

구분	매각기일	최저매각가격	결과
1차	2023-04-20	275,380,000	유찰
2차	2023-05-24	192,766,000	

매각 232,889,900원 (84.57%) / 입찰 16명 / ▆▆

(2위금액 230,800,000원)

매각결정기일 : 2023-05-31 - 매각허가결정

지급기한 : 2023-07-07

납부 : 2023-06-26

전경도   전경도   1 / 10

출처: 탱크옥션

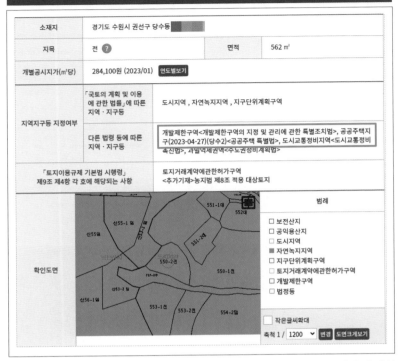

경기도 고양시 덕양구 용두동

소재지	경기도 수원시 권선구 당수동 ▓▓▓▓			
지목	전 ❓		면적	562 ㎡
개별공시지가(㎡당)	284,100원 (2023/01) 연도별보기			
지역지구등 지정여부	「국토의 계획 및 이용에 관한 법률」에 따른 지역·지구등	도시지역 , 자연녹지지역 , 지구단위계획구역		
	다른 법령 등에 따른 지역·지구등	개발제한구역<개발제한구역의 지정 및 관리에 관한 특별조치법>, 공공주택지구(2023-04-27)(당수2)<공공주택 특별법>, 도시교통정비지역<도시교통정비 촉진법>, 과밀억제권역<수도권정비계획법>		
「토지이용규제 기본법 시행령」 제9조 제4항 각 호에 해당되는 사항	토지거래계약에관한허가구역 <추가기재>농지법 제8조 적용 대상토지			

확인도면

범례
- ☐ 보전산지
- ☐ 공익용산지
- ☐ 도시지역
- ■ 자연녹지지역
- ☐ 지구단위계획구역
- ☐ 토지거래계약에관한허가구역
- ☐ 개발제한구역
- ☐ 법정동

☐ 작은글씨확대

축척 1/ 1200 ▾ 변경 도면크게보기

출처: 탱크옥션

지구지정고시일 확인

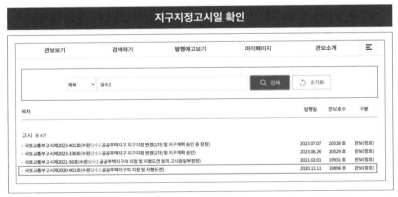

출처: 서울연구원(data.si.re.kr)

2020년 공시지가				

지목	전 ❓		면적	562 ㎡
개별공시지가(㎡당)	284,100원 (2023/01) 연도별보기			

연도별 개별공시지가 (㎡당)   ✕

기준 년/월	개별공시지가
2023/01	284,100원
2022/01	308,300원
2021/01	277,200원
2020/01	229,600원
2019/01	167,300원
2018/01	164,600원
2017/01	127,600원

수원당수2지구는 「공공주택 특별법」의 적용을 받으므로 지구지
정일이 사업인정고시일이 된다. 2020년 12월 11일이다. 토지이용
계획확인서에서 공지시가를 확인한다.

이 물건의 2020년 공시지가는 22만 9,600원이다. 약식으로 보상
가를 유추해보면 258,070,400~387,105,600원이 된다(좀 더 보수적
으로 범위를 좁혀보면 사업인정고시일이 있는 해의 개별공시지가의 2.5배
내외로 보면 된다).

이렇게 지도와 서류를 통해 해당 물건이 공익사업에 편입되는
물건인지 확인한 다음, 사업인정고시일을 찾아 대략적인 보상가격
을 유추해볼 수 있다. 이후 기사와 자료수집을 통해 사업단계를 추

가로 확인하면 보상 시기까지 예상할 수 있다.

지금 살펴본 두 물건은 사업인정고시를 넘어 이미 보상단계에 이르렀다. 따라서 이 물건들을 낙찰받은 사람은 사업시행자에게 바로 매도할 수 있다. 매수자가 대기하고 있는 것과 같다. 통상 서류 접수 후 3주 이내에 보상금을 지급한다.

● 경매 사례: 경기도 용인시 기흥구

다른 물건을 하나 더 보자. 이 물건은 경기도 용인시에 소재한 농지다. 지목이 전, 답, 과수원인 토지를 농지라고 한다. 역시 위성지도, 토지이용계획확인서, 등기부등본 순으로 검토한다.

토지이용계획확인서를 보니 이 토지는 중로1류에 포함되어 있다. 즉「국토의 계획 및 이용에 관한 법률」에 의해 도시계획시설로 지정된 도로에 거의 전부가 포함되는 토지라는 의미다.

여기까지 확인하고 해당 지자체에 문의했더니, 2023년 초에 실시계획인가 고시를 했다는 답변을 받았다.「국토의 계획 및 이용에 관한 법률」에 의한 도시계획시설은 실시계획인가고시일이 사업인정고시일이 된다.

시청 홈페이지에서 고시문을 확인해보니 2023년 1월 20일에 실시계획인가 고시를 했다. 그렇다면 2023년 비교표준지 공시지가가 보상의 기준이 된다. 이 물건은 2023년 10월에 보상계획을 공고했다. 보상가 역시 2023년 개별공시지가의 2~3배 수준에서 결정될 것으로 보인다.

경기도 용인시 기흥구

경매 **2022타경** ▓▓▓

진행내역 : 경매개시 76일 배당요구종기일 139일 최초진행 31일 매각 45일 납부 30일 배당종결 (321일 소요)

수원지방법원 7계 (031-210-1267)

답 토지 매각

매각일자 2023.05.26 (금) (10:00)
종국일자 2023.08.09

경기도 용인시 기흥구 ▓ ■ 새주소검색

토지면적	1044㎡(315.81평)	소유자	▓▓▓	감정가		2,035,800,000
건물면적		채무자	▓▓▓	최저가	(70%)	1,425,060,000
개시결정	2022-09-22(임의경매)	채권자	▓▓▓	매각가	(100%)	2,041,008,891

오늘: 1 누적: 455 평균(2주): 0 차트

구분	매각기일	최저매각가격	결과
1차	2023-04-25	2,035,800,000	유찰
2차	2023-05-26	1,425,060,000	

매각 2,041,008,891원 (100.26%) / 입찰 15명 / ▓▓▓
2위금액 2,018,890,000원(차순위신고)
매각결정기일 : 2023-06-02 · 매각허가결정
지급기한 : 2023-07-10

전경도   전경도

소재지	경기도 용인시 기흥구 ▓▓▓		
지목	답 ❓	면적	
개별공시지가(㎡당)	개별공시지가 자료 없음. 연도별보기		
지역지구등 지정여부	「국토의 계획 및 이용에 관한 법률」에 따른 지역 · 지구등	도시지역 , 제2종일반주거지역 , 중로1류(폭 20m~25m)(보조간선도로)	
	다른 법령 등에 따른 지역 · 지구등	가축사육제한구역<가축분뇨의 관리 및 이용에 관한 법률>, 상대보호구역<교육환경 보호에 관한 법률>, 비행안전제3구역(전술)<군사기지 및 군사시설 보호법>, 역사문화환경보존지역<문화재보호법>, 성장관리권역<수도권정비계획법>, (한강)폐기물매립시설 설치제한지역<한강수계 상수원수질개선 및 주민지원 등에 관한 법률>	
	「토지이용규제 기본법 시행령」 제9조 제4항 각 호에 해당되는 사항		

확인도면		범례
		☐ 도시지역
		▨ 제2종일반주거지역
		▨ 자연녹지지역
		☐ 성장관리권역
		☐ 비행안전제3구역(전술)
		☐ 준보전산지
		☐ 한강폐기물매립시설설치제한지역
		☐ 가축사육제한구역
		☐ 상대보호구역
		☐ 문화재보호구역
		☐ 역사문화환경보존지역
		☐ 중로1류(폭 20m~25m)
		☐ 소로1류(폭 10m~12m)
		☐ 근린공원
		☐ 법정동

출처: 탱크옥션

● 다른 투자 방식과 연계하기

지금까지 3기 신도시 사례 2개와 도시계획시설인 도로에 편입된 사례 1개를 포함해 3개의 사례를 살펴보았다. 그런데 신도시와 도로 개설 공사 외에도 공익사업에 수용되는 경우는 많다. 조금 더 발전하면 다른 투자 방식과 연계해 검토할 수도 있다.

몇 년 전쯤 탱크옥션을 보는데, 한 필지의 토지가 두 필지로 분할된 물건이 보였다. 앞에서 이야기한 경우와 같은 케이스였다. 경매에 나온 필지는 433번지였는데, 등기부등본을 확인하니 이 토지가 433번지와 433-1번지로 분할이 되었다. 나는 직감적으로 보상물건이라는 느낌을 받았다. 해당 시청에 문의했더니 한전에서 의뢰를 받아 분할을 했다는 답변을 받았다. 다시 한전 담당자와 통화를 해서 이 토지가 한전 지중화 선로 구간에 일부가 편입된다는 답변을 받았다.

그렇게 300평 정도 되는 해당 물건을 대략 5,500만 원에 낙찰받았다. 이후 한 달 정도 후에 약 100평을 4,500만 원 정도의 보상을 받고 한국전력에 매도했다. 이후 200평은 농지연금에 가입했다. 농지연금에 가입하면서 일시금으로 1,700만 원을 수령했고, 매월 20만 원 정도를 수령 중이다.

토지보상 물건은
어떻게 찾아야 할까?

　토지보상 물건을 찾기 위해서는 먼저 위성사진을 살피고, 그다음 토지이용계획확인서를 살피고, 등기부등본을 살피면 된다. 대부분은 토지이용계획확인서에서 걸러진다. 물론 토지이용계획확인서에 반영되기 이전 사업들은 평소 신문기사 등을 활용하면 된다. 다음의 물건은 광주광역시 북구 월출동에 위치한 농지다. 위성지도와 토지지용계획확인서를 보더라도 특이한 점이 보이지 않는다. 그럼 이 물건이 보상을 받을 수 있는 물건이라는 건 어떻게 알 수 있을까?

　2023년 5월 중순에 지방지와 경제신문 등을 통해 광주광역시 북구 월출동 일원에 14만 평 규모의 의료특화산단이 들어선다는 기사가 나왔다. 해당 기사에는 구체적인 위치까지 표시됐다. 이를 지도

광주광역시 북구 월출동 관련 기사

아주경제　광주광역시 북구 월출동 14만평에 의료특화산단 들어선다

광주광역시 북구 월출동 14만평에 의료특화산단 들어선다

(광주)박승호 기자　입력 2023-05-14 08:13

출처: 아주경제

경매 2023타경▨▨▨

진행내역 : 경매개시 84일 · 배당요구종기일 98일 · 최초진행 42일 · 매각 34일 · 납부 28일 · 배당기일 (286일 소요)

광주지방법원 3계 (062-239-1605)

매각일자 2023.08.17 (목) (10:00

답 토지 매각 농지취득자격증명

광주광역시 북구 월출동▨ 세주소검색

토지면적	3000㎡(907.5평)	소유자	_▨	감정가	588,000,000
건물면적		채무자	▨	최저가	(70%) 411,600,000
개시결정	2023-01-05(임의경매)	채권자	▨	매각가	(74%) 435,850,000

오늘:1 누적: 85 평균(2주): 0 · 차트

구분	매각기일	최저매각가격	결과
1차	2023-07-06	588,000,000	유찰
2차	2023-08-17	411,600,000	

매각 435,850,000원 (74.12%) / 입찰 3명 / ▨▨ ▨

매각결정기일 : 2023-08-24 - 매각허가결정

지급기한 : 2023-09-21

납부 : 2023-09-20

배당기일 : 2023-10-18

전경도 / 관련사진

1 / 4

소재지	광주광역시 북구 월출동___		
지목	답 ❓	면적	▨ ▨
개별공시지가(㎡당)	69,800원 (2023/01) 연도별보기		
지역지구등 지정여부	「국토의 계획 및 이용에 관한 법률」에 따른 지역 · 지구등	도시지역 , 자연녹지지역	
	다른 법령 등에 따른 지역 · 지구등	개발제한구역<개발제한구역의 지정 및 관리에 관한 특별조치법>, 비행안전제3구역(전술)(2018-10-19)<군사기지 및 군사시설 보호법>	
	「토지이용규제 기본법 시행령」 제9조 제4항 각 호에 해당되는 사항	토지거래계약에관한허가구역	

확인도면

범례

- ☐ 비행안전제3구역(전술)
- ☐ 도시지역
- ▨ 제1종일반주거지역
- ▨ 자연녹지지역
- ☐ 법정동
- ☐ 제1종지구단위계획구역
- ☐ 토지거래계약에관한허가구역
- ☐ 개발제한구역
- ☐ 어린이공원

☐ 작은글씨확대 축척 1 / 1200 ▼ 변경 도면크게보기

출처: 탱크옥션

에서 비교해보는 것이다. 이런 자료를 하나씩 모으면 자기만의 빅데이터를 만들 수 있다.

이런 기사를 개인이 하나씩 찾기에는 한계가 있다. 이럴 때 좋은 서비스가 구글알리미(www.google.co.kr/alerts)다. 구글알리미는 구글에 키워드를 등록해놓으면 해당 키워드가 포함된 기사를 하루에 한 번 메일로 받을 수 있다. 개발, 개발행위허가, 토지거래허가, 사업인정, 공익사업 등의 키워드로 등록해놓으면 된다.

보상 투자의 기준은 사업인정고시일이다. 「공공주택 특별법」에서는 지구지정일이 사업인정고시일이 되는데, 보통 사업 발표를 하고 지구지정까지는 2~3년 정도 걸린다. 지구지정부터 토지보상에 이르기까지는 또 2~3년이 걸린다. 초기 단계의 사업들은 구글알리미 등을 통해 관련 정보를 찾고, 어느 정도 진행이 된 곳들은 토지이용계획확인서를 통해 확인하면 된다.

물론 주의할 점도 있다. 사업이 중간에 취소되는 경우도 있고, 보상 시기가 예산 등의 문제로 지연되는 경우도 있다. 이런 경우의 수를 고려해 판단해야 한다. 처음에는 사업인정고시가 난 곳에 관심을 갖고 점차 초기 단계로까지 확대해가는 걸 추천한다.

2024년
보상 투자 전망

요즘 탱크옥션을 보는 시간이 많다. 탱크옥션은 유료 경매 사이트 중 한 곳인데 사용하기 편해 이용한다. 탱크옥션에서 보다 보니 한 가지 눈에 띈다. 작년과 비교해 토지물건이 대략 2배 이상 늘었다는 점과 보상을 받을 수 있는 물건이 많이 보인다는 점이다. 몇 년 전에는 토지물건이 1천 건 남짓한 시기도 있었다. 그런데 2023년 11월 기준으로 약 5,300여 건의 토지물건이 경매로 진행 중이다. 공매물건 3,100여 개를 더하면 토지물건만 8천여 건이 넘어간다.

보상 투자는 해당 물건을 매수해줄 사람이 대기하고 있다는 점이 가장 매력적이다. 요즘 부동산 거래가 힘들다. 원하는 가격에 팔기 힘든 건 물론이다. 가격을 조정해도 매수해줄 사람이 별로 없다. 토지는 더욱 그렇다. 그런데 매수할 사람이 대기하고 있다는 건 큰 장점 중 하나다. 보상 투자는 사업시행자에게 매도하고 보상금을 수령하는 방식이라 매매를 걱정할 필요가 없다.

물론 조심해야 할 부분도 있다. 보상가를 너무 낙관해서는 안 된다. 경매 감정보다 보상가격이 낮은 경우도 많고, 실제 낙찰받은 가격보다 보상가가 낮은 경우도 있다. 따라서 토지 보상가를 정확하게 예측할 수 있어야 한다.

2024년에도 다양한 공익사업을 시행한다. 3기 신도시와 국가산업단지, 각 지자체에서 시행하는 택지개발지구, 도로, 철도, 항만, 도심융합특구, 첨단산업단지 등이다. 해마다 보상금으로 풀리는 돈이 20조 원이 넘어간다. 아울러 경매나 공매 물건도 많아져 보상을 받을 수 있는 물건이 많아지고 있다. 여건이 좋아지고 있는 셈이다. 이런 분위기와 환경을 잘 활용해 2024년에는 보상 투자에 관심을 가져보자.

영종도의 변화와
투자가치 분석

홍소장 홍성일

- 저서 『상가투자 비밀노트』
- 카페 상가에 미친 사람들
  (cafe.naver.com/sangga22)
- 블로그(blog.naver.com/redox17)

지난 5년간 상가의 분양가는 연일 신고가를 경신했고 서울에서 전용면적 평당 1억 원의 대중화 시대를 열었다. 3천만~4천만 원 하던 시절이 불과 몇 년 전이었는데, 상가 인기가 높아졌다고 해도 지나치게 오른 가격은 참 아쉬움이 남는다. 분양가격 상승은 반대로 수익률을 하락시킨다. 동전의 양면처럼 명암(明暗)이 두드러지는 게 상가의 분양가격과 수익률이다.

수년간 대부분의 분양 상가들이 3% 중반대 수익률에 맞춰 분양했다. 그러나 이런 수익률이라면 필자는 그냥 은행이나 투자신탁사에 넣으라고 이야기하고 싶다. 5%짜리 수익률을 어렵지 않게 찾을 수 있는 시기에 군이 위험을 감수하면서 상가 투자를 할 필요성을 느끼지 못한다. 그럼 이런 시기에 상가 투자는 손을 놓고 있어야 할까?

필자는 오랜 시간 공부와 스터디의 중요성을 강조하고 있고, 수강생들을 상대로 6개월 과정의 스터디를 2017년부터 꾸준하게 지도해오고 있다. 투자를 위한 공부를 하면 경제의 흐름이 보이고 혼탁한 시장에서도 투자할 지역이 보이기 때문이다.

필자는 행크에서 강의를 시작한 2016년부터 7년 차 상가 전문 강사이면서 상권 분석 강사로 활동하고 있다. 항상 현장을 다니면서 지역을 발굴하고 있다. 왜 그럴까. 투자를 결정하는 포인트가 남들과 다르기 때문이다. 일반적으로는 상가 투자는 위험성 때문에 좋은 지역과 안전한 상가를 권하는 경우가 많다. 하지만 필자는 반대로 움직인다. 악재가 많거나 가치가 낮은 지역을 고르는 경우가 많다. 그러면서도 수익은 투자 대비 몇 배 이상을 내야 한다.

그동안 많은 수강생을 지켜보면서 느낀 공통점은 투자금이 충분하지 않다는 점이다. 상가에 투자하고 싶지만 자금이 부족한 경우가 대부분이었다. 한두 개를 매입하면 끝나는 경우가 많았다. 그렇다 보니 가성비 좋은 물건을 추천해줘야 했다. 상권이 안정적이고 좋은 지역은 너무 가격이 부담스러워 추천해도 투자할 엄두를 내지 못하는 경우를 많이 봤기 때문이다. 주변의 지인들에게 부담 없이 투자를 권유할 수 있으려면 3가지 조건을 충족하는 물건을 골라줘야 했다.

① 가격 부담이 적어야 한다.
② 현재보다 미래의 가치가 상승할 수 있어야 한다.
③ 매도에 어려움이 없어야 한다.

이번에는 지역분석에 대한 글을 써보려 한다. 현재 가치를 인정받지 못하고 있는 지역이고 여러 가지 핸디캡이 보이는 곳이기 때문에 분석을 통해서 리스크는 어떤지 그동안 알고 있던 호재는 진짜 가치가 있는 것인지 등 미래의 움직임에 대해서, 이 글을 읽는 분들께서 판단해보기를 권하고 싶다. 필자가 주장하는 위의 3가지 조건에 부합하는지 아닌지를 말이다.

호재와 악재가 공존하는 영종도

분석하려는 지역은 영종도다. 오랜 시간 호재와 악재가 공존했던 지역이다. 지금 부동산 시장의 온기가 서울과 수도권 중심부 위주로 돌고 있는 상황에서 굳이 내륙도 아니고 인천 앞바다의 섬 지역까지 돌아볼 여유가 있을까 싶지만, 현재 시점으로 영종도를 바라보는 시각은 다양하고 폭넓어 보인다. 대체적으로는 부정적인 인식

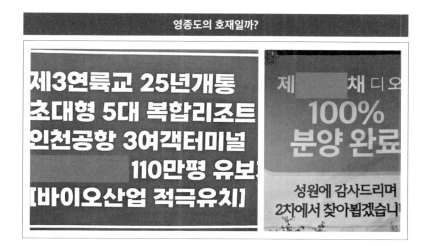

이 강한 이곳에 몇몇 이벤트를 눈여겨볼 필요가 있어 보여서 분석을 해보려고 한다.

앞 페이지의 왼쪽 사진은 중개사사무소에 붙어 있는 영종도의 호재를 찍은 것이고, 오른쪽은 현재 공사 중인 아파트 현장에서 담은 사진이다. 영종하늘도시의 아파트가 100% 분양 완료됐다는 인사 문구다. 이제부터 영종도 호재라고 주장하는 내용이 정말 호재인지 아니면 주장만 있고 알맹이가 없는 빈 껍데기뿐인지 분석해보겠다.

영종도는 인천 앞바다에 있는 큰 섬이다. 원래는 지금의 모습이 아니었다. 여러 섬을 간척사업으로 연결하고, 추가로 대규모 간척사업을 통해서 국제공항이 들어서게 된다. 이후 인천경제자유구역으로 편입되면서 대규모 신도시와 함께 여러 가지 개발계획이 발표된다. 연이어서 엄청난 계획들이 발표되면서 2000년대 중반 영종도는 화재와 관심의 중심에 서게 된다.

발표 당시에는 인천경제자유구역의 구체적 모습이 드러나지 않았을 시기라서 송도, 영종, 청라가 다 비슷한 관심을 받았다. 그중에서 영종도는 대규모 리조트나 MGM 같은 세계적 테마파크가 들어온다는 곳으로 입소문이 났다. 그 때문에 섬이지만 투자 매력이 넘치던 곳으로 부각하기 시작했다.

하지만 십여 년이 넘게 지나면서 원래 계획은 틀어지고, 변경되고, 새로운 계획이 발표되기를 반복했다. 그러면서 개발 피로도가 쌓였고 영종도는 사람들의 관심에서 조금씩 멀어지게 된다. 물론 지난 5년간의 부동산은 큰 상승기에 영종도에도 투자의 붐이 불었고 주거형 위주로 상승장에 동참하면서 개발이 더딘 영종도에도 곳곳에 새로운 건물과 아파트와 시설들이 들어섰다. 하지만 신도시는 너무 넓었고 도시를 채우기 버거워 공터가 아직까지도 여기저기 넘친다. 다른 곳에 비해서 원대했던 계획들은 하는 듯 마는 듯이 연결되고 있었다.

그렇게 시간이 흘러 별 기대 없이 먼발치에서 바라보던 영종도는 지금 시점에서 어떤 모습일까? 일반 투자자 입장에서 객관적으로 영종도의 상권까지 분석하거나 알아보기는 쉽지 않기 때문에 시중에 넘치는 너무 자극적인 주장을 걷어 내고 현재의 모습을 담백하게 담아내면서 미래의 흐름도 조심스럽게 접근해보려 한다.

영종도의 과거와 새로운 시작

영종도는 원래 영종도, 신불도, 삼목도, 용유도와 몇몇 작은 섬으로 구성되어 있었다. 그중에 가장 큰 섬이 삼각형 모양의 영종도다. 섬의 중앙에는 백운산(白雲山, 256m)과 몇몇 봉우리가 있었다. 섬에서는 농업을 하거나 서해안 갯벌을 살려서 방조제를 만들고 곳곳에 염전과 어업을 하면서 생활했던 곳이다.

이후에 영종도는 섬의 쓰임새를 키우기 위해서 갯벌을 메우는 간척사업을 꾸준하게 진행했다. 우리가 보고 있는 지금의 영종도는

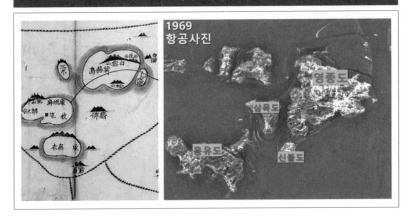

1969
항공사진

영종도

신불도

용유도

삼목도

국제공항을 건설하기 위한 프로젝트로 만들어지게 되었다. 국제적 위상이 높아지고 교역이 많아지고 여행을 자유화하면서 김포공항은 처리 용량의 한계에 다다랐다. 세계적인 규모를 갖춘 국제공항을 만들기 위해서 서울과 접근성이 좋으면서도 각종 소음 등의 문제를 최소화할 수 있는 곳으로 영종도를 매립해서 국제공항을 건설하기로 결정된다. 이후에 영종도에는 10여 년간의 대규모 국제공항 건설 프로젝트가 진행되면서 개발의 바람이 불기 시작했다.

지금의 영종도는 공항을 목적으로 만들어진 자연섬+인공섬으로 공항과 함께 배후에 주거단지도 같이 조성하게 된다. 일명 '신공항 배후지원단지'로 공항에 근무하는 사람들의 주거 목적으로 건설되는 곳이다. 이후 2001년 3월 공항이 개항하면서 영종도는 본격적으로 변화를 맞이하게 된다.

영종도 개발					
지구명	면적km²(천평)	사업기간	매립목적	시행자	이용상황
운서지구	0.510(154)	87.5.9~92.5.2	해수욕장 및 보트장 부지조성	개인	인천공항 편입
영종 I	1.131(342)	중구 운서동	도시	91.2.4	97.7 변경
영종 II	0.256(159)	중구 운서동	도시	91.2.4	97.7 변경 (일반해면)
영종 III	0.165(50)	중구 운서동 일원	도시	98.1.8	
영종공항	46.524 (14,073)	92.5.4~ 2001.1	인천 국제공항건설 〈기본:12.262km²〉	수도권 신공항 건설공단	98.1(1단계)

출처: 인천광역시(1999)

대표적으로 2003년 인천의 송도, 영종, 청라가 경제자유구역으로 지정된다. IMF 이후에 새로운 성장 동력을 마련하기 위해서 다양한 혜택을 부여하는 경제특별구역을 지정해서 돌파구를 찾기 위한 시도를 했다. 특히 다국적 기업의 투자를 유치하고 첨단산업을 육성하기 위한 목적으로 자금지원과 세제 혜택 등을 제공하기도 했다. 당시에는 신흥 국가로 부상하던 중국과의 교역이 증가할 시점이라 중국 자본의 투자를 유치할 목적도 있었다. 실제로 영종도의 많은 개발계획이 중국 관광객을 끌어들이기 위한 것이라 카지노와 리조트 같은 휴양과 오락 시설이 많았다.

경제자유구역으로 지정되면서 도시를 새로 조성하는 계획들이 발표되었고 현재까지 이어지고 있다. 대표적으로 국제공항을 반영

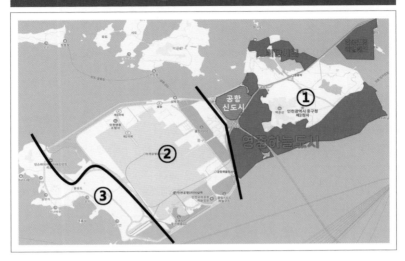

3블록으로 나눈 영종도

한 물류, 첨단산업단지와 자유무역지역이 있고, 관광도시 계획도 있다. 용유·무의관광단지와 운북복합레저단지 같은 계획들이 발표되었다. 많은 계획 중에서 시간이 흐르고 대외적 여건이 바뀌게 되면서 수정된 것도 있고 현재까지 진행 중인 것도 있다. 진행 중인 계획 가운데 영종도에 영향이 크게 미칠 수 있는 것들과 어떤 변화가 있을지를 집중적으로 다루어보겠다.

먼저 영종도를 크게 3블록으로 나누어보았다. 여러 도시계획이 집중되어 있는 ①번 블록, 인천국제공항과 관련 시설들이 들어서 있는 ②번 블록, 마지막으로 원래는 용유도와 무의도, 을왕리해수욕장이 있던 ③번 블록이다.

도시계획이 집중된
①번 블록

　지도에서 파란색으로 되어 있는 곳은 현재도 개발이 진행 중인 곳이고 주황색은 도시가 완성된 곳이다. 영종도에서 신도시와 개발 계획이 집중되어 있으며 가장 많은 사람이 거주하고 있는 곳이다. 또 현재에도 많은 개발이 진행 중인 곳이기도 하다.

　하지만 반대로 개발이 예상대로 진행되지 못하고 있는 곳도 많다. 도시가 만들어지고 성장하는 곳이면서, 어떻게 보면 아직도 불안하고 조심스러운 곳이다. 이 블록은 동전의 양면처럼 안정적인 곳과 불안한 곳이 공존하고 있다. 투자자들이 대부분 이곳에 투자를 집중했고 부동산 상승기에는 인기를 끌기도 했던 곳들이다.

● 공항신도시

　먼저 공항신도시다. '신공항배후지원단지'로 조성된 곳이다. 공항 개항 이후인 2002년부터 입주를 시작해서 현재 아파트를 포함해서 약 6천여 세대가 있다. 세대당 2.5명으로 곱하면, 대략 1만 5천 명이 생활하는 도시다. 특징이라면 저층 위주의 단지로 되어 있는 쾌적한 주거환경을 갖추었다는 것이다. 또 공항철도 운서역이 서울과 바로 연결되어 있어 교통조건이 좋다. 공항철도는 홍대입구역과 서울역으로 갈 수 있기 때문에 서울의 핵심 상권이나 도심으로 어렵지 않게 접근할 수 있는 장점이 있다.

공항신도시

공항신도시의 상권은 운서역과 연결되어 있다. 대기업 브랜드의 대형 마트는 영종도 전체에서 이곳에 있는 롯데마트가 제법 큰 규모다. 그렇다 보니 영종하늘도시를 포함해서 영종도 전체에 영향을 미치는 시설이기도 하다. 세대수가 많은 영종하늘도시에는 중형 규모의 진로마트가 초창기부터 영업을 하고 있는 정도다.

상권의 왼쪽 사진을 보면 알겠지만 오랜 시간 공터였다. 2017년 그 자리에 규모가 있는 호텔과 쇼핑몰이 입점했다. 공항신도시 상권은 갇혀 있는 섬 상권이라 변화가 쉽지 않았던 곳이다. 하지만 지난 10여 년 사이에 상권에 변화가 있었다. 필자가 이곳을 처음 방문했던 10년 전에는 큰 특징이 없던 상권으로 프랜차이즈 브랜드를 찾아보기 어려웠다.

상권에는 주로 공항과 관련된 시설들이었다. 10층 내외의 관광

공항신도시 상권

공터

호텔과
쇼핑몰 입점

급 호텔들과 각종 고시원이 많았고 관광객들을 위한 유흥 시설이 제법 무리를 이루고 있었다. 아파트 주변으로는 다른 지역과 크게 다르지 않았다. 학원과 각종 병의원이 몇몇 건물에 분포되어 큰 특징이 없어 보였다. 공항에서 근무하는 사람들이 많이 거주하는 곳이었기에 상권에 외부인이 그리 많지 않은 지역이었다. 그러다 보니 상가 투자의 매력은 그리 크지 않았다. 가끔 경매가 나왔는데, 저렴하게 매입하거나 낙찰받아서 차익보다는 수익률을 보고 투자하는 지역이었다.

그런데 지금은 공항신도시 상권 분위기가 조금 바뀌었다. 공터가 많았던 역 주변으로 대형 호텔이 들어선 것이다. 건물의 높이는 고도 제한으로 기존의 관광호텔과 크게 차이가 없지만 규모가 달랐다. 압권은 호텔과 함께 쇼핑시설이 같이 입점한 것이다. 버거킹이

나 올리브영 같은 프랜차이즈는 물론이고 상권이 발달한 곳에서 볼 수 있는 브랜드가 많이 입점했다. 그 효과로 평범했던 상권 분위기가 많이 업그레이드됐고, 아울러 공항을 이용하는 관광객들이 이곳에 숙소를 정하는 빈도가 증가하기 시작했다. 거리에 관광객들이 많이 보이면서 상권이 활기차 보이고 서울의 여느 지역과 크게 다르지 않아 보인다. 한류 붐이 일면서 평범했던 상권이 관광형 상권으로 변하고 있었다.

공항신도시 상권을 분석해보았다. 왼쪽 지도는 나이스비즈맵을 통해서 상권 내 유동인구를 확인한 것이다. 전체적으로 1등급(파란색)으로 표시된다. 상권 내 전체적으로 유동성이 좋다는 의미다.

공항신도시의 교통 조건은 영종도 내에서 가장 잘 갖추어져 있다고 생각한다. 공항철도를 이용할 수 있으며 영종도에서 유일하게 대형 마트가 있는 곳이다. 또 대형 호텔과 쇼핑시설이 입점하면서 관광객의 유입이 증가했다. 이런 점들이 상권에 긍정적으로 작용하고 있다.

필자는 상권의 흐름을 강조한다. 투자의 포인트가 여기서 나온다. 과거보다 현재의 가치가 상승한 곳에는 권리금과 월세가 오르고 매매가격도 상승할 수 있다. 한류 붐이 불수록 인천공항을 이용하는 사람이 증가하게 되고 공항신도시도 꾸준하게 유동성이 증가할 것으로 보인다. 코로나19 같은 변수가 없다면 공항신도시의 상권은 현재보다는 미래가 더 밝을 것이다.

● 미단시티(구 운북복합레저단지)

섬의 북측 지역에 주거, 레저, 비즈니스 등 각종 문화 복합관광형 레저단지 및 타운 조성 목적으로 계획된 도시가 미단시티다. 처음 이름은 '운북복합레저단지'였지만 2010년에 '미단시티'로 이름을 바꾸었다. 아름다운 실크로드라는 의미를 '미단'에 담았다고 한다.

미단시티도 경제자유구역과 함께 영종도의 미래를 밝혀줄 멋진 포부를 담고 계획됐던 곳이다. 물론 지금도 부분적으로 공사는 진행 중이다. 하지만 계획처럼 쉽게 풀리지 못하고 있기도 하다. 미단시티는 그동안 여러 시행착오를 겪고 좌충우돌하고 있는 대표적인 곳이다.

몇 가지 살펴보자. 먼저 굿몰(GOOD MALL)이라는 쇼핑몰 사업이다. 동대문디오트에서 운영관리를 하기로 했던 패션 전문 쇼핑몰

미단시티 굿몰

로 기획됐지만, 사업은 준공을 못 하고 멈추었고 지금은 굿몰이라는 이름조차 사라졌다.

미단시티는 관광형 도시로 계획됐지만 리먼사태 같은 금융위기가 발생하면서 외부에서 투자유치가 어려워지게 되면서 계획했던 대부분 사업이 연기되거나 무산되고 있다. 현재 미단시티에는 몇몇 아파트단지와 상가주택, 몇 개의 상가가 들어와 있는 정도다. 땅의 대부분이 공터로 방치되어 잡초만 무성하게 시간의 흔적을 쌓아 올리고 있다.

미단시티 건설에서 핵심 역할을 해줄 사업은 복합리조트 사업이다. 화교 자본의 리포그룹과 라스베이거스 카지노그룹의 시저스가 '리포앤시저스코리아(LOCZ)'를 만들어 투자의 주체로 나섰다. 외형적으로는 라스베이거스 카지노그룹으로 유명한 시저스가 전면에

나섰다. 지금은 없어졌지만, 과거의 공사 현장에는 시저스코리아를 확인할 수 있었다

리포와 시저스의 합작사가 미단시티 복합리조트 사업(RFCZ, R&F Caesars)에 투자를 하면서 사업은 순조롭게 진행되는 듯했다. 그런데 사업은 예상과 다르게 가다 서다를 반복하다 결국 합작사 중 하나인 시저스가 철수했다. 진행 중인 사업을 RFKR(중국 푸리그룹 한국법인)이 9천억 원가량을 투자해서 복합리조트를 짓기로 했으나 푸리그룹도 공사비를 지급하지 못하고 있다. 현재 27층 중 24층까지만 골조가 올라간 상태이고, 공사는 2020년 2월부터 중단되어 재개되지 못하고 있다. 현재 공사기간 연장만 반복하고 있다.

현장은 골조 공사를 마무리하지 않고 올스톱했기 때문에 외관이 흉물스럽게 방치되어 있다. 문제는 앞으로도 사업의 진행을 확신하기 어렵다는 것이다. 물론 다른 회사에서 건물을 인수해서 공사를 마무리할 수도 있을 것이다. 앞으로 사업의 진행 가능성은 대규모 관광객 유치가 가능할 것인지, 관광사업의 전망 여부에 따라서 달라질 것으로 보인다.

문제는 복합리조트타운과 겹치는 비슷한 사업이 많기 때문에 진행에 부정적으로 작용하고 있다. 미단시티의 많은 부지가 공터로 남아 있다. 이런 곳들이 개발되려면 원래 용도보다 좀 더 폭넓게 용도변경을 허용해서 새로운 사업을 유치하는 등 혁신적인 변화가 있어야 할 듯하다. 지금 상태라면 그리 긍정적으로 말하고 싶지는 않다.

● 영종하늘도시

①번 블록의 핵심은 영종하늘도시다. 섬에서 가장 넓은 계획도시로 영종도의 양대 사업이 국제공항블록 건설과 영종하늘도시 사업이다. 원래 계획대로는 아니지만 현재 공정 진행은 그런대로 순조롭게 되어가는 중이다.

영종하늘도시는 면적으로 압도하는 곳이다. 약 583만 평 정도고, 전부 입주하면 5만 3천 세대가 넘는 엄청난 규모의 신도시다. 경제구역의 세 도시 모두 규모가 크기 때문에 영종하늘도시의 규모가 그리 크게 부각되지는 않지만, 필자는 섬이라는 특성을 반영하면 다소 무리가 있어 보이는 규모라고 생각한다. 섬에 다른 개발지가 없고 하늘도시에만 모일 수 있다면 신도시의 개발이나 진행이 빠르게 정

영종하늘도시

상화가 될 수 있지만, 분산 요소가 있는 가운데 규모마저 크기 때문에 신도시의 형성이 다소 더딜 수밖에 없는 문제를 안고 있다.

인천공항 제2터미널 확장은 영종하늘도시가 새로운 도약이 가능할 거라는 기대감을 키워준 계획이었다. 실제로 영종도는 인천공항 때문에 만들어진 섬이었고 공항신도시와 주변에 다양한 계획도 세울 수 있었던 원동력이었다. 그런 기대감으로 2018년 1월에 제2터미널이 개장했다. 영종도에 거주하는 원주민이나 부동산 쪽에서 많은 기대를 했다고 알려져 있다. 실제로 투자접근으로 터미널의 확충을 강력한 호재로 주장하는 이들도 있었다.

제2터미널의 확장으로 발표된 신규 일자리는 대략 5천여 명+α다. 하지만 공항 전체가 자동화시스템을 도입하고 코로나19 사태가 발생하면서 제2터미널은 최소의 인원으로 운영하게 된다. 예상했던 것처럼 대규모 고용 효과는 나타나지 않았다. 필자가 이용해본 제2터미널은 차분해 보였고 근무하는 분들이 많이 보이지 않았다.

운서역 주변으로 대규모 오피스텔이 공급되었지만 기대만큼의 고용 효과가 나타나지 않으면서 채우지 못했다. 하늘도시의 상가주택이나 아파트 수요도 크게 장이 서지 못했다. 2019년 하반기부터 코로나19 사태가 발생하면서 공항은 정상 운행이 어려워지고 제한적으로 운행되기 시작하면서 영종도는 오히려 퇴행하기 시작했다. 곳곳에서 한동안 적막감만 돌았다.

영종하늘도시
상권 분석

● 하늘도시 운서역 상권

영종하늘도시에서 유일하게 공항철도를 이용할 수 있는 곳이다. 또 대규모 상업지이기도 하다. 공항 확장으로 기대감이 컸었던 운서역 상권에는 수요 증가를 예상하고 대규모 오피스텔과 생활형 숙박시설(이하 생숙) 들어섰다. 하지만 수요는 기대를 충족시키지 못했고 오피스텔의 공실률만 높아졌다.

다행이라면 통상가 건물이 몇 개 없다는 점이다. 역 앞에 3층 건물과 극장이 입점한 건물 정도가 상가로만 건축된 건물이다. 상가건물이 많아서 많은 업종이 입점하고 사람들을 불러들여야 상권이 제대로 역할을 한다. 하지만 영종도에는 그럴 만한 여력이 없다. 그러다 보니 상업지에 상가 대신 오피스텔만 건축하게 된 것이다.

메가박스가 입점해 있던 상가 1층 편의점이 폐점한 것을 보면 이곳 상권이 얼마나 열악한지 알 수 있다. 상권을 살펴보니 두 곳이나 더 폐점을 확인했다. 담배권도 있는 편의점이다. 운서역 상권이 건물이 많아서 외형으로는 상당해 보이지만 실질적으로는 상권력이 한계가 있다는 표시로 보인다.

상권 내 전반적으로 공실이 많다. 오피스텔 건물에 2~3층에만 있는 상가도 다 채우지 못하고 공실이 넘친다. 메가박스가 입점한 건물조차 1층 상가 대부분이 공실이었고, 입점했던 업종들도 대부분 문을 닫고 폐점했다. 상권 안에서 사람이 많은 곳은 대부분 주류

하늘도시 운서역 상권

업종 위주로 형성되어 있다.

운서역 상권은 역을 끼고 있는 일반상업지로 하늘도시의 중심 역할을 할 것 같지만 실제로는 운서역 건너편에 형성되어 있는 공항신도시 상권을 이용하는 경우가 많다. 하늘도시 운서역 상권의 분위기는 생숙과 주상복합과 대부분이 오피스텔로 구성되어 있다.

영종도는 교역과 관광을 목적으로 만들어진 도시답게 상업지에 숙박시설의 입점이 다른 신도시에 비해서 자유로운 편이다. 요즘 곳곳에서 잡음이 일고 있는 생숙이 영종도에도 여러 지역에 분포되어 있기도 하다. 생숙도 숙박시설이지만 입점할 수 있는 블록이 정해져 있다는 점이 구도심과 차이다. 상업지 안에서도 주상복합과 업무형으로 지정된 곳도 있어 상권 분석할 때 참고해야 한다.

상권이 크게 형성되어 있지는 않다. 현재는 먹자와 술집 위주의 상권으로 젊은 층이 많은 곳에 맞는 업종들이 분포되어 있다. 지도에서 빨간색으로 점(占)자 형태로 되어 있는 곳이 그나마 사람들이 자주 모이는 상권이다.

일반적으로 상권은 역 앞을 중심으로 형성된다. 하지만 여기는 그런 상식을 깨는 곳이다. 역 앞으로 커피숍만 몇 개 있을 뿐 상권이라고 불릴 만한 업종들을 찾아보기가 힘들다. 이곳에 없는 스타벅스나 올리브영이나 요즘 유행하는 탕후루 같은 업종들은 역의 반대편에 전부 몰려 있다.

역 주변 상권을 살펴봤다면 하늘도시 내에 형성되어 있는 상권 몇 곳 더 살펴보자. 지도에 숫자로 표시해놓은 곳이 하늘도시와 주

변에 상권이 형성되어 있는 곳이다. 도시는 크지만 상권은 아직 제대로 형성되지 못했기 때문에 상권이 부분적으로 존재하는 곳들이 많다. 1번이 운서역 상권이고 2번이 아파트 입주가 많아지면서 요즘에 새로 조성되고 있는 상권이다. 제법 상가건물이 많이 들어선 곳으로 살펴볼 가치가 있다.

● 2번 블록 상권

이곳은 지난 5년간의 부동산 상승 시기에 아파트 분양과 건축이 활발했던 곳이다. 대부분 공터였던 곳에 아파트단지가 4개 들어서고 주변 상업지에도 상가들이 빠르게 채워지기 시작했다. 불과 2~3년 사이에 순식간에 도시 하나가 만들어진 셈이다.

하지만 배후에 아파트 4천여 세대와 비교해서 상가가 동시에 너무 많이 공급됐다. 그렇다고 이곳만의 개성이나 특징이 있는 건 아니다. 아파트가 입주하고 부동산 투자가 활발해지면서, 신축이 증가하게 되고 상권이 형성된 것이다.

상권에는 기존 상가도 공실이 많은데 대로변에 최근에 공사가 마무리된 10층 규모의 상가건물 2동이 또 분양을 기다리고 있다. 안타깝게도 거의 공실이다. 10층 상가건물 하나에 1개 호실만 입주했

2번 블록 상권

거나 아예 전체가 공실이기도 하다. 이면도로에 들어선 상가들도 마찬가지다. 2~3층 위주의 저층 건물들임에도 대부분 공실이 많다. 더 심각한 건 곳곳에 분양을 하려다 만 컨테이너 분양사무소가 많다는 점과 건축 현장도 몇 곳이 공사를 멈추고 방치되어 있다는 점이다.

왜 그럴까? 먼저 세대수에 비해서 상가들이 지나치게 많이 공급되고 있다. 둘째로 이곳에서 자동차로 5분 거리에 공항신도시가 있기 때문에 대형 마트가 있는 그곳의 이용 빈도가 높을 것으로 보인다. 그곳에는 학원가도 형성되어 있다. 가까운 곳에 안정적인 상권이 있다 보니 새로 들어서는 상가들이 자리 잡기가 쉽지 않을 듯하다. 이곳의 공실 리스크는 당분간 지속될 것으로 보이며 상가에 대한 접근은 신중할 필요가 있어 보인다.

● 3번 블록 상권

하늘도시에서 가장 큰 상권이자 대규모 아파트단지가 있는 곳이다. 3번 블록은 영종하늘도시의 핵심 지역이자 대외적으로 가장 많이 알려져 있다. 필자가 처음 방문했을 2013년 당시에 이곳의 상가는 주차장빌딩 하나에 입점한 마트가 전부였다. 그 사이에 이곳도 많은 변화가 있어 보인다.

주변의 입주한 아파트단지가 약 1만 9천여 세대가 넘고 지금도 공사 중인 단지가 5개나 되는 곳이다. 다음 페이지 지도에서 빨간색 단지는 입주 예정 단지고 나머지는 입주한 단지다. 전체가 입주를 마치면 2만 2,955세대다. 이 정도 규모라면 개별 상가들의 입점도

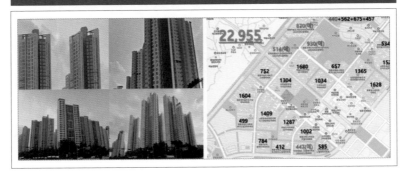

속도가 붙을 수 있다. 상권을 형성하고 안정화까지 가는 데 그리 어려움이 없어 보인다.

다만 배후 상업지의 규모가 어느 정도인지가 문제가 될 수 있다. 아무리 세대수가 많아도 상업지의 규모가 크다면 상가들도 많아지게 되므로 상권의 정상화는 시간이 오래 걸릴 수밖에 없다. 필자가 뽑아본 중심상업지의 면적은 다소 넓어 보인다. 또 문제는 중심상업지라고 하면 랜드마크 시설이나 대형 쇼핑시설이 하나 정도 들어오기 마련이다. 그런데 이곳에는 별다른 랜드마크 시설이랄 게 없다. 대형 쇼핑시설도 없다. 중형마트 몇 개 있는 게 전부다.

상업용지로 쓰이는 땅의 종류에는 중심상업지와 일반상업지가 있다. 둘의 쓰임새는 다르다. 서울의 강북에는 동대문시장부터 광화문까지 엄청난 규모의 상업지가 있다. 그곳이 대부분 일반상업지다. 강북의 넓은 상업지 중에 중심상업지는 딱 한 곳이 있다. 바로 명동

3번 블록 상권 내 생숙

이다. 상업지의 대모와 같은 곳이다. 중심상업지는 역할이 크고 중심을 잡아주는 곳이다.

현재 시점으로 하늘도시의 상권은 별다를 게 없이 크게 부각되지 못하고 있다. 제대로 된 쇼핑시설 하나가 입점하지 못하는 수준이다. 지역의 한계가 있기 때문이다. 하늘도시의 입주세대 계획이 5만 3천 세대가 넘고 주변에서 여러 가지 계획이 있음에도 중심상업지에 가장 두드러지고 높아 보이는 건물은 대부분 생숙이다. 생숙 건물 4동에만 2,400실이나 된다. 관광형 도시로 기획됐기 때문에 그럴 수도 있어 보이지만 그럼에도 상권에 너무 생숙이 많다. 대규모 주거단지에 숙박시설은 분위기를 해칠 수 있다. 자칫 주변에 위락업

종이 대규모로 형성될 가능성도 높고 주거환경이나 교육환경 조성에 그리 큰 도움이 되지 않는다.

상권 내에 별다른 게 없이 상가들과 생숙만 있고, 아직까지 많은 곳이 공터로 남아 있다. 지난 5년간의 부동산 활황기에 많은 상가건물이 들어서고 번듯한 상권의 모습을 갖추기는 했으나 실제로 내부를 살펴보면 배후세대 수에 비해서는 상권이 잘 갖추어져 있는 건 아니다. 외형적으로는 세대수가 있기 때문에 여러 종류의 브랜드가 입점했지만 아직도 좀 더 많은 브랜드가 입점해야 할 것 같다.

관련해서 현재의 상권을 좀 더 객관적인 지표로 알아보자. 먼저 카드 포스 데이터를 바탕으로 분석하는 '나이스비즈맵'을 활용해서 상권을 블록별로 구분해서 입점해 있는 업체수를 확인해봤다. 앞서 이야기했듯이 공터가 많기 때문에 어느 입지를 선택해서 상가를 건축했는지를 알아보는 참고 자료다.

가운데 도로를 기점으로 오른쪽이 전체적으로 입점해 있는 상가들이 많은 편으로 상권이 어느 정도 형성 조건을 갖췄다는 걸 알 수 있다. 반면에 왼쪽은 아파트단지 주변으로만 입점 빈도가 높은 걸 알 수 있다. 아직도 채워야 할 곳이 많은 것이다.

다음으로는 상권 내에 프랜차이즈 업체의 입점 정도를 알아보겠다. '마이프차'라는 프로그램을 통해서 프랜차이즈 브랜드 50개를 선정해서 상권 내에 프랜차이즈 업종의 입점 정도와 구체적인 입지를 파악해볼 수 있다. 중심도로를 기준으로 2개로 나눌 수 있고 오른쪽이 왼쪽에 비해서 프랜차이즈 업종이 더 많이 분포되어 있다.

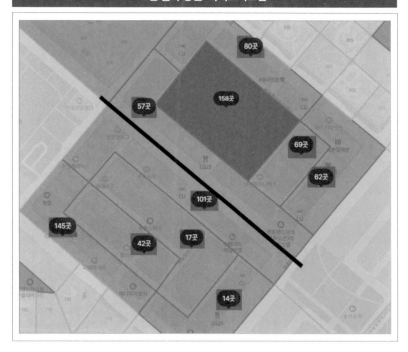

왼쪽에서는 아파트단지 주변으로 입주가 많다는 게 확인된다.

또 유동인구의 연령대도 확인할 수 있다. 젊은 층이 많을수록 상권에 도움이 된다. 가장 많은 연령대가 40대다.

매출에 대한 정보를 제공하고 있는 '오프업'을 통해서 입지별, 입점 빈도와 함께 특정 건물의 매출을 대략적으로 파악할 수 있다. 요즘 상가와 상권의 분석된 정보를 제공하는 다양한 프로그램이 계속 나오면서 상가나 상권을 분석하기가 한결 수월해지고 있다.

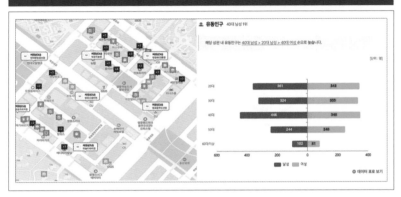

하늘도시의 중심상권은 두 블록 중에 오른쪽을 중심으로 활성화되어 있고, 주거지 맞은편으로 업종의 분포가 좋은 것으로 분석된다. 현재 오른쪽 블록에는 먹자와 각종 식음료 업종 위주로 형성되어 있고 왼쪽 블록으로는 단지 앞으로 학원가가 형성되어 있어서 두

블록의 성격이 뚜렷하게 다르다. 블록별로 중간 입지에는 공통으로 먹자가 형성되어 있다.

고금리 시대에 수익률 마이너스가 나고 있는 상가들이 많은 상황에서 다양한 프로그램으로 위험을 피할 수 있고, 입지별 특징을 분석해서 가성비 좋은 곳이 어디인지를 객관적으로 파악할 수 있다면 안정적인 상가를 찾을 수 있다. 특히 투자의 성공 가능성이 높일 수 있고 상가를 처음 공부하는 초보자에게는 정말 유용하게 쓰일 듯하다.

● 이 외의 상권

영종하늘도시에는 이 밖에도 몇 개의 상권이 더 있다. 대표적으로 4번으로 표시한 구읍뱃터 상권이다. 포구에 만들어진 관광형 상권으로 생숙이 가장 많은 곳이자 다양한 숙박시설이 있는 곳이다. 요즘에 단체 관광객들이 증가하면서 이곳에도 전보다 활기가 넘쳐 보이고 곳곳에서 많은 사람을 확인할 수 있다.

상권에 업종도 관광지에 맞는 업종으로 구성되어 있다. 바닷가에서 흔히 볼 수 있는 조개구이집과 칼국수 같은 업종이 주로 분포되어 있고 건물 전체가 카페로 되어 있기도 하다. 구읍뱃터 상권은 하늘도시 중심상권과 가깝기 때문에 그곳 상권과 먹자 업종에 영향을 미칠 것으로 보이며, 단체 관광객의 숫자에 따라서 상권의 활성화도 편차가 있을 것으로 보여서 상황에 따른 판단이 필요하다.

영종하늘도시의 다른 상권들은 운서지구의 6번 정도가 오래된 지역으로 상권이 안정화되어 있고 5번, 6번, 7번, 8번은 그리 규모가 크지 않은 곳들이 대부분이다. 지면 관계상 이 정도에서 하늘도시 상권 분석을 마치고 ②번 블록에 있는 개발계획의 호재 가능성에 대해서 분석해보겠다.

앞으로도 주목해야 할 영종도의 호재

현재 영종도의 수많은 호재 이야기가 거론되고 있다. 앞서 이야기한 부분도 있지만 못한 부분도 있다. 그중에서 많이 회자되거나 관심을 받고 있는 계획 중 앞으로 영향력이 있어 보이는 몇 가지를 집중적으로 분석해보려고 한다. ① 인스파이어 복합리조트 개장, ② 제3연륙교(2025년 개통), ③ 용유 오션뷰 개발사업과 무의LK 개발사업(사업 지연 중), ④ 한상드림아일랜드(부지 조성 중), ⑤ 을왕산 IFUS HILL(사업진행 불투명) 등이다.

● 인스파이어 복합리조트 개장

현재 가장 강력하고 영향력이 있는 호재로는 11월 개장 예정인 인스파이어 복합리조트다. 영종도가 만들어지고 지난 20년 동안 정말 수많은 복합리조트 계획이 추진되었다. 하지만 대부분의 계획이 제대로 해보지도 못하고 흐지부지되거나 없던 일이 되었다. 그중에서 제대로 진행되던 사업이 '시저스 복합리조트'와 '인스파이어 복합리조트' 사업이었다. 2019년 기준으로 두 사업장이 전부 공사가 진행 중이었기 때문에 영종도의 강력한 호재라고 생각했었다. 실제 필자도 당시에 현장을 살펴보면서 긍정적인 생각을 하기도 했었다.

하지만 시저스 복합리조트는 현재 진행이 불투명하다. 나머지는 인스파이어 복합리조트 사업으로 좁혀지게 된다. 사업부지는 인천공항 제2여객터미널의 서편 제3국제업무지구에 조성 중이다. 참고로 필자가 앞에서 구분한 ②블록인 인천국제공항 블록에 있다.

미국의 세계적 카지노리조트인 모히건그룹에서, 5성급 호텔 3개 동 1,200여 객실과 컨벤션과 연회장과 쇼핑몰을 갖춘 대규모 시설을 만드는 사업이다. 놀이시설로는 사계절 이용이 가능한 SPLASH BAY(실내 물놀이장)와 야외 패밀리파크, 첨단 IT 기술과 라이브공연이 연계된 디지털 거리 등을 조성한다고 알려져 있다.

인스파이어 복합리조트

1,275실의
5성급 호텔

15,000석의
공연 전문 아레나

12,700 m²의
미팅 시설

9,500 m²의
사계절 실내 워터파크

40,500 m²의
쇼핑/레스토랑 공간

이 복합리조트는 기존의 제1터미널 근처에 갖추어져 있는 파라다이스 복합리조트에 비해서 규모가 크고 더 다양한 시설이 들어온다는 장점이 있다. 하지만 필자가 생각하는 정말 차별화되는 점이 있다. 1만 5천 석 규모의 아레나(ARENA) 공연장이다. 국내 최초다. 현재 CJ그룹에서 고양 일산에 공사를 하고 있는 라이브시티에 2만 석 규모의 아레나 공연장이 들어선다. 하지만 일정이 연기되고 있는 상태다. 한류가 세계적으로 영향력을 발휘하고 있는 가운데 영종도에 들어서는 최초의 아레나 공연장은 파급효과가 제법 있을 것으로 보인다. 이 시설의 운영사업자로 공연을 전문적으로 다루는 인터파크가 결정된 것도 장점으로 보인다.

국내 최초 다목적 전문 공연장인 아레나에서는 구체적으로 12월부터 K-POP과 세계적인 가수 등의 공연을 기획하고 있다고 알려져 있다. 앞으로 공연을 시작하게 되면 인천공항으로 입국한 팬들이 이곳 리조트에서 머물게 되며 객실의 운영에 어려움이 없을 것으로 예상된다. 또 영종도에도 관광객이 현재보다 더 증가할 것으로 보인다. 또 요즘 일본의 카지노 고객이 꾸준하게 증가하고 있는 점도 긍정적이다.

개장을 앞두고 영종도에서 직원 300명가량 채용할 것으로 홍보하고 있다. 인스파이어는 현재 시설에서 더 보강하는 다음 단계의 계획도 발표했다. 2025년부터 추가 확장 사업을 벌여 2046년까지 4단계로 복합리조트를 조성한다는 계획이다. 필자의 생각으로 추가계획은 앞으로의 사업이 순조롭게 진행되어야 가능하다는 걸 말하고 싶다.

● 제3연륙교(2025년 개통)

필자가 영종도에서 가장 매력적인 호재 2가지를 꼽는다면 하나가 아레나이고 다른 하나가 제3연륙교 사업이다. 현재 영종도에 2개의 다리가 연결되어 있다. 청라 방향으로 영종대교와 송도 방향으로 인천대교가 있다. 현재 시점으로 영종대교의 통행료는 3,200원이다. 인천대교는 2025년부터 인하를 발표한 상태다. 물론 영종도 내 교민은 무료로 적용된다.

영종도는 섬이다. 영종도가 부동산의 상승과 하락에 상관없이 분위기가 꾸준하게 유지되기 위해서는 외부에서 자주 다닐 수 있는 여건이 좋아져야 한다. 물론 저렴한 가격의 숙식 제공으로 요즘 단체 관광객이 증가하기 시작하면서 조금씩 온기가 도는 분위기도 있다. 하지만 관광사업의 편차가 높은 상황에서 모든 걸 관광객에만 기댈 수는 없다. 육지와의 연결성을 개선해서 2,500만 명의 수도권 사람들이 부담 없이 접근할 수 있게 만들어야 영종도가 꾸준하게 도

약할 수 있다. 그래서 제3연륙교에 대한 영종도 주민들이나 이해관
계자들의 기대가 크다. 청라 도심으로 바로 연결되는, 무료로 이용

이 가능한 도로이기 때문이다.

제3연륙교의 특징은 사람의 도보 통행이나 관광형으로 이용 가능하게 했다는 점이다. 조망이 가능한 전망탑부터 다양한 조망대가 설치되면서 다리 자체가 하나의 관광상품으로, 사람들이 즐겨 찾는 명물이 될 가능성이 높아 보인다. 요즘은 오션뷰와 포토존이 대세이고 많은 사람이 즐겨 찾는다. 그런 곳에는 어김없이 가치가 상승하고 있다. 잘만 만들어지면 SNS 시대에 맞는 명물이 될 가능성이 있어 보인다.

영종도의 개발로
가치는 어떻게 변화할까?

영종도에 접근성을 대폭 개선해줄 제3연륙교는 미래의 영종도 가치를 올려줄 수 있는 긍정적인 계획이다. 구체적으로 넓은 영종도의 어느 곳의 가치상승이 가능하고 왜 그런지 설명이 필요해 보인다.

영종도가 경제자유구역으로 지정된 목적에 물류와 관광형 도시로 조성한다는 목적이 나와 있다. 필자는 이제야 그 목적에 맞는 역할을 할 시기가 왔다고 생각한다. 이 글을 쓰기 위해서 현장조사를 최근 2주 사이 3번 다녀왔다. 그간의 상권 변화와 함께 개발로 인해 가장 큰 영향을 받을 곳을 찾기 위함이었다. 지역을 연구한다는 건 항상 호기심을 채워주는 정말 재미있는 일이라고 생각한다.

기존 신도시의 상권과 구도심의 변화에 대한 조사와 함께 관심 있게 관찰한 곳이 있다. 이전에 용유도였고 을왕리해수욕장이 있는 영종도의 하단 블록이다. 여러 해수욕장과 해변을 만날 수 있고 영종도의 로컬 분위기를 그대로 느낄 수 있는 곳이다. 지금도 1980년대, 1990년대 예전 모습을 담고 있다. 이곳에는 오래전부터 생활 터전으로 어민분들이 모여서 만든 어촌계가 있고 갯벌체험, 조개 캐기 같은 다양한 관광형 프로그램을 운영하고 있다. 바닷가라 멋진 풍경을 감상할 수 있는 식당이나 카페 같은 건물들이 들어선 것 말고는 예전의 모습을 그대로 간직한 곳이다.

인천대교의 연결이 을왕리해수욕장 주변에 영향을 미쳤다. 송도신도시와 인천시의 인구가 밀집된 연수구 지역에서 다리 하나를 건너면 휴양지의 분위기를 느낄 수 있는 영종도로 방문이 조금씩 증가하기 시작했다. 바닷가에 카페와 식당을 이용하는 사람이 꾸준하게 증가하면서 본격적인 투자를 통한 변화가 있었고 지역의 가치가 상승했다. 부동산 투자는 최근 5년 사이에 집중이 됐다. 그사이에 토지 가격이 제법 상승했지만 지금이라도 이곳에 관심을 갖고 지켜볼 필요가 있어 보인다.

아레나는 다양한 프로그램으로 기존에 없던 많은 사람을 영종도로 끌어들이게 될 것이다. 그들은 해안가의 로컬 지역을 선호할 가능성이 높다. 그리고 제3연륙교를 정점으로 영종도는 관광형 도시로 확실하게 자리 잡을 것이다. 연륙교의 관광상품화와 무료 도로를 통해서 청라와 검단신도시에 거주하는 많은 사람이 관광을 목적으

영종도스러움을 느끼게 하는 곳

로 방문할 것으로 보인다.

영종도 내 신도시가 아닌 가장 영종도스러운 로컬 분위기(바닷가와 휴식)를 느낄 수 있는 곳에 사람들이 몰릴 것이다. 꾸준하게 관광객이 증가하게 되면서 많은 투자와 개발이 활성화되고, 시설이 늘고 더 많은 카페와 전문 식당이 들어설 것이다. 이를 통해 더 많은 사람을 불러 모을 것으로 보인다.

영종도는 간척사업을 통해서 현재의 공항 관련 도시가 만들어진 곳이다. 국내에서도 손꼽히는 크기의 인공섬을 개발하기 위한 다양한 계획들이 쉴 새 없이 발표되고 있다. 20여 년의 시간 동안 발표된 계획 중 확실하게 성과가 보이기 시작한 계획은 공항신도시나 영종

영종도 미래

인스파이어 리조트

인천국제공항

제2터미널

제3터미널 예정지

용유도 을왕리 해수욕장 블록

제1터미널

파라다이스시티

하늘도시를 제외하면 사실상 전무한 상태다. 지금도 여러 계획이 갑론을박하면서 가다 서다를 반복하고 있다. 추진의 주체들은 혜택을 요구하는 듯하고 원래 계획과 맞지 않은 방향의 개발이나 과도한 혜택의 문제 때문에 정부에서는 쉽사리 허가를 내주지 못하고 있다.

이런 가운데 값진 결실인 인스파이어와 아레나가 들어선다. 영종도의 미래는 이 시설의 활성화에 많은 부분이 달려 있다. 다른 측면으로는 인천대교의 개통 이후부터 을왕리 주변의 로컬 지역에 관광객들이 증가하기 시작했다. 제3연륙교의 개통이 가져올 효과도 클 것이다. 인천의 양대 도시인 송도와 청라에 많은 사람을 영종도로 불러들일 수 있는 강력한 무기를 장착하게 되는 셈이기 때문이다.

전세자금대출을 DSR에 포함시키면 어떤 일이 벌어질까?

플팩 강연옥

- 금융권 경력 10년(우리은행 호치민지점, 기업은행 외환사업부 외환왕 출신)
- 서울머니쇼, 스마트튜브, 부자지도, 월급쟁이부자들, 부동산지인, 아름다운내집갖기, 김종율아카데미, 해안선, 신세계백화점, 시루캠퍼스 등 각종 특강 다수 진행
- (주)씨에스투게더 소속 대출상담사
- 블로그(blog.naver.com/okok617)

한국, GDP 대비
가계부채 세계 4위

국제금융협회(IIF)에 따르면 2분기 말 기준 우리나라의 국내총생산(GDP) 대비 가계부채 비중은 101.7%로, 전 세계에서 스위스, 호주, 캐나다에 이어 네 번째로 높았습니다. 이는 글로벌 평균인 61.9%에 비해 40%p 이상 높은 수치입니다.

2023년 9월 말 기준 예금은행 가계대출(정책모기지론 포함) 잔액은 1,079조 8천억 원으로 한 달 전 8월보다 무려 4조 9천억 원 늘었습니다.

은행권 가계대출은 2022년 하반기부터 2023년 3월까지 대체로 감소세를 유지했지만 4월(+2조 3천억 원) 반등한 뒤 6개월 연속 불어나고 있습니다. 특히 9월 가계대출 가운데 전세자금대출을 포함한 주택담보대출(833조 9천억 원)이 6조 1천억 원 늘었습니다.

이렇듯 사상 최대로 늘어난 국내 가계부채를 관리하기 위해 전세자금대출 등 차주별 총부채원리금상환비율(DSR) 규제의 산정 예외 적용을 최소화해야 한다는 주장이 나오고 있습니다. DSR 제도의 예외 적용이 많아질수록 거시건전성 차원에서 가계부채 관리가 어

은행 가계대출(기간 중 잔액 증감, 단위: 조 원)			
구분	은행 가계대출	주택담보대출	기타대출
2021년 1~9월	63.9	47.9	15.9
2021년 9월	6.4	5.6	0.8
2022년 1~9월	-1.2	14.7	-16.0
2022년 9월	-1.3	0.9	-2.1
2023년 1~9월	21.8	35.0	-13.1
2023년 7월	5.9	5.9	-0.0
2023년 8월	6.9	7.0	-0.1
2023년 9월	4.9	6.1	-1.3
2023년 9월 말 잔액	1,079.8	833.9	244.7

출처: 한국은행

려워지므로, 대출 규제를 채무 상환 능력 기준으로 단순화해 가계부
채 증가에 따른 위험을 차단해야 한다는 지적입니다.

차주 단위 DSR 계산 시
예외적으로 제외되는 대출

그렇다면 차주 단위 DSR 계산 시 예외적으로 제외되는 대출에
는 어떠한 것이 있을까요?

차주 단위 DSR 계산 시 예외적으로 제외되는 대출

① 분양주택에 대한 중도금 대출

② 재건축·재개발 주택에 대한 이주비 대출, 추가분담금에 대한 중도금 대출

③ 분양오피스텔에 대한 중도금 대출

④ 서민금융상품(새희망홀씨, 바꿔드림론, 사잇돌대출, 징검다리론, 대학생·청년햇살론 등)

⑤ 300만 원 이하 소액 신용대출(유가증권담보대출 포함)

⑥ 전세자금대출(전세보증금담보대출은 제외)

⑦ 주택연금(역모기지론)

⑧ 정책적 목적에 따라 정부, 공공기관, 지방자치단체 등과 이차보전 등 협약을 체결해 취급하는 대출

⑨ 자연재해 지역에 대한 지원 등 정부정책 등에 따라 긴급하게 취급하는 대출

⑩ 보험계약대출

⑪ 상용차 금융

⑫ 예적금담보대출

⑬ 할부·리스 및 현금서비스

전세자금대출, 중도금 대출, 이주비 대출, 특례보금자리론과 같은 정책 모기지 등이 여기에 속합니다. 즉 이 대출들을 받을 때는 DSR을 적용하지 않기 때문에 차주의 부채가 많거나 소득이 적어도

해당 대출은 실행 가능합니다.

하지만 정확히 말하면 이 명목의 대출금이 실행될 때 차주 단위 DSR을 적용하지 않는다는 의미이지 총 DSR 계산에서도 배제한다는 의미는 아닙니다. 기존에 이러한 채무들이 많을 때는 타 부채로서 DSR 계산에는 포함된다는 소리입니다.

예를 들어 중도금 대출이 많은 차주가 신용대출이 불가한 경우를 들 수 있습니다. 중도금 대출 자체를 받을 때는 DSR을 보지 않아 중도금 대출이 실행됩니다. 그러나 후에 신용대출을 받을 때는 앞서 중도금 대출을 받은 것도 DSR 계산에는 포함되기에 다른 대출을 받을 수 있는 여력이 부족해 신용대출은 나오지 않는 원리입니다.

오피스텔 분양권을 소지하고 있는데 중도금 대출 시행사가 한국주택금융공사(HF)나 주택도시보증공사(HUG) 같은 보증기관이 아닌 '시행사 자체 보증'일 경우, 중도금 대출 자체만으로도 DSR을 많이 차지하는 경우가 있기에 더욱 주의해야 합니다. 중도금 대출을 실행할 때는 DSR을 보지 않아 대출 자체는 실행되겠지만 다른 대출을 받을 때는 해당 중도금 대출을 포함해 DSR을 계산해야 하는데, 시행사 보증일 경우 원리금을 25로 나누는 것이 아니라 기타대출로 분류해 원리금을 8로 나눠버릴 수 있기 때문입니다.

이렇듯 차주 단위 DSR 계산 시 예외적으로 제외하는 대출도 궁극적으로는 모든 대출의 DSR 합산 시 포함되어 산정됩니다. 그런데 이마저도 없애자는 논의가 활발히 이루어지고 있는 것입니다.

전세자금대출에 DSR을 적용하고
전세대출을 제한해야 한다?

　KB금융지주 경영연구소는 '전세제도의 구조적 리스크 점검과 정책 제언' 보고서에서 다음과 같이 밝혔습니다. 전세제도가 안고 있는 위험 요소로 ① 주택경기 하락 시 전세보증금이 주택가격보다 높은 역전세 현상, ② 집주인이 전세보증금만으로 주택을 구입할 수 있는 무자본 갭투자 가능성, ③ 임차인이 집주인의 세금 체납 여부·신용상태를 확인할 수 없어 전세보증금 미반환 위험 노출, ④ 전세대출에 따른 전세가격 상승과 갭투자 수단화 등을 꼽았습니다.

　또한 전세보증금 미반환 사태 같은 전세 문제를 해결하기 위해서라도 전세자금대출을 DSR에 포함시켜야 한다고 주장했습니다. 덧붙여 주택 매매가격이 전세가격보다 떨어지는 역전세와 같은 전세제도의 구조적 문제를 해결하기 위해서 매매가 대비 전세가 비율이 높은 주택에 대한 전세대출도 제한해야 한다는 주장도 제기되고 있습니다.*

● KB금융지주 경영연구소, 강민석·손은경, '전세제도의 구조적 리스크 점검과 정책제언'
　(www.kbfg.com/kbresearch/report/reportView.do?reportId=2000398)

전세자금대출 실행 때
DSR을 임차인에게 적용한다면?

전세자금대출을 받을 때 DSR을 차주인 임차인에게 적용하게 되면 어떠한 일이 벌어질까요?

전세자금대출은 도입 취지 자체가 '임차인의 주거 안정을 돕기 위한 대출'입니다. 이로 인해 전세계약 기간 내 전세입자는 목돈이 없어도 안정적인 거주가 가능한 것이죠.

전세자금대출은 한국주택금융공사, 서울보증보험(SGI), 주택도시보증공사에서 보증서를 발급해주면 그 보증서를 담보로 실행되는 보증서담보대출이기에, 은행은 별다른 리스크 없이 전세보증금의 최대 80%까지 임차인에게 빌려줄 수 있습니다.

이렇듯 임차인을 위한 대출인 전세자금대출에 DSR을 적용해버리면 전세자금 미반환 문제를 해결하는 것이 아니라 임차인이 전세대출도 제대로 못 받는 역설이 펼쳐지게 됩니다.

DSR 계산은 부동산 계산기(ezb.co.kr)를 통해서 누구나 손쉽게 추정해볼 수 있는데, 신용대출과 같이 만기가 짧은 대출일수록 DSR에서는 굉장히 불리하게 작용합니다. 같은 1억 원이라도 주택담보대출은 대출만기를 30년으로 설정하면 대출총액을 30년으로 나눠 갚는 것으로 산정해주는 반면, 신용대출은 실제 이자만 상환하더라도 DSR 계산 시에는 대출총액을 일괄 5년으로 나누어 버리니 주택담보대출보다 DSR을 훨씬 많이 차지하게 되는 것입니다.

DSR 부채 산정 방법

분류	종류	상환형태	원금	이자
주택담보대출	개별 주택담보대출 및 잔금대출	전액분할상환	분할상환 개시 이후 실제 상환액	실제 부담액
		일부분할상환	분할상환 개시 이후 실제 상환액 + 만기 상환액 ÷ (대출기간-거치기간)	
		원금일시상환	대출총액 ÷ 대출기간(최대 10년)	
	중도금·이주비	상환방식 무관	대출총액 ÷ 25년	

분류	종류	상환형태	원금		이자
			DSR	신DTI	
주택담보대출 외의 기타대출	전세자금대출	상환방식 무관	불포함(이자만 계산)	불포함	실제 부담액
	전세보증금담보대출	상환방식 무관	대출총액 ÷ 4년		
	비주택담보대출	상환방식 무관	대출총액 ÷ 8년 (오피스텔 분할상환의 경우 실제 만기로 계산)		
	신용대출	상환방식 무관	대출총액 ÷ 5년		
	기타대출	상환방식 무관	향후 1년간 실제 상환액		
	예: 적금담보대출, 유가증권담보대출	상환방식 무관	대출총액 ÷ 8년		

※ 신DTI의 경우 원금상환액을 반영하지 않음

400

DSR을 많이 차지한다는 것은 대출받을 여력이 줄어든다는 의미입니다. 1금융권 은행에서는 DSR 비율 40%를 넘지 못하게 막아 두었습니다. 2금융권에서도 DSR 50%를 넘지 못합니다. 연봉이 1억원이라 할지라도 총대출의 원리금 상환액이 4천만 원(1금융) 또는 5천만 원(2금융)을 넘지 못한다는 소리입니다. 이 비율을 넘어서는 차주에게는 더 이상 대출을 내주지 않겠다는 의미죠. 신용대출이 연봉만큼만 있어도 DSR이 20%가 훨씬 넘어 이미 반 이상을 차지하는데 이보다 더 짧은 실제 만기를 가진 전세자금대출에 DSR을 적용하면 어떻게 될까요?

전세자금대출의 만기는 신용대출보다 짧은 2년이 대부분입니다. 가령 연봉 6천만 원인 사람이 연 4.2% 금리로 전세대출 1억 원만 빌린다고 가정하면, 보통 전세대출만기가 2년이므로 기타 대출이 하나도 없어도 DSR 계산 시 무려 90% 가까이 되어 전세대출 자체가 불가능합니다.

더욱이 전세자금대출은 1억 원 이상 실행하는 경우가 많습니다. 2023년 8월 기준 서울 아파트 평균 전세가는 KB부동산 통계 기준 5억 7천만 원이 넘습니다. DSR에 걸려 전세자금대출을 1억 원도 못 받으면 실수요자층인 전세입자들은 어디로 가야 할까요?

고가주택 전세가
정말 문제일까?

　역전세와 같은 전세제도의 구조적 문제를 해결하기 위해 제기된 매매가 대비 전세가 비율이 높은 주택에 대한 전세대출도 제한하게 되면 고가주택에 전세를 살고 있는 세입자들의 전세대출이 제한됩니다.

　현재 1금융권 은행의 전세자금대출 한도는 최대 5억 원을 넘지 못합니다. 1주택자라면 이마저도 한도가 다 안 나옵니다. 전세보증금의 한도도 7억 원(지방 수도권은 5억 원)을 넘지 못합니다. 물론 서울보증보험의 경우 임차보증금의 한도는 없지만, 최대 전세자금대출 한도는 5억 원이기에 9억 원의 전세를 살아도 내 돈 4억 원은 있어야 그 집을 빌려 쓸 수 있습니다.

　그런데 이 5억 원마저 전세대출이 안 된다면 전세입자들은 어디에 가서 실거주 만족을 누릴 수 있을까요? 애당초 이렇게 비싼 전세를 사는 사람이 잘못인 걸까요?

　사실 고가주택의 전세대출은 1금융권에서 자금을 다 마련하지 못한 분들을 위해 2금융권에서 활발히 진행되고 있습니다. 다만 2금융권은 금리가 1금융권보다 높습니다. 신협과 같은 조합의 전세대출 금리는 5%대를 넘어서고, 카드사는 7%대, 캐피탈로 가게 되면 9%가 넘습니다. 현재 1금융권 전세자금대출의 이자가 4%대인 것에 비하면 상당히 고금리입니다. 고가주택에 전세로 살고자 하는 실

수요 자체가 나쁜 것이 아닌데 실수요자를 위한 전세자금대출을 고가주택이라는 이유로 막는다면 이는 분명한 역차별입니다.

또한 고가주택에 전세자금대출을 허락해주기 때문에 유동성이 확장되고 집값 상승을 주도하는 원인이 된다는 의견도 있는데 정말 전세자금대출 자체가 집값 상승을 주도하거나 왜곡을 낳았을까요?

전세자금대출은 이명박 정부 때까지만 해도 질권 설정 등 집주인 동의가 필수인 상품이 많아 대출받기가 지금보다는 까다로웠습니다. 박근혜 정부에 들어서서 경기부양 및 주택거래 활성화를 위해 전세자금대출 규정을 대폭 완화해 전세보증금 80%까지 대출을 내주게 되었고, 전세자금대출 수요가 큰 폭으로 증가하게 되었습니다. 그런데 그로 인해 당시 집값이 큰 폭으로 상승했었나요? 우리 모두는 정답을 알고 있습니다.

DSR에 대한 바른 고찰이 필요한 시점

DSR은 본인의 연봉으로 얼마나 대출상환이 가능한지를 보는 것이 근본 취지입니다. 차주가 대출을 갚을 능력이 있는지 없는지를 차주의 연봉(소득)으로 파악해보겠다는 겁니다. 전세자금대출은 기본적으로 돌려받을 임차보증금이 대출금 상환 재원이 되기 때문에 임차인 본인 소득으로 갚는 대출이 아닙니다. 그래서 전세대출 원금은 DSR 산정 때 제외되고 다른 대출을 받을 때 전세대출의 이자 부분만 DSR 계산에 들어가는 것이죠.

물론 이 원금은 부동산 하락기나 역전세를 맞으면 원금보장(=전세금 보호)이 되지 않기에 예·적금담보대출이나 보험약관대출과 같이 DSR 산정에서 모두 제외하는 것에는 이견이 있을 수 있다는 점에 동의합니다. 그래서 지금처럼 실질 이자 부분이 DSR 계산에 들어가는 것은 매우 합당하다 봅니다.

하지만 전세대출 자체를 모두 DSR에 포함시켜버리는 것은 앞서 살펴본 대로 임차인을 보호하는 것이 아니라 오히려 임차인의 기본 거주 권리마저 침해할 수 있기에 지극히 주의해 접근해야 할 것입니다.

전세보증금대출을 임대인의 DSR에 반영하면?

전세보증금을 DSR에 포함시키자는 주장은 전세를 금융의 관점에서 다루어야 한다는 것을 의미합니다. 금리가 주택시장에 미치는 영향이 뚜렷해지면서 금리를 헤지하는 방안으로서도 상당수 주택 매입자에게 전세는 타인의 자금을 활용해 주택을 구입하기 위한 용도가 되고 있습니다. 즉 임대인은 전세임차인의 전세보증금을 활용해 집을 구매할 수도 있으며 전세보증금만큼은 주택담보대출을 받지 않아도 되니 전세보증금은 최고의 레버리지 무이자 상품이라 할 수 있습니다.

한국은행은 '장기구조적 관점에서 본 가계부채 증가의 원인과 영향 및 연착륙 방안보고서'에서 거시건전성 정책 측면에서 전세대출 보증한도 조정, DSR 예외 대상을 축소해야 한다고 밝혔습니다.* 이는 전세보증금도 임대인에겐 차후 돌려줘야 하는 일종의 빚에 해당하는 만큼 적절한 한도 규제가 필요하다는 취지로 풀이됩니다.

전세보증금 반환이 어려운 집주인에게 DSR을 완화하면서 이 같은 주장은 더욱 탄력을 받고 있습니다. 2023년 7월 말부터 '역전세 반환대출 규제완화'는 전세보증금 반환이 어려운 집주인에 한해 DSR 40%를 적용하는 대신 총부채상환비율(DTI) 60%를 한시적으로(1년간) 적용해주고 있습니다.

구체적으로는 DSR 산정 예외 적용을 줄이기 위해 전세보증금대출 원금상환액을 점진적으로 임대인의 DSR에 반영하자는 의견에 힘이 쏠립니다. 임차인 DSR 산정에는 상환이자만 반영하고, 실질적 차주인 집주인 DSR 산정에는 적정한 만기 설정을 통해 대출원금을 포함시키는 방안을 고려할 필요가 있다는 것입니다. 또한 3주택 보유자의 주택담보인정비율(LTV)에 전세보증금을 포함해 70% 이상인 경우 DSR 산정에 전세보증금도 포함하자는 것과 같은 구체적인

• 한국은행 경제연구원, 이경태·강환구, '장기구조적 관점에서 본 가계부채 증가의 원인과 영향 및 연착륙 방안'(www.bok.or.kr/viewer/skin/doc.html?fn=202307200545122050.pdf&rs=/webview/result/P0002353/202307)

방안도 예시로 들고 있습니다.

　임대인이 임차인으로부터 받는 전세보증금도 임대인의 DSR에 포함시키면 어떻게 될까요? 예시를 통해 한번 살펴보겠습니다.

　KB시세 10억 원 비규제지역 아파트의 전세시세 6억 원인 경우, 일반적인 갭투자 방식으로 전세를 끼고 아파트를 구매한다고 가정해보겠습니다. 이때 필요한 자금은 10억 원 전부가 아니라 매매시세에서 전세시세를 뺀 차액입니다. 즉 4억 원으로 해당 집을 소유할 수 있게 됩니다. 비규제지역은 무주택 기준 LTV가 70%이므로 추가로 후순위 대출을 낸다면 DSR이 충족된다는 전제로 1억 원은 더 대출을 낼 수도 있습니다.

　연봉 5천만 원인 차주가 기타 부채는 하나도 없는 상태에서 30년 원리금상환, 5%의 이율로 1억 원의 주택담보대출을 실행한다고 가정 시 DSR은 13% 정도 됩니다. 이 경우 임대인의 부채에 잡히는 것은 1억 원이지 전세보증금을 포함한 총 7억 원이 아닙니다. 따라서 은행권에서는 나머지 DSR 여력(27%)만큼 더 대출을 받을 수 있습니다.

　하지만 이제 전세보증금도 임대인의 DSR에 포함된다고 가정해봅시다. 전세자금대출의 만기 설정을 실제 만기인 2년으로 적용하지 않고 백번 양보해(?) 전세보증금담보대출처럼 원금÷4년으로 계산해보겠습니다. 전세보증금 6억 원을 4년에 걸쳐 4%에 매년 상환한다고 가정해 DSR을 계산하면, 1년 원금 6억÷4년=1억 5천만 원과 1년 이자 6억 원의 4%인 2,400만 원으로 총 연간원리금은 1억

7,400만 원이 될 것입니다. 해당 전세보증금만을 포함한 DSR만 계산하더라도 무려 348%가 되어 임대인은 1금융권은 물론 2금융권에서도 대출을 받을 수 없게 됩니다.

'선대출 후전세'가 가능한 것이 문제다?

집주인(임대인)은 주택 구입과 동시에 전세 계약이 가능해 전세보증금만으로도 주택을 구입할 수 있는, 일명 '선대출 후전세' 방식으로 매매가 가능합니다. 즉 선순위대출금액과 전세보증금의 합계가 KB시세를 넘지 않으면 임대인(집주인)은 주택담보대출을 받는 동시에 임차인(세입자)의 전세자금대출도 활용 가능한 것이지요. 임대인의 주택담보대출은 DSR 계산에 들어가지만 전세보증금은 임대인 입장에서는 무이자 대출과 다름없으므로 DSR에 영향을 미치지 않는 '무자본 갭투자'가 가능한 레버리지 투자법입니다

물론 이 경우 깡통전세의 위험이 있어 임차인의 동의는 필수이며, 이를 임차 계약 시 분명하게 특약사항에 남겨야 대출이 실행될 수 있습니다. 또한 임차인의 전세보증금 보호를 위한 HUG 전세반환보증보험에 가입하려면 선순위채권금액과 전세보증금의 합계가 KB시세의 90%를 넘으면 안 됩니다. 선순위채권금액 역시 시세의 60%를 넘을 수도 없고 전세보증금 금액도 KB시세의 90% 이내로

수렴해야 임차인이 전세자금대출은 최대 80%까지 받을 수 있습니다. 그래서 요즘 선대출 후전세로 진행하려면 선순위 대출금액과 후순위 전세보증금의 금액을 KB시세의 80% 이내로 세팅하는 경향이 강합니다.

그런데 사실 부동산 경기 침체기에 매매가격 대비 전세가격 비율이 높거나 선대출 후전세 방식으로 투자한 주택이 시세가 하락하면 임차인에게 전세보증금을 되돌려주지 못하는 역전세 위기에 처하는 것도 사실입니다. 투자금을 초과하는 손실은 고스란히 세입자에게 전가될 수 있습니다. 따라서 이와 같은 이유로 전세보증금도 임대인의 DSR에 포함해야 한다는 데 의견이 모아지면, 임대인의 선대출 후전세 방식의 투자 세팅은 어려워질 것입니다.

임대인과 임차인이 함께
상생하는 방향으로

전통적으로 서민의 주거 사다리 역할을 했던 전세보증금에 대해 통상적인 '대출 개념'을 적용해 해석하는 것은 사실 무리가 있습니다. 전세자금대출은 대출을 활용해 특정 자산을 구입한 뒤 이자 수익을 얻는 것과는 근본적인 개념이 다르기 때문입니다.

앞서 살펴본 대로 임차인이 전세자금대출을 받을 때 임차인의 DSR에 포함시켜 산정하는 것은 DSR 초과로 인한 금융권에서의 대출 제한을 의미해 임차인의 주거안정을 침해하는 결과로 귀결되기에 지양해야 할 것입니다.

반면 전세 자체를 금융의 관점에서 바라보고 임대인에게만 DSR을 무리하게 적용해 늘어나는 가계대출 문제를 해결하려 든다면 분명 편법이나 또 다른 부작용이 발생할 것입니다. 예를 들어 임대차 계약 시 집주인이 전세보증금 대출을 받아야 하는 임차인을 배제해버릴 수도 있습니다. 전세 계약을 할 당시부터 애당초 현금 여력이 충분한 임차인만을 골라 받으려 할 수도 있다는 소리입니다.

아예 전세보다는 차라리 월세로 돌려 보증금은 최대한 낮추고 월세는 최대한 높게 받는 시도도 많아질 것입니다. 이렇게 되면 전세의 월세화 현상이 가속화되어 전세로 살고 싶어하는 임차인의 수요를 못 받쳐줄 것이고 급기야 우리나라의 전세제도가 사라질 수도 있습니다. 원금 상환 걱정 없이 이자만 내면 됐던 임차인 입장에서는 주거비용이 대폭 증가하는 결과도 초래될 것입니다.

덧붙여 임대인 입장에서는 전세보증금이 가계부채 DSR에 포함되면 가계대출 한도가 줄어들거나 더 이상 불가하니 DSR을 회피하는 대출로 빠져나가기 위한 우회 대출이 성행할 수도 있습니다. 따라서 임대인에게 무리하게 DSR을 적용하기보다는 임대인을 위한 세제 혜택도 함께 주는 등의 임차인과 임대인 모두가 함께 상생하는 구체적인 방안도 함께 가져가야 효과적일 것입니다.

전세자금대출이 임대인 DSR에
적용되기 전에 서두르자

우리는 현재 DSR 규제 시대에 살고 있으며 이 흐름은 2024년에도 고스란히 이어질 것으로 보입니다. 이제는 변동금리에 가산금리를 더하는 일명 '변동금리 스트레스 DSR 제도' 또한 도입해 가계부채 증가세를 막겠다고도 하니까요.

설사 가계대출 완화 움직임이 나온다고 하더라도 마지막 보루인 DSR만큼은 다 풀어주지 않고, 오히려 늘어나는 가계대출 증가세를 막기 위해 DSR 규제는 지금처럼 더욱 강화되는 방향으로 나아갈 가능성이 큽니다.

부동산 등 우리나라 가계의 높은 실물자산 보유 비중 등을 고려했을 때, 단기간에 부채 규모를 GDP 규모 이내로 축소하기는 어려울 것입니다. 하지만 명목 GDP 성장률 이내로 가계부채 증가율을 유지하는 방향의 점진적인 디레버리징(부채 축소)은 계속 추진될 것입니다.

이에 전세자금대출에도 DSR을 적용하자는 의견은 지속적으로 제기될 것이며 국민적 여론으로 모아진다면 제도화될 가능성이 큽니다. 임차인으로부터 전세보증금을 받은 것도 임대인의 DSR에 포함시켜 적용하면 전세금을 활용한 갭투자는 확실히 제한될 것입니다. 투자자 입장에서는 세입자의 전세보증금을 활용한 갭투자나 선대출 후전세 방식의 투자법은 자신의 돈을 최소화하면서도 자산을 취득하는 최고의 레버리지 방법이라 할 수 있습니다. 따라서 전세보증금을 활용한 내 집 마련이나 투자를 계획하시는 분들이 있다면 전세보증금이 임대인의 DSR에 포함되기 전에 서둘러 움직이시는 것이 좋겠습니다.

또한 현재 전세보증금을 통해 레버리지 수익을 올리고 있는 투자자들도 예외는 아닙니다. 본인의 DSR 한도에 전세보증금이 합산되면 지금 당장은 영향이 없을지라도 추후 다른 대출을 새롭게 일으켜야 할 때는 DSR 계산이 당시 기준으로 재산정될 것이기 때문에 DSR 문턱에 걸려 대출이 어려워질 수도 있습니다. 따라서 투자한 물건의 전세만기가 언제 돌아오는지 등을 자세히 체크하고 DSR을 계산해 향후 자금이 꼬이지 않도록 미리미리 대비해두어야 합니다.

임대인의 DSR에 포함해야 한다면
DSR 장기 만기설정 계산방식을

임대인의 DSR에 전세보증금 비율도 합산하는 방향으로 가야만 한다면 보증금 만기산정 방식에 따라 임대인의 DSR 비율이 천차만별로 달라질 것입니다. 따라서 전세자금대출의 DSR 산정 시 대출만기를 어떻게 설정할지를 면밀히 검토하고 시장에 충격을 주지 않는 선에서 점진적으로 도입하는 것이 바람직합니다.

전세자금대출은 실제적으로 이자만 발생하는 대출로 원리금 상환 부담이 적은 만큼, 전세보증금 계산 시 DSR 실제 만기 적용이 아닌 주택담보대출과 같이 장기적인 만기설정 방식으로 두고 거치기간을 추가해 DSR을 계산하는 것이 합리적일 것입니다. 예컨대 전세보증금의 DSR 계산 시 상환방법은 주택담보대출처럼 체증식 상환방식, 총 약정기간은 360개월, 실제 사용기간인 24개월 동안은 이자만 내므로 거치기간 24개월 설정 등으로 한다면 DSR의 도입 취지에도 부합할 것입니다.

전세보증금의 DSR 포함 여부는 2024년 부동산 시장의 향방을 결정하는 열쇠

현재 부동산 시장은 역전세를 우려하는 모습과는 달리 오히려 서울 수도권을 중심으로 전세가가 상승하는 움직임을 보이고 있습니다. 전세가가 매매가를 계속 밀어 올리게 되면 부동산 가격의 상승은 불가피할 것이고, 이로 인한 부동산 규제는 필연적으로 따라올 것입니다. 세금이나 다른 정책들과는 달리 국회의원들의 동의가 필요 없는 대출정책은 앞으로도 규제책으로 가장 먼저 쓰이기 좋은 카드가 될 것입니다.

금융권에 따르면 5대 시중은행의 10월 26일 기준 가계대출 잔액은 684조 8,018억 원으로 9월 말(682조 3,294억 원)보다 2조 4,723억 원 늘었습니다. 이는 2021년 10월(3조 4,380억 원) 이후 2년 만에 가장 큰 증가 폭으로 가계부채 증가세는 좀처럼 꺾이지 않을 듯합니다. 2023년 한시적으로 도입된 특례보금자리론이 오히려 가계부채의 주범으로 지목된 만큼 DSR을 보지 않는 정부정책 상품의 지원도 2024년에는 활발하게 전개되지 않을 가능성이 큽니다. 전세보증금을 DSR에 합산해야 한다는 논의는 2024년이 되면 더욱 뜨겁고 구체적으로 달아오를 여지가 충분합니다.

전세보증금에 대한 임대인의 DSR 적용으로 인해 전세보증금을 이용한 갭투자가 줄어든다면 향후 부동산 시장은 어떻게 펼쳐질까요? 전세보증금의 DSR 포함 여부는 2024년 부동산 시장의 향방을 결정하는 열쇠(Key)가 될지도 모릅니다. 이러한 시장 상황을 예측하고 지혜롭게 대비한 투자자가 2024년의 부동산 시장을 주도할 것입니다.

경매 낙찰을 받았다면
대출은 어떻게 될까?

레오 김은진

- (주)레오비젼, 레오대출연구소 대표
- (주)압구정소나무부동산중개법인 감사
- 경제 인플루언서, 대출전문가 경력
  12년
- 저서 『대출의 마법』
- 유튜브 '레오대출연구소'

경매 낙찰을 받는다는 것은
매매와 무엇이 다른 것일까?

"경매로 낙찰을 받으면 대출이 잘 나온다."는 맞는 말이기도 하고, 틀린 말이기도 합니다. 그 이유는 낙찰가율에 달려 있을 듯합니다. 싸게 낙찰을 받으면 낙찰가의 90%까지도 대출이 나올 수 있으니 내 돈 10%만 있어도 부동산을 살 수 있고, 싸게 낙찰을 받았으니 전세를 주어도 오히려 전세보증금이 낙찰가보다 높아서 돈이 생겼다는 분도 있습니다. 일단 싸게 낙찰받는 것이 중요합니다.

경매 대출과 매매 대출이 다른 점은 법원 감정가가 존재한다는 것입니다. 일반 매매로 집을 사는 경우 대출을 받을 때 기준가는 KB시세, 부동산테크를 기준가로 합니다. 그마저도 없으면 은행의 자체 감정가를 사용합니다. 하지만 경매는 은행별로 기준가 적용 방법이 조금 다르지만 법원 감정가를 사용할 수 있는 은행도 있습니다. 법원 감정가는 일반적으로 은행의 감정가보다 높은 경우가 많습니다.

그 이유가 무엇일까요? 은행에서는 대출을 위해서 부동산을 감정하게 되면 은행 입장에서 감정하게 됩니다. 감정가를 높게 해서 대출을 많이 해준 뒤 대출자가 연체해서 부실이 나면 은행의 리스크는 커집니다. 그렇기 때문에 은행의 감정가는 매매시세의 90% 선에서 형성되는 느낌을 받았을 것입니다. "매매가는 10억 원인데 KB시세가 없어서 은행감정가는 9억 원이고, 비규제지역이어서 LTV 70%이므로 6억 3천만 원 대출 가능합니다."라는 답변을 들었을 테죠.

하지만 경매의 경우는 감정가를 책정할 때 누구의 시각으로 보게 될까요? 채권자의 시선으로 바라봅니다. 법원 감정가가 높아야만 낙찰가도 높을 수도 있고 채권자들도 손해를 안 보고 채권 회수를 할 수 있는 여력이 생기거든요.

지금 채권자들이 받을 돈이 모두 8억 원인데 7억 원이라고 감정해버리면 채권자 입장에서는 손해를 볼 수 있으니, 법원 감정가는 일반적인 실거래가보다 높은 경우가 많습니다. 높은 감정가를 기반으로 대출을 하게 되는 거죠. 실거래가는 10억 원인데 감정가가 11억 원이면 LTV 70%일 때 7억 7천만 원이 대출 가능해집니다.

같은 물건인데 기준가가 달라지는 것만으로 경매는 7억 7천만 원, 매매는 6억 3천만 원이므로 대출한도가 1억 4천만 원 차이 나게됩니다. 이런 이유 등으로 경매는 한도가 많이 나온다는 이야기가 나오는 것입니다.

경매로 아파트를 낙찰받는 경우
대출은 어떻게 진행이 될까?

사례로 한번 살펴보겠습니다. 법원 감정가 4억 3천만 원, KB시세는 3억 3천만 원, 낙찰가 3억 3천만 원, 비규제지역 무주택자의 사례입니다.

일반 매매로 매수하게 되면 KB시세 기준으로 대출이 가능합니다. 매매인 경우는 최대 대출 가능 한도는 KB시세 3억 3천만 원의 LTV 70%인 2억 3,100만 원입니다. 1금융권은 DSR 40%, 2금융권 DSR 50%를 충족해야만 대출이 가능합니다.

경매로 낙찰받으면 법원 감정가 4억 3천만 원의 70%인 3억 800만 원, 낙찰가의 80%인 2억 6,400만 원 또는 90%인 2억 9,700만 원 중에

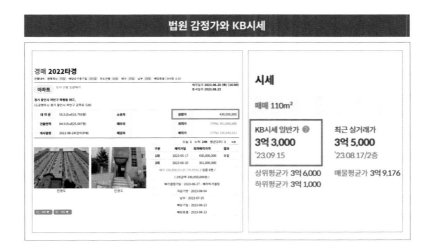

낮은 금액으로 대출이 가능한 은행이 있습니다. 그러면 매매인 경우의 대출 최대 금액인 2억 3,100만 원보다 경매로 낙찰을 받는 것이 대출한도가 더 많이 나옵니다.

● A은행의 대출한도

일반적으로 낙찰가의 80%와 감정가(KB시세)의 LTV 한도 중 낮은 금액이 대출한도입니다. 만약 무주택자가 해당 물건을 낙찰받았다고 한다면 다음과 같습니다.

① 낙찰가 33,089만 원×80%=26,471만 원
② 감정가 43,000만 원×70%=30,100만 원

따라서 2억 6,471만 원이 대출 가능한 한도입니다(DSR 충족 시 가능).

"경매인데 DSR을 보나요?"라고 물어보는 사람들도 많습니다. 경매는 특별한 물건이 아닙니다. 우리가 부동산을 매수하는 방법 중 하나일 뿐입니다. 부동산을 매수하는 방법에 매매와 경매, 그리고 직거래가 있을 뿐입니다.

경매 대출상품이 조금 다양한 이유는 은행에서 경매로 매수한 경우, 낙찰자들이 무엇을 원하는지 알고 은행이 그들이 원하는 상품을 개발해서 다양하게 느껴지는 것이지, 법의 테두리를 벗어나서 대출을 할 수 있는 것이 아닙니다. 그렇기 때문에 DSR은 필수적으로 따져봐야 합니다.

낙찰자들은 중도상환수수료 부분을 예민하게 보는 경우가 많습니다. 따라서 6개월만 이용하면 중도상환수수료가 면제인 경매 대출상품을 새마을금고에서 만들기도 합니다.

입찰 전에 본인의 소득과 부채, 주택 수를 파악해서 DSR이 충족되는지, 주택 수로 인해서 대출한도가 줄어들지는 않는지, 규제지역의 주택인 경우 처분 조건부로 할 것인지 등의 여부를 사전에 숙지해야 합니다.

DSR을 확인하기 전에 본인의 소득을 정확히 파악해야 합니다. 그런 다음 부동산계산기라는 앱으로 DSR을 계산할 수 있습니다. 먼저 본인의 소득과 부채를 넣습니다. 주택담보대출의 만기는 실제 만기인 40년 만기를 넣고, 부채는 신용대출인 경우 만기 5년(60개월)으로 넣고 계산합니다.

2023년 10월 기준 매매 금리는 4.7% 전후입니다. 해당 물건의 경우 연소득 5천만 원, 다른 부채가 없고, 금리 4.7%인 경우 DSR이 29.38%라서 DSR은 만족합니다. 1금융권은 DSR 40% 이내, 2금융권은 DSR 50% 이내를 만족해야 합니다.

2금융권은 1금융권보다 DSR이 10% 정도 여유가 있습니다. DSR 10% 차이는 대출금액에서 큰 차이를 줄 수 있습니다. 그래서 소득이 적거나 다른 대출이 많아서 DSR을 통과하기 어렵다면 2금융권 대출을 알아보는 방법도 있습니다.

DSR을 유리하게 만들기 위해서는 소득이 높거나, 금리가 저렴

PART 4. 달라질 미래를 위한 부동산 핵심 공부법

신DTI　DSR

☐ 기준일자 입력 ❓　☑ 초년도 이자 기준 ❓

연소득 ❓　5000　　　　　　　　　　　　　　　　만원

♠ 본건을 포함, 가지고 계신 모든 대출을 입력하세요.

종류	대출금	대출기간	금리
주담대 ▼ 원리금균등 ▼	총액 26470 만원 잔액 26470 만원 만기 0 만원	총 480 개월 잔여 480 개월 거치 0 개월	4.7 %

DSR 계산　☑ 기록

계산 결과　☑ 순번

계산서 1 📋 🖼

#	적요	금액	비고
1	연소득	50,000,000	입력값
2	총대출건수	1	(본건 포함)
3	**대출1**	**264,700,000**	**주택담보대출, 원리금균등분할상환, 금리 4.7%**
4	대출1 잔액	264,700,000	입력값
5	대출1 기간	480개월	전체 기간(잔여 480개월)
6	연원금상환액1	2,299,026	실제 상환액
7	연이자상환액1	12,391,795	실제 납부이자
8	총 원리금상환액	14,690,821	대출 원금 + 이자 상환액
9	**DSR**	**29.38%**	**총 원리금상환액 / 연소득 * 100**

하거나, 대출만기가 길거나, 부채가 적어야 합니다. 즉 은행에 가져다줘야 할 돈이 적을수록 DSR이 유리합니다. 'DSR 40% 이내'라는 뜻은 '본인 연소득의 40% 이상을 은행에 주면 안 된다'라는 뜻입니다.

● B은행의 대출한도

앞서 예시를 들었던 대출한도가 일반적이지만 B은행의 경우 한도 산출 방법이 조금 다릅니다. 무주택자인 경우 감정가의 LTV 70%와 낙찰가에서 입찰보증금을 제한 금액 중 낮은 금액이 한도입니다. 무주택자가 해당 물건을 낙찰받았다고 한다면 B은행의 대출한도는 다음과 같습니다.

① 낙찰가 33,089만 원-입찰보증금=30,000만 원
② 감정가 43,000만 원×70%=30,100만 원

따라서 3억 원이 대출 가능한 한도입니다(DSR 충족 시 가능). 매매 금리가 4.7%, 연소득이 5천만 원, 다른 부채가 없다면 DSR은 만족합니다.

사실 무리한 대출은 하지 않는 것이 바람직합니다. 경매로 낙찰을 받았을 때 자금계획이 꼬이거나, 낙찰 후에 전세 세입자를 받으려 했는데 의외로 전세가 잘 안 맞춰지는 일도 있습니다. 따라서 자금계획을 지나치게 빠듯하게 세우면 난관에 봉착하기도 하니, 여유

신DTI DSR

☐ 기준일자 입력 ❓ ☑ 초년도 이자 기준 ❓

연소득 ❓ 5000 만원

♠ 본건을 포함, 가지고 계신 모든 대출을 입력하세요.

종류	대출금	대출기간	금리
주담대 ▾ 원리금균등 ▾	총액 30000 만원 잔액 30000 만원 만기 0 만원	총 480 개월 잔여 480 개월 거치 0 개월	4.7 %

DSR 계산 ☑ 기록

계산 결과 ☑ 순번

계산서 1 ⧉ 🖹

#	적요	금액	비고
1	연소득	50,000,000	입력값
2	총대출건수	1	(본건 포함)
3	**대출1**	**300,000,000**	**주택담보대출, 원리금균등분할상환, 금리 4.7%**
4	대출1 잔액	300,000,000	입력값
5	대출1 기간	480개월	전체 기간(잔여 480개월)
6	연원금상환액1	2,605,621	실제 상환액
7	연이자상환액1	14,044,346	실제 납부이자
8	총 원리금상환액	16,649,967	대출 원금 + 이자 상환액
9	**DSR**	**33.3%**	**총 원리금상환액 / 연소득 * 100**

있는 자금설계를 하는 것이 좋습니다.

어떤 분이 한 물건을 낙찰받은 후 성급하게 그다음 물건을 낙찰받은 경우가 있었습니다. 이런 때 자금계획이 틀어지면 매우 곤란한 상황을 겪을 수 있습니다. 그러므로 한 개를 깔끔하게 처리한 후(단타를 하거나, 전세 혹은 월세 세팅을 끝내고)에 다음 물건을 낙찰받을 것을 추천합니다.

대출 시 조건은 어떻게 선택하면 좋을까?

경매로 낙찰을 받은 후 은행, 금리, 상환기간, 중도상환수수료 등은 어떻게 선택하면 좋을까요? 예전에는 경매로 낙찰을 받아서 월세나 전세로 세팅을 하는 투자자가 많아서, 중도상환수수료에 초점을 두고 대출상품을 선택하는 경우가 많았습니다. 하지만 지금의 부동산 시장은 매매와 경매에서 가격이 높은 주택의 경우, 실거주를 위해서 매수하거나 입찰하는 분들의 비중이 높습니다.

실거주하는 경우 오랫동안 대출을 이용해야 하기 때문에 낮은 금리를 선호합니다. 그렇기에 만기는 최대로 길게 할 것을 추천합니다. 대출만기를 길게 하면 DSR도 유리하고 원리금상환 금액도 적어집니다. 대출금을 빨리 갚고 싶어서 "만기를 10년으로 해주세요."라고 하시는 분도 가끔 있지만, 이런 경우 대부분 DSR에 걸려서 대출이 안 됩니다. 많은 은행이 매년 대출원금의 10% 정도는 상환해도 중도상환수수료를 내지 않기 때문에, 만약 대출금을 빨리 상환하고 싶다면 매년 조금씩 갚는 것이 나을 수 있습니다.

금리 선택이 가장 어렵죠. "변동금리로 할까요? 고정금리로 할까요?"라는 질문을 만 번도 더 들은 것 같습니다. 최종 선택은 본인 몫이지만 장기간 실거주를 하기 위해서 낙찰받은 분들은 5년 이상의 고정금리를 선택하는 경우가 많고, 전세를 주거나 단타를 하려고 낙찰받은 분들은 변동금리를 선택하는 경우가 많습니다.

금리는 크게 고정금리, 변동금리, 혼합금리가 있습니다.

고정금리라고 하면 30년, 40년 등 장기 고정금리라고 알고 계신 분들이 많습니다. 이런 장기 고정금리는 보금자리론과 같은 정부상품 대출에서 사용하고, 일반은행은 보통 5년 고정금리 이후 변동금리로 바뀌는 혼합금리를 사용합니다.

혼합금리를 선택하면, 처음 정해지는 금리로 5년간 고정으로 이용하고, 5년 이후에는 변동금리로 바뀝니다. 보통 3년간 중도상환수수료가 발생하므로 3년 이후에는 금리가 낮거나 조건이 좋은 은행으로 갈아타도 됩니다.

혼합금리에서 고정금리는 금융채 5년 금리를 기준금리로 사용합니다. 금융채 금리는 매일 공시되므로 매일 금리가 바뀝니다. 금융채 5년 금리를 확인하기 위해서는 코피아본드 홈페이지에 접속해서 시가평가에 채권 시가평가 기준수익률을 확인하면 됩니다.

연말이 다가올수록 계속 채권금리가 올라가고 있는 것을 확인할

대출금리의 종류

종류	운용 형태	특징	장점	단점
고정금리		대출 실행 시 결정된 금리가 대출 만기까지 동일하게 유지	시장금리 상승기에 금리 인상이 없음. 대출기간 중 월이자액이 균일해 상환계획 수립 용이	시장금리 하락기에 금리 인하 효과가 없어 변동금리보다 불리. 통상 대출 시점에는 변동금리보다 금리가 높음
변동금리		일정 주기(3, 6, 12개월 등)마다 대출 기준금리의 변동에 따라 대출금리 변동	시장금리 하락기에는 이자 부담 경감 가능. 통상 대출 시점에는 고정금리 방식보다 금리가 낮음	시장금리 상승 시 이자 부담이 증가될 수 있음
혼합금리		고정금리 방식과 변동금리 방식이 결합된 형태 (통상 일정기간 고정금리 적용 후 변동금리 적용)	금융소비자의 자금계획에 맞춰 운용 가능	

출처: 코피아본드(kofiabond.or.kr)

수 있습니다. 연말이기도 하고 채권시장이 불안해 금융채 금리가 올라가고 있고, 이렇게 되면 5년 고정금리는 오를 수밖에 없습니다.

수익형 물건 낙찰 시
대출한도는 어떻게 될까?

주택담보대출인 경우 LTV와 DSR, DTI를 통과해야 하듯이, 상가도 LTV, RTI를 통과해야 합니다. 일반적으로 상가는 LTV가 지역별로 다릅니다. 단독건물이 아닌 호수 상가라면 감정가의 60% 전후로 대출금액 예산을 세우는 것이 안전합니다.

개인 임대사업자로 상가를 낙찰받아서 대출받는 경우는 RTI를 확인합니다. RTI는 월세 대비 대출금액을 정하겠다는 뜻입니다.

법인 명의로 상가를 낙찰받아서 대출받는 경우는 RTI를 확인하지 않습니다. 따라서 RTI를 충족할 수 없을 정도로 낙찰가에 비해 월세가 낮은 곳이라면 법인으로 낙찰받는 것이 유리합니다. "신규 법인으로 낙찰받아도 대출이 되나요?"라는 문의가 많은데 가능합니다. 재무제표가 마이너스이거나 손실인 법인보다 신규 법인이 훨씬 좋은 조건입니다.

경매로 나온 상가의 대출한도는 얼마인지 살펴보겠습니다. 사례는 감정가 2억 3,200만 원이고, 1억 9천만 원에 낙찰되었다고 가정했습니다. 상가의 경우는 은행마다 한도를 계산하는 데 큰 차이가 있습니다.

법인으로 낙찰을 받은 경우 RTI, 즉 월세를 배제하고 대출금액을 산정하는 은행도 많다고 말씀드렸습니다. 감정가 2억 3,200만 원, 전차법사가(직전법사가) 2억 3,200만 원, 낙찰가 1억 9천만 원인 경

대지권	21.901㎡(6.625평)	소유자	아○○	감정가	232,000,000
건물연적	59㎡(17.848평)	채무자	아○○	최저가	(80%) 185,600,000
개시결정	2023-01-10(임의경매)	채권자	감○○	보증금	(10%) 18,560,000

오늘: 5 누적: 531 평균(2주): 6 | 차트

구분	매각기일	최저매각가격	결과
1차	2023-09-05	232,000,000	유찰
2차	2023-10-10	185,600,000	

우 최대로 대출이 가능한 은행은 낙찰가 1억 9천만 원에서 입찰보증금 1,900만 원을 뺀 1억 7,100만 원이 가능할 수도 있습니다. 하지만 이 금액은 어디까지나 유동적입니다.

다만 법인의 재무제표를 살펴봤을 때 마이너스 법인이거나, 법인 대표자의 신용이 나쁘거나, 은행 지점장의 승인이 나지 않거나, 은행 지점이 경매 대출을 취급하지 않는다면 대출이 거절될 수 있습니다.

개인사업자라면 RTI도 충족해야 하므로, 대출 1억 원을 신청하면 대략 월세가 60만 원 정도 나와야 대출이 가능합니다. 1억 7,100만 원의 대출을 받으려면 적어도 110만 원 정도의 월세가 나와야 가능할 수 있습니다. 그리고 은행에 따라서 한도, 금리, 상환방식이 다릅니다. 상가 대출이지만 대출금액의 10% 정도 원금 상환을 요구하는 은행도 있습니다.

그렇기 때문에 일반적으로 상가 입찰 전 대출한도 계산은 매우 어려울 수 있습니다. 보수적으로 자금계획을 세우는 것이 낙찰 후 자금 흐름이 꼬이는 것을 방지할 수 있습니다.

대략 감정가의 60%와 낙찰가의 80% 중 낮은 금액으로 예산을 세운다면 큰 무리는 없을 듯합니다. 낙찰 후 낙찰자의 신용도, 연 소득, 월세 금액, 법인인 경우 재무제표 등을 평가하기에 대출금액은 차이가 날 수 있습니다.

이렇게 경매와 매매 대출은 금액과 조건이 다르기도 합니다. 그리고 경매 대출을 취급하지 않는 은행 지점도 있습니다. 낮은 금액으로 낙찰받아서 좋은 수익을 내는 데 레버리지 활용으로 도움이 되셨기를 바랍니다.

상급지 갈아타기에 필요한 4가지 절세법

제네시스박 박민수

- (주)더스마트컴퍼니 대표
- 네이버프리미엄 '제네시스박의 부동
  산 절세노트'
- 유튜브 '채널 제네시스박'
- 저서 『부동산 절세 무작정 따라하기』

현시점에서 가장 좋은 자산관리 방법을 뽑으라면 아무래도 '상급지 갈아타기'가 아닐까? 이에 대한 수요는 여전하고, 남아 있는 규제를 피할 수 있는 거의 유일한 방법이기 때문이다.

　생각해보자. 현 정부 들어서 부동산 규제가 많이 완화되었다고 하지만 여전히 다주택자에 대한 규제는 남아 있다. 그리고 이에 관해 언제 개정될지 알 수 없기에(야당의 반대도 크다) 현시점에서 최선의 방법을 찾으려는 움직임이 증가하고 있다.

　무엇보다 취득세 중과가 부담되는데, 12%(일정 면적을 초과할 경우 최대 13.4% 부담) 취득세를 부담하면서 선호하는 중심지 물건을 취득하기란 매우 부담스럽다. 여기에 3주택 이상인 상태에서 종부세 과표가 12억 원을 초과하면 종부세 중과세율까지 적용되니, '차라리 정리하고 똘똘한 한 채로 바꿔보자.' 하는 심리가 상당할 수밖에 없다.

　이러한 이유로 다주택자들은 일부 물건을 매각한 후 상급지로 갈아타기를 시도하고, 내 집 마련을 하는 경우에도 이왕이면 가용할 수 있는 자금 수준에서 최선의 것을 고르려고 하니 양극화 현상은 더욱 심해지고 있다. 이런 상황에서 상급지 갈아타기를 할 수 있는 방법은 어떤 것이 있을까? 크게 4가지 방법을 통해 살펴보자.

상급지 갈아타는
4가지 방법

상급지 갈아타기를 생각한다면 다음 4가지 방법을 눈여겨보길
바란다.

① 일시적 2주택 비과세(연속 가능)
② 종전주택+분양권/입주권
③ 정비사업과 갈아타기
④ 초기 재개발 및 주택임대사업자 활용법

일시적 2주택 비과세 방법부터 주택임대사업자 활용법까지 다
루어볼 예정이다. 각각의 방법을 잘 활용한다면 분명 좋은 결과가
있을 것이다.

이 방법들은 무주택자도 꼭 알아야 한다. 특히 '나와는 상관없
네.'라는 생각은 버리자. 왜냐하면 이 과정에서 '절세 유통기한'에 해
당하는 주택은 다주택자 입장에서 기한 내 처분하는 것을 목표로 할
가능성이 높고, 그러한 물건을 잘 취득하면 꽤 괜찮은 물건을 좋은
가격에 얻을 수도 있어서다. 즉 내 집 마련을 목표로 하는데 청약과
같은 방법이 힘들 때는 결국 다주택자가 보유한 물건 중 내게 맞는
주택을 취득하는 것도 매우 좋은 방법이 될 수 있다.

반드시 기억하자. 부동산 시장에는 정부, 매도자 그리고 매수자

가 있다. 본인이 좋은 물건을 구하려는 매수자라면 그 물건이 정부가 제공하는지(공공), 민간이 제공하는지 그리고 민간이 제공한다면 특정 기관(청약 등)에서 나오는 것인지 아니면 개인(매도자)에서 나오는지를 반드시 체크해야 한다. 이걸 기억하고 다음의 내용을 본다면 내 집 마련에 있어서도 상급지 갈아타기가 가능할 것이다. 이제 구체적으로 하나하나 살펴보자.

일시적 2주택
비과세 연속 활용

첫 번째 방법은 일시적 2주택 비과세를 연속해서 활용하는 것이다. 가장 많이 활용하는 방법으로, 요건을 간략히 설명하면 아래와 같다.

- 종전주택을 취득한 후 1년 후에 신규주택 취득할 것(1후)
- 종전주택은 최소 2년 이상 보유할 것. 단, 취득 시 조정이었다면 2년 거주(2보/2거)
- 신규주택 취득 후 3년 이내 종전주택을 매각할 것(3매)

이 3가지 요건을 지키면 종전주택은 비과세가 가능하고 이를 응용하면 연속해서 비과세를 받을 수 있다. 필자는 이 요건을 줄여서

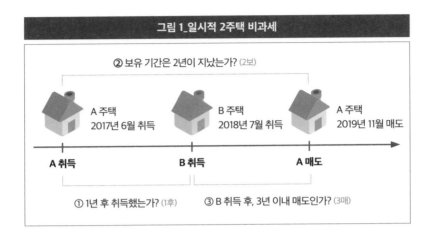

그림 1_일시적 2주택 비과세

② 보유 기간은 2년이 지났는가? (2보)

A 주택
2017년 6월 취득

B 주택
2018년 7월 취득

A 주택
2019년 11월 매도

A 취득　　　**B 취득**　　　**A 매도**

① 1년 후 취득했는가? (1후)　　③ B 취득 후, 3년 이내 매도인가? (3매)

'1후/2보/3매'라고 칭한다. 간혹 "평생 1회만 되는 게 아닌가요?"라고 질문하는데 그렇지는 않다. 평생 1회만 되는 것은 뒤에서 설명하는 '주택임대사업자 거주주택 비과세 특례'이며 이 둘은 다르다.

다시 돌아와서 우리 세법에서는 종전주택 매도일과 신규주택 매수일이 같은 날이면, 종전주택을 먼저 매도한 것으로 보아 납세자에게 유리하게끔 해석하니 현실적으로 가장 많이 사용하는 방법이다. 이걸 응용하면 그림 2처럼 연속해서 비과세가 가능하다. 그 결과 '이론상으로는' 1번에서 4번 주택으로 갈수록 점점 더 중심지로 갈수 있다.

이렇게 좋아 보이는 방법이지만 현실에서는 한계도 분명 존재한다. 먼저 연속해서 비과세를 받기가 생각보다 쉽지 않다. 매번 이사를 가야 하고 번거롭기 때문이다. 특히 자녀가 학교에 입학이라도

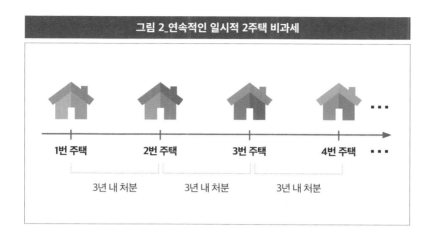

그림 2_연속적인 일시적 2주택 비과세

1번 주택   2번 주택   3번 주택   4번 주택   ・・・

3년 내 처분   3년 내 처분   3년 내 처분

해서 정착해야 한다면 더더욱 움직이기가 쉽지 않을 것이다.

두 번째로는 가고자 하는 곳이 상급지라면 이미 보유한 주택보다 가격이 더 오를 가능성이 크다는 것이다. 즉 2번 주택을 매각해서 3번 주택으로 가려고 했는데, 같은 기간 동안 2번 주택은 1억 원이 오르고 3번 주택은 2억 원이 올라버린다면 차액 1억 원을 별도로 마련해야 하는 문제가 발생한다(실제에서는 이보다 차이가 더 큰 경우가 많다).

그렇다면 이를 해결하려면 어떻게 해야 할까? 첫째, 실거주를 하지 않고 본인은 다른 주택에 임차하는 것을 생각해볼 수 있다. 즉 투자와 실거주를 분리하는 것이다. 이렇게 해야 빈번한 이사를 줄이고, 보유주택은 연속해서 매각이 가능하다. 다만 취득 당시 조정대상지역에 위치한 주택은 반드시 2년 거주를 해야 하기에, 현재로서는 강남 3구와 용산에 있는 물건을 제외하고 이 방법을 활용할 수 있다.

예를 들어보자. 본인은 경기도에 임차로 거주하고 경기도 외곽에서부터 서울까지 이 방법으로 연속해서 비과세를 받는다. 가령 '동탄 → 분당 → 판교 → 서울 강동'으로 연속해서 비과세는 받되, 본인은 경기도에 임차로 남아 있는 것이다.

둘째, 상급지 취득을 위한 차액을 마련하고자 적절한 레버리지(대출 등)를 활용하는 것이다. 예를 들어 동탄에서 분당으로 넘어간다고 가정하자. 같은 기간 동탄은 1억 원이 올랐는데 분당이 2억 원 상승했다. 이때 동탄은 비과세를 받더라도 차액 1억 원이 필요한데 이 자금은 해당 기간의 본인 소득(가령 급여 등)으로 충당하거나 이게 부족하다면 부득이 레버리지를 활용해야 한다. 이때 레버리지란 본인 명의 대출 그리고 타인의 자금, 즉 전세보증금이 있다. 따라서 본인 소득만으로 충당되지 않아서 레버리지를 써야 하는 경우라면 반드시 감당 가능한 수준인지를 확인 후에 진행하는 것을 권한다.

그럼에도 불구하고 연속적인 일시적 2주택 비과세는 상대적으로 시간이 오래 걸리는 등 약점이 존재한다. 그럴 때는 다음의 방법을 활용해보자.

분양권 혹은 입주권을 통해
한 번에 신축으로 갈아타기

두 번째는 연속적인 일시적 2주택 비과세도 좋지만 몇 단계를 건너뛰고 한 번에 신축으로 가는 방법이다. 즉 신축아파트를 취득할 수 있는 분양권 혹은 조합원입주권을 취득하는 것이다.

그림 3은 종전주택이 있는 상태에서 분양권 또는 조합원입주권을 취득해 종전주택을 비과세받는 경우다. 이 사례 역시 종전주택을 취득한 후 1년이 지난 상태에서 분양권 또는 입주권을 취득해야 하고, 그로부터 3년 이내에 종전주택 A를 처분해야 비과세가 가능하다. 다만 이때 주택 분양권은 2021년 1월 1일 이후 취득분이어야 한다. 만약 그 이전(2020년 12월 31일)이라면 해당 분양권이 주택으로 완공된 시점으로부터 3년이니 이 둘을 구분해야 한다.

이 방법은 기존에 주택이 있었는데, 이보다 좋은 곳의 분양권 또

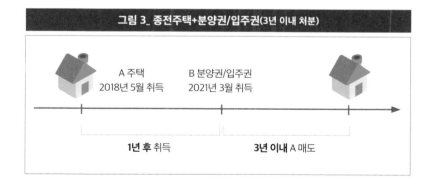

그림 3_ 종전주택+분양권/입주권(3년 이내 처분)

A 주택
2018년 5월 취득

B 분양권/입주권
2021년 3월 취득

1년 후 취득

3년 이내 A 매도

는 입주권을 취득할 수 있어야 활용할 수 있는 방법이다. 예를 들어 보유 중인 A주택보다 더 좋은 입지에 있는 B분양권에 청약할 수 있는 경우라고 가정하자. 분양가를 감당할 수 있고 B분양권이 신축될 때 그곳이 가고자 하는 상급지라면 매우 좋은 기회가 될 수 있다.

만약 청약 자격이 되지 않거나 가점이 낮아서 확률이 낮다면 조합원입주권을 취득하는 것도 한 가지 방법이다. 조합원입주권이란 세법에서 정하는 입주권으로(지역주택조합은 제외), 관리처분계획인가 이후에 취득한 것이다. 따라서 정비사업이 상당 부분 진행된 건 좋지만 그만큼 웃돈(프리미엄)이 들어간다. 간혹 현금청산 이슈가 있기에 매수 전 해당 조합은 물론 관할 지자체 등 여러 곳을 체크해야 한다.

참고로 해당 분양권/입주권을 취득했는데, 종전주택 처분을 3년 이내가 아닌 3년이 경과한 후에 매각하고자 하는 경우도 있을 것이

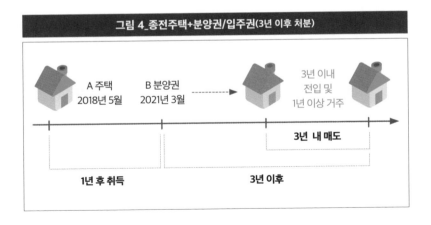

그림 4_종전주택+분양권/입주권(3년 이후 처분)

다. 물론 이때도 종전주택(A주택) 비과세는 가능하나 주의해야 할 점이 있다. 바로 신축으로 완공되는 B주택에 3년 이내 전입해 반드시 1년 이상 계속해서 거주해야 한다는 점이다. 설령 B주택이 위치한 지역이 조정대상지역이 아닌 비조정대상지역이라도 마찬가지이니 꼭 유의한다. 여기에 '1년 이상 계속해서 거주'란 연속해서 1년을 거주해야 하니 그 이전에 잠깐 전출해서 다시 전입 후 1년을 채우겠다는 생각은 하지 말기 바란다. 이는 종전주택 처분기한이 더 늘어났으므로 그만큼 혜택을 준 것이기에, 요건 역시 까다롭게 바뀐 것이라 이해하는 것이 좋다. 뭐든 세상에 공짜는 없다.

이 방법의 아쉬운 부분은 무엇일까? 조합원입주권의 경우 상대적으로 자금이 많이 들어가야 한다는 점이다. 분양권이라면 당첨에 대한 불확실성이 가장 클 것이다. 이 2가지가 부담된다면 이제는 아래 세 번째 방법을 살펴보자.

정비사업을 통한 갈아타기

세 번째, 정비사업을 통한 갈아타기다. 현재 가격을 회복하고 있는 서울 지역 단지의 공통점 중 하나가 청약 혹은 신축(혹은 5년 이내 준신축) 위주의 상품이라 할 것이다. 그만큼 신축에 대한 수요가 높다는 걸 알 수 있다. 이것 말고도 신축을 구할 수 있는 방법에는 무엇이 또 있을까?

　서울에서는 정비사업이 유일할 것이다. 즉 재개발·재건축을 중심으로 최근 관심이 높은 신속통합기획, 모아타운, 가로주택정비사업 등 소규모 정비사업 등이 해당된다. 물론 무턱대고 준비도 안 된 상태에서 매수했다가는 큰 고생을 할 수 있기에 다른 칼럼을 통해 충분히 공부한 후에 접근하는 것을 권한다. 여기에서는 이를 활용한 절세전략을 중심으로 살펴보겠다.

　가장 기본적인 방법은 종전주택(A)이 있는 상태에서 앞으로 정비사업 진행 가능성이 있는 B주택을 취득하는 것이다. 이때 주의해야 할 건 둘 다 주택이므로 종전주택 비과세를 받기 위해서는 먼저 살펴본 일시적 2주택 비과세를 활용, 즉 B주택 취득 후 3년 내 종전주택 A를 처분해야 한다. 즉 그림 5는 그림 1과 사실상 동일하다. 간혹 이를 그림 3 또는 그림 4와 혼동하는 경우가 있는데 전혀 다른 것이니 유의하도록 하자.

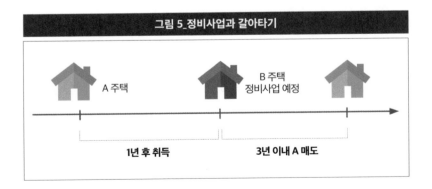

그림 5_정비사업과 갈아타기

A 주택

B 주택
정비사업 예정

1년 후 취득　　　　　3년 이내 A 매도

다시 돌아와서 그림 5처럼 종전주택을 처분해서 비과세를 받은 후 본인은 임차로 있어도 되고, 아니면 실거주 주택을 취득한 후 B주택 정비사업이 잘 진행되기를 기다려서 추후 신축아파트를 얻을 수도 있을 것이다.

하지만 생각해보자. 이 방법은 잘못하면 시간이 너무 오래 걸리고 자칫 사업이 진행되지 않는다면(그림 5의 B주택) 오히려 손실을 볼 수 있다는 점에서 리스크가 크다. 그래서 이게 싫은 사람은 그림 3 혹은 그림 4처럼 차라리 웃돈을 주고 사업 진행이 어느 정도 된 조합원입주권을 매수하는 것이다. 그런데 그럴 만한 자금이 부족한 상황이라면 어떻게 해야 할까?

초기 재개발 및 주택임대사업자 활용하기

생각해보자. 우리가 어떤 과녁을 맞히기 위해 돌을 던져야 한다면 1개가 좋을까, 아니면 10개가 좋을까? 당연히 많이 던질수록 과녁에 맞을 확률은 그만큼 높아질 것이다. 이번에 소개할 네 번째 방법은 정비사업이 진행될 만한 물건을 '여러 채' 취득하는 전략이다. 다만 이 방법은 기회가 될 수도 있지만 동시에 리스크도 존재한다. 세법적인 관점에서 리스크를 줄일 수 있는 방법을 소개하니 이 점을 기억하고 보도록 하자.

그림 6_초기 재개발 및 주택임대사업자 활용하기

미등록, 거주   미등록, 거주

미등록   미등록   등록(요건 O)   등록(요건 O)

종부세 주택수 3채   종부세 주택수 1채

예를 들어서 본인은 주황색 주택에서 거주하면서 향후 정비사업
이 예정될 파란 주택 2채를 매입하면 어떨까? 앞서 살펴본 1채보다
는 조금이라도 확률이 더 올라가지 않을까?

물론 이 상황에서도 세 번째 취득하는 주택은 8% 취득세를 부담
해야 한다(비조정대상지역 가정). 이에 대한 부담을 줄이려면 금액을
낮추든지 아니면 기준시가 1억 원 이하 주택을 취득하든지 혹은 향
후 입주권이 나올 수 있는 토지, 상가 등을 취득해야 할 것이다(아니
면 거주주택을 취득하지 않고 모두 정비사업이 예정되는 물건만 취득할 수
도 있다).

이렇게 취득세를 어느 정도 극복하더라도 여전히 문제는 남아
있는데, 그건 바로 '종부세'다. 특히 3주택 이상이면서 종부세 과표
가 12억 원을 초과하면 종부세 중과세율이 적용되는데, 이 방법을

해결할 수 있는 유일한 방법은 임대주택으로 등록하는 것이다.

그림 6을 보자. 왼쪽은 종부세 기준 주택수가 3채인데 오른쪽은 주황색 주택 하나만 종부세 과세대상이다. 그 결과 종부세 부담은 크게 줄일 수 있다. 다만 모든 주택을 등록한다고 해서 그렇게 되는 건 아니다. 일단 현재 상황에서 아파트 신규등록은 불가하며 다세대, 빌라 등의 주택은 등록은 가능하나 아래 요건을 갖춰야 종부세 합산배제가 가능하다.

- 지자체, 세무서 2곳 모두 등록할 것
- 임대개시 당시 기준시가 6억 원 이하일 것(수도권 밖 3억 원 이하)
- 의무임대기간 준수할 것(2020.8.18 이후 등록 시 10년)
- 임대료 증액제한 준수
- 종부세 합산배제 신청(9.16~9.30, 최초 신청 후 변동사항 없다면 추가 신청 없어도 무방)

이 역시 '종부세 합산배제'라는 혜택이기에 그만큼 많은 요건을 요구하는 것이다. 준수해야 할 요건도 많고, 무엇보다 의무임대기간 10년을 준수해야 하니 신중하게 접근하자.

주택임대사업자,
추가 활용 방법은?

상급지 갈아타기 네 번째 방법은 정비사업이 진행될 만한 주택을 다수 보유하되, 보유세 부담이 커질 것을 대비해 임대주택으로 등록한 방법이었다. 그런데 의무기간을 10년이나 유지해야 하는 등록임대주택을 겨우(?) 종부세 합산배제에만 활용해야 하는 것일까? 2가지 이점이 더 있다.

첫째, '주택임대사업자 거주주택 비과세 특례'가 가능하다. 우리 세법에서는 '주택임대사업자가 거주하고 있는 주택을 양도할 때, 요건을 갖춰 등록한 임대주택은 비과세 판단 시 제외함으로써 거주주택 비과세 가능'이라는 매우 큰 혜택을 주고 있다(소득세법 시행령 155조 20항). 그래서일까? 2019년 2월 관련 내용을 개정해 이를 '평생 1회'로 제한하게 되는데, 이것이 바로 한 번만 활용할 수 있는 비과세 전략이다.

비과세를 받고자 하는 주택에서는 반드시 '2년 거주', 그리고 등록임대주택은 모든 요건을 다 갖춰야 하기에 "임대주택으로 등록하면 주택 수 제외되죠?"라는 말은 맞지 않다고 보아야 한다. 단순히 등록만 한다고 비과세 판단 시 주택 수가 제외되는 건 아니다. 간혹 거주주택에서 거주를 하지 않았거나(이 경우는 비조정이라도 거주 필요), 등록임대주택에서 한 가지 요건만 놓쳐도 주택 수가 카운트되어 비과세를 받을 수 없으니 꼭 유의하자.

그림 7_주택임대사업자를 활용해 거주주택 비과세받기

미등록, 거주

미등록

미등록

- 거주주택은 비과세를 받고, 나머지는 등록임대주택으로 정비사업 진행을 기다리며 보유
- 가장 큰 혜택(평생 1회), 단 요건이 까다로움
  - 거주주택: 2년 거주
  - 등록임대주택: 세법 기준 충족
  - 매도 전, 세무사 검증 필수

예를 들어 그림 7과 같이 주황색 주택에서는 거주, 이후 정비사업을 기대하고 파란 주택을 취득하고 등록한 경우 요건이 맞으면 거주주택은 비과세가 가능하다. 단, 이는 평생 1회다. 가령 파란 주택을 취득하기 전에 먼저 노란 주택을 1세대1주택 비과세를 받고, 이후 다시 그림 7과 같이 되어서 거주주택 비과세를 받는 것은 가능하다. 1주택 비과세와 거주주택 비과세 특례는 다르기 때문이다. 어쨌든 이러한 방법으로 파란 주택은 장기 보유하면서 노란 주택(거주)은 비과세가 가능하다.

둘째, 포괄양수도를 통해 토지거래허가구역 물건을 취득할 수 있다. 현재 토지거래허가구역에서는 실거주자인 경우에 해당 물건을 취득할 수 있는데, 그러한 이유로 시세보다 더 높은 가격에 해당 지역에 있는 경매물건이 낙찰되는 경우가 있다. 경매는 이러한 제한을 받지 않기 때문이다.

마찬가지로 주택임대사업자 포괄양수도 물건 역시 토지거래허가구역의 제한을 받지 않는다. 즉 당장은 실거주를 하지 못하고 세를 끼고 사두어서 정비사업이 진행될 것을 기대하고 싶을 때 활용할 수 있는 방법이다.

다만 포괄양수도를 통한 매수 시 그때부터 다시 10년을 의무임대해야 온전한 세제혜택을 받을 수 있기에 유의한다. 간혹 "남아 있는 기간만 임대하면 됩니다."라는 말을 듣고 쉽게 거래하는 경우가 있다. 그러나 이건 과태료 등에 국한되는 것이고, 종부세 합산배제 및 거주주택 비과세 특례와 같은 국세에 대해서는 10년을 의무임대해야 한다. 이는 기존 매도자와 매수자가 서로 다른 별도의 사업자이기 때문에 그렇다.

물론 이를 역으로 활용해서 '종부세, 양도세 혜택은 필요 없다'라고 접근할 수 있지만 그런 경우는 별로 없을 것이다(이 혜택이 가장 크기 때문). 간혹 정비사업 진행이 원활히 되어서 도중에 '직권말소'가 된다면 이때는 10년 임대를 하지 않더라도 종부세 합산배제는 온전히 받을 수 있으니 참고하자. 단, 거주주택 비과세 특례는 직권말소 전에 거주주택을 매각해야 가능하다. 우리 입장에서는 포괄양수도를 통해 원하는 물건을 취득했는데 도중에 직권말소가 되고 거주주택 비과세를 받을 계획이었다면 사전 매각을 고려해야 함을 잊지 말자. 당연히 관련 내용으로 세무사 검증 후 계약을 진행하는 것이 좋다(가장 어려운 파트 중 하나다).

이상의 내용을 정리하면 그림 8과 같다. 즉 상급지 갈아타기를

미등록, 거주 또는 임대

1. 거주주택 비과세(주황)
2. 종부세 합산 배제(주황)
3. 포괄양수도(주황)

등록?   등록?

위해 자금 부족 등으로 초기 재개발 주택을 취득했는데, 이를 등록임대주택으로 잘 활용하면 기존 거주주택은 비과세가 가능하고 등록임대주택은 종부세 혜택이 있다. 또한 잘하면 토지거래허가구역에 있는 물건을 생각보다 저렴한 가격에(간혹 이런 물건들이 나오기도 하는데, 이는 정비사업에 대한 절차와 이슈를 별도 공부해야 한다) 취득할 수도 있는 것이다.

이상의 내용은 각각 독립적으로 활용될 수도 있지만 서로 결합되어 혜택을 받을 수도 있으니 잘 고려해보기로 하자.

상급지 갈아타기,
어디로 가야 할까?

    지금까지 상급지 갈아타기를 위한 4가지 방법을 절세 관점에서 살펴보았다. 하지만 더 중요한 건 '어디로' 가야 할지이다. 내가 원하는 상급지, 어디로 가는 것이 좋을까? 개인적인 생각을 정리해보겠다.

    물론 개인차가 있기에 일괄적으로 정할 수는 없겠지만, 서울을 중심으로 중심 업무지구에서 가깝거나(물리적) 그렇지 않다면 그곳까지 이동이 편리해야 할 것이다(시간 거리상). 이러한 이유로 중심

그림 9_상급지 이동

업무지구까지 이동시켜주는 교통망이 중요하다. 앞으로도 신분당선, GTX-A, 그리고 경부고속도로는 계속해서 그 중심이 될 것이다 (여기에 서울 주요 지하철 노선 추가).

즉 경기남부라인과 강남업무지구를 중심으로 보되, 서울의 경우 신축이 될 수 있는 분양권, 도심 내 정비사업을 추가로 고려하면 어떨까 한다. 그렇게 본다면 강남업무지구에 빠르게 접근할 수 있는 인근 지역(서쪽, 동쪽 모두), 그리고 그와 마주 보고 있는 강북 지역 중에서도 괜찮은 곳들이 나오지 않을까 생각한다. 구체적인 구 단위로 좁히고, 해당 구에서 랜드마크 아파트 그리고 앞으로 랜드마크가 될 지역 등을 추려서 실제 현장을 가보고 가격 모니터링을 하면 기회가 오지 않을까?

물론 '본인만의 강남'은 모두 다를 것이다. 하지만 그걸 정하고 정하지 않고는 매우 큰 차이가 난다. 목표가 명확해야 구체적인 결과를 얻을 수 있다. 앞서 살펴본 4가지 상급지 갈아타기 방법을 보면 어떤 사람이 매도한 물건이 매수자인 나에게 있어서는 '나만의 강남' 물건이 될 수 있는 것이다.

아무쪼록 여기에 있는 내용을 잘 활용함으로써, 독자분들이 원하는 상급지로 성공적으로 이동하길 기원한다.

증상 없는 전염병,
상속을 대비해야 하는 이유

이장원 세무사

- 세무법인 리치 대표 세무사
- 한국세무사회 세무연수원 연수교수
- KDB생명·대한중소병원협회 등 다수 협회 공식 자문 세무사
- 다수 공공기관 및 언론사 부동산 자산관리 및 세금 강의
- 저서 『부의 이전』 외 8권
- 유튜브 '두꺼비TV_이장원 세무사'

OECD 회원국 중
상속세 1위는 한국

OECD 38개국 중 17개국은 상속세가 없거나 폐지할 예정이다. 그리고 상속세가 있다고 하더라도 직계 상속에 대해서는 대부분 낮은 상속세를 부과하고 있다. 그러나 한국은 총 조세수입 중 상속세 및 증여세 비중이 2.42%로 OECD 회원국 중 가장 높다. OECD 평균과 비교해봤을 때 5.7배 이상이나 높다.

간혹 상속세는 '부자'에 국한된 부의 재분배라는 측면으로 꼭 필요하고 오히려 더 높여야 한다는 의견도 꽤 많다. 그러나 이런 측면으로만 상속세를 현 상황으로 유지해야 할지는 생각해볼 문제다. 상속세는 부자에 국한된 문제가 아니라 단지 서울 등 수도권에 아파트

구분	한국	벨기에	일본	미국	독일	OECD 평균
2019	1.59	1.45	1.31	0.40	0.52	0.35
2020	1.93	1.53	1.31	0.46	0.67	0.38
2021	2.42	1.72	-	0.47	0.69	0.42

OECD 주요국의 총 조세수입 중 상속세 및 증여세 비중(단위: %)

한 채만 있어도 상속세를 납부하는 납세자가 될 수 있기 때문이다. 이렇게 본인이 상속세를 납부하는 상황이라면 과연 본인을 부자로 받아들일 것인지, 그리고 본인의 부를 사회적으로 재분배해야 한다는 것에 동의 및 동참할 것인지에 대해서 고민해봐야 한다.

지금부터 상속세 및 증여세를 실무에서 가장 가까이 지켜보며 느끼는 바를 풀어보려고 한다. 이를 통해 독자에게 이 상속세라는 것이 왜 '증상 없는 전염병'이고, 본인도 이 증상 없는 전염병에 걸린 것은 아닌지 자가 진단할 수 있는 시간을 가져보도록 하자.

집 한 채만 있어도
상속세가 발생한다는 건 이제 상식

본인은 부자인가? 부자라면 상속세를 내야 하는데 본인은 고작 집 한 채만 있으니 먼 나라 이야기라고 볼 수 있을 것인가? 그러나 2023년의 한국에서는 수도권에 집 한 채만 있어도 상속세가 부과된다는 사실은 이미 상식이 되었다. 혹시 모르고 있었다면 상속세를 계산해본 적 없거나 애써 무시하고 있는 것일 수 있다. 그렇다면 당장 상속세부터 한번 계산해보자. 상속세로 인해 그동안 쌓은 부의 절반을 자녀가 아닌 국가에 헌납해야 할 수도 있으니 말이다.

물론 불과 10년 전만 하더라도 상속세를 납부하는 지인이 있으면 친하게 지내라는 말이 나올 정도로 한국에서 상속세는 부자들만 내는 세금이라는 인식이 일반적이었다. 그러나 이제 상속세는 보편적인 세금이 되었다.

　매년 세금을 내는 근로소득자 또는 사업소득자라면 해마다 소득 및 세금 신고를 통해 다음 해의 세금을 준비하고 공부한다. 포털사이트에서 연말정산에 대한 절세 팁을 검색해서 찾아보는 근로자들도 있을 정도다. 그렇지만 상속세는 피상속인의 죽음에서 비롯되는 경험이다 보니 국민 대부분 다른 사람 이야기처럼 받아들이는 경우가 많다.

　현재 대부분 국민이 잠정적 상속세 신고대상자가 되었음에도, 상속세에 대한 상식이나 이해가 전무하다. 그 결과 대부분 상속인이 사전 상속 절세 계획 자체를 생각하지 못해 고액의 상속세 납부라는 결과를 고스란히 짊어지게 된다. 이 과정을 지켜보는 세무사로서는 절세를 도와줄 방법이 없어 정말 안타깝다.

　한국부동산원이 발표한 2023년 8월 '전국 주택가격 동향 조사'에 따르면 서울의 평균 아파트 매매가격은 그나마 조정되어 10억 3천만 원이 넘는다. 7년 전보다는 약 1.9배 이상 상승했다. 최근 8년간 아파트 가격은 서울뿐만 아니라 전국적으로도 큰 폭으로 상승했다.

　주택가격 상승은 누군가에게는 기쁨, 누군가에게는 절망이 될 수 있다. 그리고 50대 이상의 주택 소유자에게는 상속세 대비 필요성을 알리는 신호이기도 하다. 상속세는 배우자가 있다면 10억 원까지, 배우자가 없다면 5억 원까지 특별한 경우를 제외하고는 과세 대상이 아니다. 다만 그 이상이라면 과세 대상이 된다. 현재 서울 평

최근 8년간 지역별 아파트 매매 평균 가격(단위: 천 원)

지역	전국	수도권	지방권	6대 광역시	9개도	서울
2016년 08월	281,537	376,380	190,566	231,896	223,442	558,017
2017년 08월	287,768	388,089	192,501	237,418	226,005	582,818
2018년 08월	320,944	445,796	202,580	257,083	238,908	702,383
2019년 08월	344,332	487,968	209,226	266,800	251,822	799,721
2020년 08월	383,529	551,580	225,414	295,977	285,607	886,216
2021년 08월	498,221	731,999	286,926	387,876	385,037	1,119,250
2022년 08월	506,802	746,956	289,743	390,168	394,577	1,141,614
2023년 08월	445,161	657,145	253,857	332,820	341,868	1,039,774

출처: R-ONE 부동산통계뷰어, 한국부동산원

상속세 신고 인원 및 총상속재산 총액

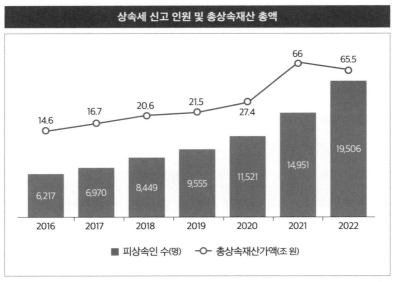

출처: 국세 통계 포털

균 아파트 매매가격을 보면, 아파트 한 채만 보유하고 있어도 상속세 납부 대상자가 되는 상황이다.

이를 뒷받침하듯 국세 통계에서도 최근 몇 년 새 상속세 납세의무자와 총상속재산가액이 큰 폭으로 증가한 것을 확인할 수 있다. 2022년 상속세 신고 인원은 1만 9,506명, 총상속재산가액은 약 56조 5천억 원이다. 2016년 대비 상속세 신고 인원은 약 3.1배, 총상속재산가액은 약 3.85배 증가했다.

2022년 상속세 신고 재산가액 규모별로는 10억 원 이상이면서

2022년 총상속재산가액 등 규모별 피상속인 수와 총상속재산가액(단위: 명, 백만 원)		
총상속재산가액 등 규모별	피상속인 수	총상속재산가액
1억 원 이하	25	1,473
3억 원 이하	87	17,781
5억 원 이하	103	37,620
10억 원 이하	4,425	3,048,099
20억 원 이하	8,510	11,021,045
30억 원 이하	3,086	6,694,657
50억 원 이하	1,918	6,511,357
100억 원 이하	903	5,361,090
500억 원 이하	411	6,218,513
500억 원 초과	38	17,607,797
합계	19,506	56,519,432

출처: 2022년 상속세 신고 현황, 국세 통계 포털

20억 원 이하인 구간이 인원 8,510명(43.6%), 재산가액 11조 210억 원(19.4%)으로 가장 큰 비중을 차지했다.

과거에는 주택 한 채와 예·적금 및 보험금을 가진 일반적인 망자의 상속은 상속세 신고 대상이 아니었다. 그러나 현재는 주택가격의 상승으로 인해 10억 원이 넘는 주택 한 채와 예·적금 및 보험금 등이 상속 재산으로 인정되면서 보편적인 상속 재산 규모가 10억~20억 원 사이로 변화되었다. 말 그대로 이제 '집 한 채'만 있어도 상속세 납부 대상이 된다.

종종 부모로부터 주택을 상속받았는데, 상속세를 낼 현금 유동성이 없어 어린 시절의 추억이 깃든 주택을 급매로 처분하는 상속인을 보게 된다. 참담한 심정을 토로하는 상속인을 대할 때마다 미리 대비만 했어도 이런 일은 없었을 텐데 하는 아쉬움이 든다.

부의 이전은 준비된 자가
가장 절세할 수 있다

상속과 증여 상담을 준비하는 세무사 관점에서 놀라운 점이 있다. 상담자 대부분이 본인의 재산이 많지 않다고 생각해 꼼꼼히 관리하지 않는다는 점이다. 심지어 본인 소유의 부동산 주소를 모르고 있는 일도 있다.

보편적인 상속과 증여의 경우 재산목록은 크게 부동산, 현금성

자산, 주식, 사망보험금, 사전증여재산 정도로 나누어볼 수 있다. 본인의 재산목록을 이렇게 나누어서 재산 관리 리스트를 작성해보고, 매년 시가 변동을 확인하는 습관을 지니도록 하자. 재산 종류에 따라 평가 방법이 다를 뿐만 아니라, 다른 재산 종류로 바꾸어 보유하는 것이 유리한지 아닌지 등도 같이 검토하면서 자산관리에 힘쓰는 것이 좋다.

상속과 증여 상담을 위해 재산을 시가평가하고 이에 대한 납부세액을 안내하면 상담자 대부분은 깜짝 놀란다. 특히 상담자가 고액의 세금과는 거리가 멀었던 근로소득자 또는 주부라면 그 충격은 더욱 크다. 그도 그럴 것이 법상 세율이 고율인 점을 모르기 때문이다.

상속세와 증여세는 고율의 세금이 발생한다는 점은 과세표준에 따른 산출세액 약식표를 살펴보면 쉽게 이해할 수 있다. 본인의 자산에서 임대보증금 및 은행 채무 등 부채를 차감한 가액에서 배우자가 없다면 5억 원, 배우자가 있다면 10억 원을 차감한 금액이 얼추 과세표준이 될 것이다. 그 과세표준에서 세율을 곱하고 누진공제를 차감해 간략하게라도 본인의 상속세가 얼마나 될지 계산해보자.

상속세율은 23년간 한 번도 바뀌지 않았다. 최근 증여도 폭증하고, 상속세 납세의무자도 대폭 늘어났으니 과도한 세금에 대한 세법 개정이 있지 않을까 기대하는 사람도 있겠다. 그러나 상속세 및 증여세율은 1999년도 개정 이후 바뀌지 않고 있으며, 1999년 마지막 개정에서는 오히려 세율이 높아졌다.

상속세 및 증여세율이 23년 가까이 변동되지 않았다는 것은 세

상속세 및 증여세율

과세표준	세율	누진 공제
1억 원 이하	10%	
1억 원 초과~5억 원 이하	20%	1,000만 원
5억 원 초과~10억 원 이하	30%	6,000만 원
10억 원 초과~30억 원 이하	40%	1억 6,000만 원
30억 원 초과	50%	4억 6,000만 원

과세표준에 따른 산출세액 계산

과세표준	산출세액
1억 원	1,000만 원
2억 원	3,000만 원
3억 원	5,000만 원
5억 원	9,000만 원
10억 원	2억 4,000만 원
15억 원	4억 4,000만 원
20억 원	6억 4,000만 원
25억 원	8억 4,000만 원
30억 원	10억 4,000만 원
100억 원	45억 4,000만 원

율에는 그동안의 인플레이션이 반영되지 않는다는 것을 의미한다. 즉 23년 전에 3억 원에 취득한 부동산이 현재 20억 원이 되었다면 부동산 가치는 23년 새 6배 이상이 올랐지만, 상속세 및 증여세율은 23년 넘게 변동이 없으니 재산가치 증가가 적용되는 누진세율은 적용하면 결국 세금만 높아지게 되었다는 이야기다.

23년 전에도 상속이 발생하게 되면 일괄 공제 5억 원이 적용되었다. 그러므로 23년 전이었다면 상속세는 발생하지 않았겠지만, 똑같은 부동산이 23년 지나서 상속이 일어난다면 상속세는 4억 4천만 원가량 나온다. 오히려 해당 부동산은 23년간 더 낡아졌지만 말이다.

이처럼 상속세와 증여세의 세수 비중과 세수 총액이 매년 늘어나게 될 것은 당연하다. 이는 곧 우리가 상속과 증여를 하루빨리 준비해야 하는 이유이기도 하다.

부의 이전은
'10년 주기 증여 설계'로 시작된다

효율적인 부의 이전을 하기 위해 가장 먼저 무엇을 인지해야 할까? 바로 '10년 주기 증여 설계'다. 부의 이전 절세를 준비하는 가장 기초적인 방법이면서 핵심이 되는 방법이기 때문에, 수많은 자산가가 어린 자녀에게 일찍이 증여를 고민하는 이유이기도 하다.

10년 주기 증여 설계의 가장 대표적인 방식은 아이가 태어나자마자 2천만 원을 증여하는 것부터 시작한다. 이 말을 들으면 아이가 태어나자마자 무슨 증여를 하느냐고 의문을 가질 수 있다. 그러나 「상속세및증여세법」에서 미성년인 자녀에게 증여 시 공제받을 수 있는 증여재산공제액이 10년간 2천만 원이기 때문에 증여재산공제액까지는 납부세액이 발생하지 않는다. 그러므로 이는 자녀에게 합법적으로 2천만 원을 이전해주는 방법이다.

증여재산공제는 증여받는 수증자가 배우자라면 6억 원, 직계존비속은 5천만 원(미성년자인 직계비속은 2천만 원), 기타 친족은 1천만 원이다. 이 증여재산공제액은 증여 후 10년 주기로 갱신된다. 즉 증여재산공제액이 최초 증여 후 10년마다 초기화되므로, 10년의 주기를 최대한 활용해 긴 호흡으로 부의 이전 절세 플랜을 계획하는

구분	면세점 증여		최저세율 증여	
	증여재산가액	증여세	증여재산가액	증여세
0세	2,000만 원		1억 2,000만 원	1,000만 원
10세	2,000만 원	0원	1억 2,000만 원	1,000만 원
20세	5,000만 원		1억 5,000만 원	1,000만 원
30세	5,000만 원		1억 5,000만 원	1,000만 원
합계	1억 4,000만 원	0원	5억 4,000만 원	4,000만 원
부의 이전 액수	1억 4,000만 원		5억 원	

10년 주기 면세점 증여와 최저세율 증여 시 증여세

것이 가장 기초이자 핵심이다.

태어난 아이에게 2천만 원을 증여한 후 아이 이름으로 된 증권 계좌를 개설해 아이가 성인이 될 때까지 탄탄히 성장할 수 있는 우량주 및 배당주 위주로 주식을 매수해 증여 설계를 할 수 있다. 미래에 주식 가치가 많이 오르더라도 그에 따른 가치상승분에 대해서는 추가로 증여세가 발생하지 않기 때문에 주식 증여가 활발한 편이다. 물론 증여재산공제 이상의 재산을 증여해 일부 증여세를 납부하더라도 부동산의 가치상승이 더 높게 발생할 것 같다면 부동산을 증여하는 것도 좋은 방법이다. 그렇게 10년이 지나면 다시 2천만 원을 증여하며 상황에 맞추어 가치상승이 예상되는 자산을 취득하거나, 미래의 자녀를 위해 주택청약저축에 가입하는 것도 좋다.

10년 주기 증여 설계는 상속세도 절세할 수 있다

10년 주기 증여 설계를 해야 하는 이유는 비단 살아생전에 부의 이전을 해주는 목적만 있는 것이 아니다. 증여뿐만 아니라 상속의 경우도 '10년'이란 시간 경과가 중요하기 때문이다.

피상속인이 상속개시 전에 상속인에게 상속개시일 전 10년 이내에 증여하거나 상속인이 아닌 자에게 상속개시일 전 5년 이내에 증여한 재산가액은 상속세과세가액에 포함된다는 점 때문이다. 즉 사전증여를 통해 생전에 부의 이전을 하는 것과 더불어 증여자가 사망하게 되더라도 10년 이전의 증여재산가액은 상속세 신고 시 합산되지 않기 때문에 상속세 절세를 위해서도 중요하다.

● 사례 1: 상속에 대해 계획한 경우

상속세 신고 가액 통계 중 가장 많은 피상속인 수를 차지하는 구간은 상속재산 10억 원에서 20억 원 사이이므로 평균액인 총 상속재산가액 15억 원을 가정해 피상속인이 사망 전부터 미리 상속에 대해 계획한 경우와 사망 직전 급히 사전증여 한 경우 세 부담 차이를 비교해 절세 차이를 확인해보자.

- 상속개시일: 2023. 2. 15.
- 상속세 신고 기한: 2023. 8. 31.
- 상속인: 배우자, 기혼자녀 2(자녀 A: 49세, 자녀 B: 47세)
- 총상속재산가액: 15억 원
- 자녀의 출생 시점부터 10년마다 증여재산공제액 범위만큼 현금 증여하고 신고

사례에서 피상속인은 자녀의 출생 시점부터 미리 장기적인 상속 플랜을 준비해 자녀가 성장하는 10년마다 증여재산공제 범위에 해당하는 현금을 증여하고 증여세 신고를 했다. 더불어 자녀가 혼인하는 경우 자녀의 배우자에게도 10년마다 증여재산공제 범위에 해당

사례 1_증여세 계산 내역

연령	자녀 A	자녀 A의 배우자	자녀 B	자녀 B의 배우자
출생 당시(0세)	2,000만 원 (미성년)	-	2,000만 원 (미성년)	-
10세	2,000만 원	-	2,000만 원	-
20세	5,000만 원(성년)	-	5,000만 원(성년)	-
30세 (혼인)	5,000만 원	1,000만 원	5,000만 원	1,000만 원
40세	5,000만 원	1,000만 원	5,000만 원	1,000만 원
합계	1억 9,000만 원	2,000만 원	1억 9,000만 원	2,000만 원
인별 증여세	10년마다 증여재산공제 범위 내에서 증여했으므로 증여세 없음			

사례 1_상속세 계산 내역

구분		금액	비고
총상속재산가액		15억 원	상속재산·유증재산 등
(-)	과세가액공제액	1,000만 원	공과금·장례비·채무
(+)	사전증여재산가액	1억 원	상속개시일 전 사전증여재산
(=)	상속세과세가액	15억 9,000만 원	
(-)	상속공제	10억 원	일괄공제 5억+ 배우자상속공제 5억
(=)	상속세과세표준	5억 9,000만 원	
(×)	세율	30%-6,000만 원	10~50% 누진세율
(=)	상속세산출세액	1억 1,700만 원	

하는 1천만 원을 증여하고 증여세 신고를 했다. 사례에서는 피상속인의 사망 전까지 자녀와 그 배우자에게 장기간 상속 플랜을 준비한후 진행했기 때문에 총증여재산가액 4억 2천만 원에 대한 인별 증여세는 발생하지 않는다.

그 이후 피상속인이 사망으로 상속세를 계산하는 과정에서 상속개시일 전 10년 이내 상속인에게 한 증여재산과 5년 이내 상속인 외의 자에게 한 증여재산은 상속재산가액에 포함된다. 그러므로 사위또는 며느리는 증여 후 5년 경과로 상속재산에 합산되지 않고, 자녀에게 증여한 전체 증여재산가액 중 각 자녀가 40세 이후에 증여받은 재산 합계 1억 원만 상속재산가액에 합산해 계산하면 최종 상속세는 1억 1,700만 원이 된다.

● 사례 2: 상속에 대해 계획하지 않은 경우

그렇다면 사망 직전 급히 상속 플랜을 준비한 후 상속이 이루어진 경우의 상속세 부담은 얼마나 차이가 날까?

- 상속개시일: 2023. 2. 15.
- 상속세 신고 기한: 2023. 8. 31.
- 상속인: 배우자, 기혼자녀 2(자녀 A: 49세, 자녀 B: 47세)
- 총상속재산가액: 15억 원
- 상속개시 1년 전 자녀와 그 배우자에게 총 4억 2천만 원을 나눠 증여하고 미신고

사례 2_증여세 계산 내역

구분		자녀 A	자녀 A 배우자	자녀 B	자녀 B 배우자
증여재산가액		1억 9,000만 원	2,000만 원	1억 9,000만 원	2,000만 원
(-)	증여재산공제	5,000만 원	1,000만 원	5,000만 원	1,000만 원
(=)	과세표준	1억 4,000만 원	1,000만 원	1억 4,000만 원	1,000만 원
(×)	세율	10~50% 누진세율			
(=)	산출세액	1,800만 원	100만 원	1,800만 원	100만 원
(+)	신고불성실 가산세	360만 원	20만 원	360만 원	20만 원
(=)	부담세액	2,160만 원	120만 원	2,160만 원	120만 원

사례 2_상속세 계산 내역

구분		금액	비고
총상속재산가액		15억 원	상속재산·유증재산 등
(-)	과세가액공제액	1,000만 원	공과금·장례비·채무
(+)	사전증여재산가액	4억 2,000만 원	상속개시일 전 사전증여재산
(=)	상속세과세가액	19억 1,000만 원	
(-)	상속공제	10억 원	일괄 공제 5억+ 배우자 상속 공제 5억
(=)	상속세 과세표준	9억 1,000만 원	
(×)	세율	30%-6,000만 원	10~50% 누진세율
(=)	상속세산출세액	2억 1,300만 원	
(-)	기증여납부세액	3,800만 원	
(=)	상속세납부세액	1억 7,500만 원	

첫 번째 사례와 같이 총 증여재산가액인 4억 2천만 원을 사망 직전에 자녀와 그 배우자에게 나누어 증여했다고 가정해보자. 실무에서 접하는 상황 대부분은 피상속인이 사망하기 직전이나 병세가 악화된 직후 자녀들에게 허겁지겁 증여하는 상황이다.

이런 경우 대부분 세무조사를 통해 급히 증여한 가액이 밝혀진다. 기증여 재산이 없다고 가정했을 때, 4인의 추징 증여세는 총 4,560만 원이 된다. 이는 계산 편의상 신고불성실가산세 20%만 반영한 것으로 납부지연가산세까지 부과된다면 세 부담은 더욱 커진다. 이러한 납부지연가산세는 상속세 세무조사로서 증여세 추징세액을 실제로 납부한 날까지 매일 일정 요율에 따라 부과되므로 무신고 증여에 대한 제척기간이 일반적으로 15년인 점을 고려한다면 그부담도 만만치 않을 것이다.

상속재산에는 상속개시일 전 10년 이내에 상속인, 5년 이내 상속인 이외의 자에게 기증여한 재산가액을 포함하므로 첫 번째 예시와는 달리 두 번째 예시에서는 사망 직전에 자녀와 그 배우자에게 증여한 가액 총액이 상속재산에 포함된다. 따라서 첫 번째 예시에

절세플랜에 따른 세 부담 차이			
절세플랜 유무	1. 증여세	2. 상속세	3. 총부담세액
계획한 경우	-	1억 1,700만 원	1억 1,700만 원
계획하지 않은 경우	4,560만 원	1억 7,500만 원 + α	2억 2,060만 원 + α
세 부담 차이			1억 360만 원 + α

비해 상속세 과세가액이 3억 2천만 원 더 많다. 이는 고스란히 상속세 부담으로 연결되어 상속 플랜을 한 경우보다 상속세와 증여세 합계액 1억 360만 원 이상 세금이 더 매겨진다.

상속세 신고 준비, 빠르면 빠를수록 좋다

그렇다면 상속이 발생했을 때는 어떻게 해야 할지 시간순으로 알아보자. 상속이라는 사건은 인생에서 몇 번 경험하지 않을 일이기 때문에 일상적이지 않아서 어떻게 해야 할지 그 절차를 잘 모르는 경우가 많다.

상속세 신고 및 납부 기한은 상속개시일(사망일)이 속하는 달의 말일부터 6개월이 되는 날까지다. 6개월이나 여유가 있으니 상속세 신고는 급한 것 없다고 생각하는 상속인이 간혹 있다. 그러나 한 달 정도 남겨놓고 세무사를 찾게 되면 제대로 된 상속세 신고를 못 하는 경우가 발생할 수 있다. 그만큼 상속 이후 처리해야 할 사항이 많으며, 오히려 상속세 신고 기한인 6개월은 충분한 검토를 하기에 짧을 수 있다. 상속개시일 이후 시간의 순서에 따라 상속인이 처리해야 할 업무와 명심해야 할 사항을 알아보고 기한마다 놓치지 말아야 할 사항에 대해서 알아보자.

● 상속개시일 당시

가족의 사망은 언제나 큰 충격과 슬픔으로 다가온다. 앞으로 어떻게 주변을 정리해야 할지도 혼란스럽다. 하지만 슬픔 속에서도 꼭 챙겨야 할 것들이 있다. 그래야 망자가 가족들을 위해 남겨둔 재산을 소중히 상속할 수 있다. 그 첫 번째는 장례식장을 예약하고, 장례를 치르면서 들어간 비용 영수증과 장지 및 봉분 비용 영수증을 챙기는 것이다. 또 장례식 이후 사망진단서를 꼭 수취해야 한다.

● 상속개시일 1개월 이내

장례 이후 본격적인 망자의 신변 정리를 시작해야 한다.

① 사망신고

가장 먼저 할 일은 사망신고다. 사망신고는 사람이 사망하면 하는 보고적 신고다. 사람은 생존하는 동안 권리와 의무의 주체가 되므로 출생신고에 의해 가족관계등록부가 작성되고, 사망신고에 의해 최종적으로 가족관계등록부가 폐쇄된다.

사망신고는 사망자와 동거하는 친족이 사망 사실을 안 날로부터 1개월 이내에 해야 한다. 신고 기한이 지난 후의 신고도 적법한 신고로 효력이 있지만, 신고 기한 이내에 미신고 시 5만 원의 과태료가 부과된다.

② 안심상속 원스톱서비스(사망자 등 재산조회 서비스)

안심 상속 원스톱서비스는 사망신고 시 상속의 권한이 있는 자가 사망자의 재산조회를 통합 신청할 수 있게 해서 사망 처리 후속 절차의 번거로움을 없애고 상속 관련해 신속한 대처가 가능하도록 편의를 제공하는 제도다. 대부분 사망신고를 위해 시·군·구청 또는 주민센터 방문 시 피상속인의 안심상속 원스톱서비스를 동시에 진행한다.

안심상속 원스톱서비스를 신청하기 전에 먼저 유념할 사항은 해당 서비스를 신청하게 되면 피상속인의 금융재산 인출 거래가 정지된다는 점이다. 추후 금융재산에 대해 공동상속 인간에 협의분할을 한 후에는 정식으로 인출이 가능하지만, 협의분할 전에 지급해야 할 자동이체 서비스 등은 인출되지 않기 때문에 연체에 대한 불이익을 받을 수 있다. 그러므로 급한 자금이 있다면 미리 찾은 후에 사망신고 및 안심상속 원스톱서비스를 신청하는 것이 좋다.

- 신청 기한: 사망일이 속한 달의 말일로부터 6개월 이내 신청 가능
- 신청 방식: 가까운 구청이나 주민센터 방문 신청 및 (일부) 온라인 신청
- 신청 절차: 사망신고와 함께 또는 사망신고 처리 완료 후 사망자 재산조회 신청서 작성, 방문 제출 또는 온라인 신청(온라인 신청은 사망신고 처리 완료 후 가능)
- 지원 내용: 한 번의 통합신청으로 사망자와 피후견인의 재산조

회 결과를 문자, 우편 등으로 제공

- 통합 처리 대상 재산조회 종류(11종)

① 지방세 정보(체납액·고지세액·환급액), ② 자동차 정보(소유 내역), ③ 토지정보(소유 내역), ④ 국세 정보(체납액·고지세액·환급액), ⑤ 금융거래정보(은행, 보험 등), ⑥ 국민연금정보(가입 및 대여금 채무 유무), ⑦ 공무원연금정보(가입 및 대여금 채무 유무), ⑧ 사학연금 정보(가입 및 대여금 채무 유무), ⑨ 군인연금 가입 유무, ⑩ 건설근로자퇴직공제금 정보(가입 유무), ⑪ 건축물 정보(소유 내역)

- 처리 기한(토요일·공휴일 제외, 접수일 포함)

① 7일 이내: 지방세 체납세액·고지세액·환급액, 토지 소유 내역 정보 등

② 20일 이내: 국세, 금융거래, 국민연금·공무원연금·사립학교교직원연금 정보 등

③ 금융감독원 상속인금융거래조회 서비스

상속인이 피상속인의 금융재산 및 채무를 확인하기 위해 무작정 금융회사를 일일이 방문하는 것은 시간적·경제적 어려움이 있다. 이를 덜어주기 위해 금융감독원에서 조회신청을 받아 각 금융회사에 대한 피상속인의 금융거래 여부를 확인할 수 있는 서비스다. 안심상속 원스톱서비스의 정보를 토대로 좀 더 상세 내역을 확인할 수 있다.

④ 피상속인 고정지출 내역 정리

건강보험, 신용카드, 인터넷 비용 등 피상속인의 이름으로 되어 있는 각종 고정지출 사항을 정리하자. 휴대전화와 집 전화기는 피상속인의 채권·채무 관계를 확인하는 데 필요할 수 있으므로 해지를 미루는 것이 좋다. 피상속인에게 사업장이 있는 경우에는 사업자등록에 대해서도 상속인 간의 협의에 따라 사업장 승계자가 달라질 수 있으므로 상속재산 협의가 어느 정도 마무리된 이후에 진행하는 것이 좋다.

● 상속개시일 3개월 이내
① 예금 및 보험 지급 청구 및 금융거래 상세 내역 준비

안심상속 원스톱서비스를 통해 파악한 피상속인의 예금 및 보험 정보를 기반으로 각 은행, 우체국, 증권사, 보험사에 사망진단서, 가족관계증명서 등 피상속인과 상속인의 관계를 입증할 서류를 지참해 지급 청구를 할 시기다.

지급 청구차 방문 시에는 꼭 피상속인의 10년간 계좌 내역 일체와 보험료 납입 내역 등 추후 상속세 신고를 위한 각종 자료도 요청해 두 번 방문하는 일이 없도록 하는 것이 중요하다. 이때 발급받은 금융거래 내역, 보험료 납입 내역 등을 통해 금융재산 총액, 보험금 총액, 사전증여 내역 등을 파악할 수 있다.

추가로 사망 관련 유족연금, 반환일시금, 사망일시금 등을 국민연금공단에 신청해 수령하는 것이 좋다.

② 상속 포기 또는 한정승인 신고 기한

상속 포기는 상속으로 인해 생기는 모든 권리와 의무의 승계를 부정하고 처음부터 상속인이 아니었던 효력을 생기게 하는 단독의 의사표시다. 공동상속의 경우에는 상속인별로 자유로이 포기할 수 있다. 피상속인의 재산보다 부채가 많다고 판단되는 경우 상속 포기에 대해 고민을 해볼 수 있다.

한정승인은 상속인이 상속으로 취득할 재산의 한도 내에서 피상속인의 채무와 유증을 갚을 것을 조건으로 상속을 승인하는 것을 말한다. 공동상속의 경우에는 상속인별로 자기의 상속분에 따라 취득할 재산의 한도 내에서 그 상속분에 따른 피상속인의 채무와 유증을 갚을 것을 조건으로 상속을 승인할 수 있다.

상속 포기 또는 한정승인은 상속이 개시된 것을 안 날부터 3개월 이내에 가정법원에 신고해야 한다. 이 기한을 놓치면 상속 포기 또는 한정승인은 특별한 경우에만 가능하므로 이 기한을 놓치지 않도록 하자.

③ 피상속인 자동차 상속 말소신청 및 그 외 업무

피상속인의 자동차를 상속받지 않으려면 상속 말소신청을 상속 개시일로부터 3개월 이내에 해야 한다. 만약 상속 말소신청을 하지 않으면 10일 이내에는 10만 원, 그 이후 1일마다 1만 원씩 추가되어 최대 50만 원의 범칙금이 부과된다.

● 상속개시일 6개월 이내

상속개시일인 '평가기준일 전후 6개월 이내'에 시가를 확인할 수 있는 다음 시가 인정 사유가 존재해야 한다. 이때 시가 인정 사유 판단 기간을 상속세 신고 기간(상속개시일이 속하는 달의 말일로부터 6개월 이내)과 혼동하지 않도록 조심해야 한다.

시가 인정 사유 판단 기간

① 거래가액의 경우에는 매매계약일

② 감정가액의 경우에는 가격산정 기준일과 감정가액평가서 작성
   일 모두

③ 수용보상가액·경매·공매가액의 경우에는 그 가액이 결정된 날

● 상속개시일이 속하는 달의 말일로부터 6개월 이내

핵심적인 신고 의무로 피상속인의 상속세 신고 및 납부를 해야 한다. 그리고 피상속인의 상속개시일 전까지 피상속인이 근로소득이나 사업소득 등 종합소득세 신고 대상 소득이 있었다면 종합소득세 신고도 필요하다. 그 외 자동차를 상속받기로 했다면 소유권이전등록 신청 기한이기도 하다.

상속재산 중 부동산이 있다면 부동산의 취득세 신고 및 납부 기한이기도 하다. 상속재산 중 부동산의 비중이 높은 경우가 대부분이므로 부동산을 상속받을 상속인과 상속 비율에 대해 신중하게 고민해서 상속재산 협의분할서를 작성한 후 부동산 등기를 해야 한다.

상속세, 소득세, 취득세 이 3가지의 세금 납부가 동시에 일어나게 되면 거액의 자금이 필요할 수 있다. 미리 세금의 재원 마련과 납부 방식에 대한 논의도 상속인 간 협의해야 한다. 이 기간까지 신고 또는 납부되지 않으면 세목별로 신고불성실가산세 및 납부지연가산세가 부과된다. 또한 상속세는 신고 및 납부로 모든 세무 업무가 종결되지 않으며, 상속세 신고 이후 9개월 이내에 세무조사를 통해 신고의 적정성 파악 및 결정을 하게 된다.

세무조사 중 기존 사전증여 내역 또는 신고되지 않은 상속재산이 발견되어 추가 세액이 발생하는 경우가 많다. 상속세 신고 이후 일정 기간이 지난 다음에 세무조사를 통한 세금 추징이 발생했을 때, 즉각적인 납부 여력이 없다면 당혹스러울 것이다. 이를 미리 방지하기 위해 상속인 간 협의를 통해 공동계좌에 일정 예금을 넣어두어 미래의 상속세를 납부할 수 있도록 대비하는 것이 좋다.

● 상속세 신고 기한 이후 9개월 이내

상속세를 줄이는 여러 공제 중 핵심적인 공제 중 하나는 배우자상속공제다. 거주자의 사망으로 인해 상속이 개시되는 경우로 피상속인의 배우자가 생존해 있으면 최소 5억 원에서 최대 30억 원까지 배우자상속공제를 적용받을 수 있다.

배우자상속공제를 적용받기 위해서는 상속세 신고 기한의 다음 날부터 9개월이 되는 날까지 상속인 간 상속재산 협의분할을 통해 배우자 몫의 상속재산을 분할(등기·등록·명의개서 등을 요하는 경우에는 그 등기·등록·명의개서 등이 된 것에 한함)하고, 상속재산의 분할 사실을 납세지 관할 세무서장에게 신고해야 한다. 이 규정의 취지는 배우자상속공제를 받아 상속세를 납부한 이후에 상속재산을 배우자가 아닌 자의 몫으로 분할함으로써 배우자상속공제를 받은 부분에 대해 조세회피가 일어나는 것을 방지하고 상속세에 관한 조세법률관계를 조기에 확정하고자 하는 데 있다.

이때까지 분할이 되지 않으면 분할되지 않은 재산에 대해서는 배우자가 실제 상속받은 금액에 포함할 수 없어서 배우자상속공제가 큰 폭으로 줄어들게 된다. 실무에서는 상속재산에 대한 다툼이 많지 않은 이상 상속세 신고 기한 이내에 등기 등을 통해 상속재산의 분할을 마무리하고 이를 반영한 신고서를 제출한다.

또한 상속세 신고 기한 이후 9개월 이내에는 상속세 결정을 위해 과세 관청에서 상속세 조사를 시작하게 된다. 상속세 세무조사는 거의 모든 경우에서 발생하기 때문에 국세청으로부터 우편물을 받더라도 당황하지 말고 담당 세무사에게 연락해 세무조사에 임하자.

상속세 세무조사에서 사전증여가 중요한 이유

법에서는 상속 직전 상속세 과세 대상 재산을 증여하는 방식을 통한 상속세 회피행위를 방지하기 위해서 일정 기간 내 증여재산을 상속재산가액에 합산한다. 상속개시일 당시에는 피상속인 재산이 아니었다는 특징이 있기에 대부분의 상속세 세무조사에서 핵심이 되는 주제다. 그러므로 상속세에서 사전증여재산에 대한 이해는 필수적이다.

사전증여 당시 증여세 신고를 마쳤다면, 신고 내역을 확인해 절차에 따라 상속세 신고서에 반영하면 되기 때문에 전혀 문제가 없다. 그러나 문제는 증여세를 신고하지 않은 사전증여재산이다.

자녀한테 돈 주고 나서 단 한 번도 국세청으로부터 전화를 받아본 적 없다며 자신 있게 말하는 고객들이 있다. 일부는 맞고, 일부는 틀리다. 증여했더라도 세무서가 아무런 혐의가 없는 납세자의 개인 계좌를 내 통장 보듯 들여다볼 수는 없고, 조세 포탈 등의 혐의가 있거나 조사 과정에서 필요한 경우에만 금융기관에 협조 요청해 계좌를 확인할 수 있기 때문이다. 그리고 세무서 입장에서도 행정력의 한계로 인해 예상 추진 증여 세액이 크지 않은 경우까지 전수조사할 수도 없다.

그럼에도 밝혀지는 경우가 있는데, 바로 증여 후 10년 이내에 증여자의 상속이 개시되는 경우다. 증여 당시에는 절대 포착되지 않을 것이라 확신했던 무신고 증여 내역이 상속세 조사 때 드러나기 때문이다. 상속세 조사 시점에서 일반적으로 과세 관청은 피상속인을 기준으로 10년간 배우자와 자녀 등 상속인에게 이체한 계좌 내역과 손주, 사위나 며느리 등 상속인 이외의 자에게 이체한 5년 동안의 계좌 내역을 조사해 소명을 요청한다. 이때 과세 관청에서는 아주

세밀하게 계좌 내역을 검토해 소명 요청을 해서 대부분의 금융거래로 주고받았던 내역은 증여로 의심받게 된다. 이를 소명하기 위해서는 일시적 차용을 주장해야 하는데 그러기 위해서는 반대로 상속인이 피상속인에게 지급한 계좌내역이 있어야 가능하다.

그러므로 혹여나 현재 부모로부터 받은 계좌 내역이 많다면 이를 소명하기 위해서 어떠한 방법을 마련해야 하는지를 알아보도록 하자. 대표적인 방식은 차용증과 생활비 주장이 있을 수 있다.

부모와 자식 간의 차용증, 과연 믿어줄까?

부모와 자식 간에 증여가 아니라 실제로 돈을 빌려줄 때 아직도 일정한 차용증 또는 금전소비대차 계약서를 안 쓰는 경우가 있다. 실제 변제에 대한 각종 약정(당사자 인적 사항, 대여금, 대여이율, 대여금 분할 변제 여부, 변제기한 등)을 기입한 금전소비대차 계약서도 없이 이를 자녀에게 대여해줬다고 주장한다면 법에서는 사실상 대여로 인정받기가 어렵다.

상속세 세무조사나 부동산 취득 자금에 대한 소명 업무를 진행하면서 가장 흔히 파생되는 세무조사는 부모로부터 유입된 부동산 취득 자금이 증여 대상인지, 아니면 금전 대여인지에 대한 세무조사다. 그렇다면 이 내역이 '금전 대여'라는 것을 어떻게 입증할까?

● 차주의 변제능력은 있는가?

가장 핵심적인 사항일 수 있다. 차주, 즉 돈을 빌려 쓴 사람이 빌린 돈을 갚을 수 있는 여력이 있어야 한다. 이제 막 성인이 되어서 대학에 다니는 대학생 자녀에게 20억 원을 빌려주고 그 자금으로 주택을 구매했다고 한다면 이를 현실적으로 믿기 어려울 것이다. 합리적 경제인이라면 그 돈을 은행에만 넣어두어도 짭짤한 이자소득을 벌 수 있기 때문이다. 하물며 가족 간의 거래는 증여 의심을 더욱 많이 해서 차주가 경제적 소득을 벌고 있지 않은 학생의 신분 등이라면 그 대여금이 '대여'가 아니라 대여를 가장한 '증여'라고 볼 수밖에 없을 것이다.

● 차용증은 기본 중의 기본! 차용증부터 작성하자

최근 가족 간 금전 거래와 관련해 차용증 등 금전 대여 당시 작성한 계약서가 없어서 세무서에서는 부친으로부터 대여한 금원을 그대로 증여로 과세했다가 극적인 소명을 통해 이를 취소한 사례가 있었다. 이는 자녀가 아파트를 취득하면서 중도금이 모자라자 부친으로부터 3억 원을 차입하고 이후 아파트를 담보로 대출받아 다시 상환한 사례다. 세무서는 이를 증여로 보아 증여세를 과세했지만 국민권익위원회는 당초 차입 금원을 사실상 상환한 것이 명확히 입증된 경우라면 이에 대해 증여세를 부과하는 것은 부당하다고 판단했다.

해당 사례에서 차용증이 없음에도 입증할 수 있었던 이유는 짧은 시간 내에 즉시 갚았고, 자녀 역시 경제적 능력이 인정되는 상황이었기 때문이다. 금전 대여한 자녀가 경제적 능력이 전혀 없는 상황이었고, 변제기한이 상당히 지났더라면 해당 자금이 실질적인 금전 대여라고 인정받기 쉽지 않았을 것이다.

● 차용증 외에도 증빙자료를 갖추자

차용증만 갖춰 놓으면 금전 대여임을 입증할 수 있을까? 그렇지 않다. 과세 관청은 기본적으로 특수관계인 간 금전 대여 거래를 판단할 때, 객관적이고 구체적인 입증 자료를 종합적으로 판단한다.

첫째로 작성된 차용증이 사후적으로 작성되었는지를 확인한다. 따라서 차용증 작성 시점에 공증법률사무소에 가서 공증 또는 확정일자를 받거나, 우체국 내용증명이나 이메일 발송 등의 방법을 통해 차용증 작성 일자를 확실히 하는 과정이 필요하다.

둘째로 작성된 차용증의 내용대로 원리금 상환이 이루어졌는지를 확인한다. 즉 차용증상 상환 일정에 맞추어 정해진 원리금이 상환되었다는 것을 입증할 수 있어야 한다. 그러므로 반드시 계좌이체를 통해 지급하면서, 적요 사항에 원리금 상환임을 명확하게 기록하는 것이 중요하다.

셋째로 채무자의 이자 비용은 곧 대여자의 이자소득이다. 일반적인 사채(私債)의 경우에는 비영업 대금의 이익이라 해서 지방소득세 포함 이자 지급액의 27.5%를 원천징수 후 차액을 이자로 지급해야 하고, 대여자는 수령한 이자소득에 대해 소득세를 신고해야 한다.

이처럼 금전 대여에 대한 입증책임은 이를 주장하는 납세자에게 있으므로, 그것을 차용증과 같은 요식행위뿐만 아니라 그 내용을 기반으로 한 이자 지급 내역 등을 통해 상당한 정도로 금전 대여임이 입증되어야 한다.

추가로 무상금전 차입하거나 법에서 정한 적정이자율에 미달하는 이자율로 금전을 차입할 때는 금전을 대출받은 날에 다음 계산을 통해 대출받은 자의 증여재산가액을 산정한다. 다만 해당 증여재산가액이 1천만 원 이상인 경우에만 증여세가 과세한다.

① 무상으로 금전을 차입하는 경우

  증여재산가액 = 대출금액 × 법에서 정한 적정이자율(연 4.6%)

② 적정이자율보다 낮은 이자율로 금전을 차입하는 경우

  증여재산가액 = 대출금액 × 법에서 정한 적정이자율(연 4.6%) -

  실제 지급 이자상당액

채무자가 실제 지급한 이자상당액이란 차입에 대한 반대급부로서 금융거래 내용 등으로 입증할 수 있는 금액만을 인정한다. 따라서 당사자 간 차용증이나 사인(私人) 간에 작성한 문서 등에 의해 지급하기로 예정되었다는 사유만으로는 실제 이자 지급이 이루어진 것으로 인정되지 않는다.

생활비도
증여세가 과세될까?

상속세 세무조사 십중팔구는 사전증여재산에 대한 이슈라고 볼수 있다. 이때 대부분 주장하는 바는 생활비로 받았다는 말이다. 납세자 중 대부분은 '생활비는 증여세 비과세 대상이니까 괜찮다'라고 알고 있어서 그렇게 말하고는 한다.

물론 틀린 말은 아니다. 하지만 법상 생활비 범위를 정확하게 알때 해당하는 사항이라는 점을 아는 사람은 거의 없다. 이것이 비과세 증여재산의 범위를 정확히 알아야 하는 이유다.

납세자는 종종 "얼마까지가 생활비인가?" 하는 질문을 하지만, 생활비에 금액적인 제한을 두지는 않는다. 사람마다 생활비는 다를수 있기 때문이다. 예를 들어 어떤 사람은 하루 생활비가 1만 원일 수있지만, 또 다른 사람은 100만 원일 수 있다. 하지만 대표적으로 다음 3가지 측면에서 생활비의 비과세 가능 여부를 확인해볼 수 있다.

첫 번째로 생활비 명목으로 수령한 금원으로 재산을 취득하는등 부를 축적한다면, 금액의 크기와 상관없이 생활비로 보지 않는다. 생활비를 명목으로 주식, 토지, 주택 등의 매입자금이나 정기예금으로 활용한다면 이는 자산 형성을 이루었다고 볼 수 있어 명백히 증여로 인정되기 때문이다.

두 번째로 증여자가 수증자에 대해 부양 의무가 있는 상태여야한다. 수증자인 자녀가 소득이 없거나 자력으로 생활이 어려운 경우가 이에 해당한다. 나아가 경제력이 충분한 부모가 있음에도 조부모로부터 생활비를 받는다면, 조부모에게는 손주의 부양 의무가 없으므로 생활비에 해당하지 않는다.

세 번째로 생활비 또는 교육비는 필요시마다 직접 비용을 충당해야 한다. 몇 년 치 생활비를 일시에 지급하는 방식은 비과세가 되지 않는다. 이는 결국 남은 돈을 통해 재산 형성을 이루었다고 볼 수 있기 때문이다.

2024년부터 1억 원 더 적용받는 혼인 증여재산 공제

자녀 증여가 어려운 상황에서 이제 막 사회생활을 한 자녀에게 주택 한 채 해주고자 해도 폭등한 주택가격으로 인해 증여세가 아주 큰 부담이 된 지 벌써 5년이 넘었다. 그에 따라 삶의 기반을 마련하지 못한 자녀 세대의 혼인율, 나아가 출산율은 바닥으로 곤두박질치고 있다. 이에 따라 국가에서도 부랴부랴 대책을 마련했다.

최근 정부가 발표한 '하반기 경제정책 방향'에서 혼인 시 결혼자금에 대해 증여재산 공제를 추가로 적용해주겠다고 한 점이다. 2023년 7월 세법 개정안에서 이에 관한 내용이 반영되었는데, 신설된 혼인 증여재산 공제(이하 '혼인 공제')는 직계존속이 직계비속에게 1억 원의 공제를 한도로 증여할 수 있다. 기존 성인 자녀는 10년간 5천만 원의 공제를 받을 수 있는데, 이와 별개로 추가로 1억 원의 공제를 더 받을 수 있으니 사실상 결혼자금의 부담을 증여를 활용한다면 많이 덜 수 있게 되었다고 볼 수 있다.

'혼인'이라는 전제가 있어서 증여일에 대해서 유념할 필요가 있는데, 혼인신고일 이전 2년부터 이후 2년까지의 기간에 증여해야 한다. 즉 예비 신혼부부가 혼인 공제를 받았다면 혼인신고를 2년 이내에 해야 한다는 사실을 잊지 않도록 하자. 혼인 공제의 적용 시 유의 사항 4가지를 살펴보겠다.

● 혼인 공제받고 남녀가 헤어진다면?

가장 먼저 물어보는 질문이다. 남녀가 부부의 연을 맺기로 약속했지만 언제든지 갈라질 수 있기 때문이다. 이에 대해서 과세 관청은 '혼인신고 전'의 상황에 대해서 반환 특례를 같이 입법했다. 즉 혼인 공제를 적용받은 재산을 혼인할 수 없는 '정당한 사유'가 발생한 달의 말일부터 3개월 이내 증여자에게 반환 시 처음부터 증여가 없던 것으로 본다고 했다.

여기서 첫 번째로 '정당한 사유'를 대통령령에서 규정한다고 했는데 이 정당한 사유가 무엇인지는 추후 세부적인 내용이 나와봐야 아는 상황이다. 결혼을 준비하면서 파혼을 많이 한다고 하므로 그러한 사유가 전부 포함되어 있지 않을까 싶은데, 세부적인 사항은 추후 입법되면 확인하도록 하자.

두 번째로 혼인 공제 후 해당 증여재산가액을 전부 소비했다면 어떻게 될까? 결국 반환할 수 없는 상황이 펼쳐지게 되는 것이다. 이 부분에 대해서는 기존 일반 증여재산공제 5천만 원만 적용되어서 일부 증여세 및 이자 상당액이 부과된다. 법령에는 증여일부터 2년 이내에 혼인하지 않은 경우로서 증여일부터 2년이 되는 날이 속하는 달의 말일부터 3개월이 되는 날까지 수정신고 또는 기한 후 신고 했을 때 가산세는 면제되지만 이자 상당액은 부과한다고 했다.

나아가 반환하기 위해 증여재산가액을 다시 모은 후 반환하기 위해서 '혼인할 수 없는 정당한 사유'를 연장하는 상황 등이 펼쳐질 수도 있다. 사실상 예비부부가 헤어졌지만, 세금으로 인해서 헤어진 시점을 미루자는 식의 상황이 펼쳐질 수도 있을 것으로 보인다.

● 혼인 자금 용도로만 써야 할까?

사실상 혼인 자금 용도의 범위를 설정하는 것 자체가 불가능에 가까워서 지출 용도를 제한하지는 않았다. 이러한 범위를 제한하는 순간 납세자도 과세 관청도 과도한 사후관리를 해야 하므로 불편함과 행정비용이 크게 수반될 수밖에 없으므로 아예 사용처에 대해서는 관리를 안 하는 것으로 방향을 잡은 것으로 보인다.

일각에서는 사치품에 대해 제재는 할 것이라는 의견도 있었지만 사실상 사치품의 정의를 내리고, 증여받은 금액을 사치품 소비에 썼는지 등을 확인하는 번거로움과 이를 피하기 위한 꼼수와 암시장이 생성되는 등의 문제를 일으킬 수 있어서 이에 대해서는 고려하지 않은 것으로 보인다.

● 사실혼도 적용받을 수 있을까?

사실혼은 적용받을 수 없다. 그러나 법률혼을 곧 하게 될 예비부부는 포함된다고 볼 수 있다. 이번 입법이 혼인신고한 자만 해주는 것이 아니라 혼인신고일 전후 2년 이내에 1억 원의 혼인 공제를 적용하는 것이 목적이다. 그러므로 사실혼 관계여도 증여 후 2년 이내에 혼인신고를 한다면 이에 대해서 증여재산공제 1억 원을 인정받을 수 있다.

다만 증여일부터 2년 이내에 혼인하지 않으면 증여일부터 2년이 되는 날이 속하는 달의 말일부터 3개월이 되는 날까지 이에 대해서 수정신고 또는 기한 후 신고를 해야 하므로 추후 과세 관청에서 사후관리를 통해 추징이 이뤄질 수도 있다.

이와 별개로 혼인 이후 혼인이 무효가 된다면 혼인무효소의 확정판결일이 속하는 달의 말일부터 3개월이 되는 날까지 수정신고 또는 기한 후 신고를 해야 한다.

● 재혼한 사람도 적용할 수 있을까?

재혼에 대한 상세 언급은 아직 없고, 신혼부부에 대해서만 제한한다는 문구도 없는 것으로 보아 재혼에 대해서도 혼인 공제를 적용해줄 것이다. 해당 입법의 목적이 혼인율 증가와 나아가 출산율 증가를 도모하겠다는 것이라면, 초혼뿐만 아니라 재혼에도 당연히 똑같은 입법제도의 적용을 할 것으로 비치기 때문이다. 2022년 혼인 및 이혼 통계를 보더라도 재혼율이 남녀 모두 15% 내외로 꾸준히 높은 비율을 유지하고 있어서 이를 차별하지는 않을 것으로 보인다.

● 혼인 공제가 얼마나 도움이 될까?

이번 기획재정부가 혼인 공제를 발표하면서 OECD 국가 증여세 최고세율을 제시했는데 한국이 최고세율 50%로 2위였다. 1위는 일본이었는데 일본은 이미 혼인 공제 제도를 운용하고 있어서 혼인에 대해서는 한국보다 더 유리한 상황이라고 볼 수 있다. 그야말로 세계 최고 수준의 증여세를 내는 상황이므로 이번 혼인 공제가 한국의 혼인율과 출산율을 높이는 데 크게 이바지했으면 한다.

그리고 추가로 기재부의 발표 내용에 따르면 2023년 한국의 결혼 평균비용으로 3억 3천만 원이 지출된다고 했다. 그러므로 다음에는 혼인 공제액을 최대 1억 원에서 더 큰 금액으로 상향되는 입법이 추진되었으면 하는 바람도 있다. 나아가 주택 취득 자금 소명에 대해서 그동안 신혼부부들이 소명되지 않아서 많은 어려움이 있었는데 이에 대해서 소명이 조금이라도 줄어들기를 바란다.

이장원 세무사가 보는
2024년 부동산 조세 정책 방향

부동산 조세 정책은 정치와 연관성이 높다. 지금의 윤석열 정권이 들어서고 부동산, 특히 주택에 대한 중과세를 완화하려고 했으나 대통령령으로만 일정 부분 완화했고, 실제 법은 입법기관인 국회를 통과하지 못하는 이유도 정치와 연관이 있다고 볼 수 있다.

주택과 관련된 취득-보유-처분 단계에서의 중과세 완화는 결국 2024년 4월 10일에 있을 총선의 결과에 따라 달라지지 않을까 생각된다. 2024년 설날 전에 총선을 대비한 주택 조세 정 책이 나올 수 있겠지만, 이를 입법하기 위해서는 결국 총선의 결과가 중요할 수밖에 없다.

총선의 결과가 어떻게 되더라도 예측 가능한 주택 세금 기조는 3주택 이상자에 대한 취득-보유-처분에 따른 중과세는 당분간 유지하고, 2주택까지의 중과세는 점진적으로 일반세율로 완화되지 않을까 싶다. 지금의 고금리가 새로운 시대의 기준이란 말이 있다. 즉 뉴노멀로 칭해지는 것과 같이 조세 정책에서도 3주택 이상자에 대한 중과세는 뉴노멀화되어서 계속 유지되어 주택에 대한 투자자본을 억제하려고 하지 않을까 생각되기 때문이다. 이미 보유세 중 하나인 종합부동산세는 3주택자 이상에 대해서만 중과세율을 적용하는 것으로 보아 취득세와 양도소득세 부분에 대해서 2주택자까지는 중과세 완화 정책이 발을 맞춰갈 것으로 보인다. 그리고 가장 먼저 주택 취득자에게 영향을 미치는 취득세가 완화되지 않는 이상에는 결국 주택거래의 활성화는 발생하지 않을 것이다. 2022년 12월 21일에 행정안전부에서 발표했던 취득세 중과완화 방안이 하루빨리 통과되길 바라보며 글을 마치도록 하겠다.

나의 집
이야기

김로사

- 라우앤와우 대표
- 유튜브 '다독다독'
- 인스타그램 @rosa_kim_
- 저서 『부자의 독서』(공저)

나의 집 이야기

그림, 각색 김로사
@rosa_kim_

정말 문자 그대로 흙바닥의 집이었어요.
쥐도 지렁이도 나왔어요..90년대 였는데 말이에요

엄마는 그 흙바닥 집에서 세 아이를 키웠고,
파출부 일을 하며 손마디가 나무옹이처럼 굵어졌습니다.

초등학교 6학년 때 내 유일한 꿈은
신라명과 책받침에 나와있는 생크림 케이크를
한 번만 먹어보는 것이었어요.

하지만 퉁퉁 부은 엄마의 손을 보면
그런 말을 입 밖으로 꺼낼 수 없었어요.

저는 무언가를 사달라는 말을
삼키고 또 삼키는 너무 일찍 철이 든 아이였습니다.

그냥 '보통 사람'으로 살고 싶어서
여러번의 도전끝에 공무원이 되었습니다.

첫 출근을 해보니 내게 주어진 업무는
주거취약 계층을 위한 복지 파트였어요.

이건
운명의 장난인가?
진심으로
도와드리고 싶다

'영구 임대 아파트', 국민 임대 아파트'같은 혜택 등을
제가 만나는 대상자 분께 설명하곤 했어요.

어르신
그래서 뭘 준비하시면
되냐면요

좁은 고시원에 살던 어르신이
번듯한 임대 아파트에 입주하는 걸 지켜볼 때면
저는 정말 가슴이 벅찼어요.

새댁 덕에
화장실이 있는 집에
살게 됐어 고마워

네 어르신
정말 축하드려요

그 와중에 제 생활은
아무리 발버둥쳐도 앞으로 나아가지 않았어요.

비슷한 형편이었던 남편과 결혼했기에
전세자금 대출 이자를 내고 나면 생활비도 팍팍했죠

미래가
안보여...

돈을 모으면
그동안
집값은 더 올라버려

맘 편한
집에서
아일 키우고 싶어

하지만
내 집마련에의
간절함은 커져만갔어요

임대주택도 조건이
없어지면 나가야해
그럼 더 곤란해져

언제까지
전세금을
올려줘야하지

내 명의로 된 집, 평생 주거비 걱정할 필요가 없는 집.
나는 그걸 갖고 싶다는 일념 하나로 부동산 공부를 했어요.

정보를 찾고 또 찾다가 우연히 나라에서 지원해주는
분양 아파트가 있다는 것을 알게 됐고
'강남 보금자리주택'까지 검색이 닿았어요

아파트 분양 카페에 가서 밤새
글과 댓글을 전부 찾아 읽으며 정보를 수집했죠.

그리고 저는 마침내 보금자리주택에 당첨 됐어요.
강남의 30평대 아파트를 2억 원이 채 안되는
파격적인 분양가에 들어가게 된거예요.

비록 토지는 국가 소유이고 건물만 저희 소유인
'토지임대부주택'이었지만
저는 내 명의의 집을 포기할 수 없었습니다.

그 2억원이 안되는 돈도 부담스러워
내부가 콘크리트인 마이너스 옵션을 선택했어요.

정말 텐트를 치고 살아도
내 집이면 돼

지나고보니
이게 더 손해였다는..

그렇게 내 집이 생기고 나니
새로운 세상에 눈을 뜨게 되었습니다

잠을 쪼개가면서 부동산 공부에 매진했습니다.
그렇게 열심히 살았던 적이 삶에서 처음일 정도로요.

공부 끝에 지금 집을 이용해
자산을 불릴 수 있겠다는 확신이 들었을 때

PART 4. 달라질 미래를 위한 부동산 핵심 공부법

아끼고 아껴 마련됐던 종자돈 3000만원은
14번의 이사끝에 30억의 자산이 되었습니다.

이렇게 부동산 입지를 가장 중요하게 여기며
공부하고 투자한 끝에 저는 날개를 달았고

흙바닥 비닐하우스에 대해서도
자연스럽게 이야기해도 아무렇지 않은
'가난을 극복한 사람'이 되었습니다.

이 이야기는 월월 박성혜 님의 책
〈입지센스〉, 〈그럼에도 나는 아파트를 사기로 했다〉의
내용을 토대로 제작되었습니다

499

2024
결국은
부동산

초판 1쇄 발행 2023년 12월 12일
초판 3쇄 발행 2023년 12월 26일

지은이 올라잇 칼럼니스트 23인
펴낸곳 원앤원북스
펴낸이 오운영
경영총괄 박종명
편집 최윤정 김형욱 이광민 김슬기
디자인 윤지예 이영재
마케팅 문준영 이지은 박미애
디지털콘텐츠 안태정
등록번호 제2018-000146호(2018년 1월 23일)
주소 04091 서울시 마포구 토정로 222 한국출판콘텐츠센터 319호 (신수동)
전화 (02)719-7735 | **팩스** (02)719-7736
이메일 onobooks2018@naver.com | **블로그** blog.naver.com/onobooks2018
값 28,000원
ISBN 979-11-7043-475-7 03320